Mario Klarer
Einführung in die Grundlagen der Literaturwissenschaft

Mario Klarer

Einführung in die Grundlagen der Literaturwissenschaft: Theorien, Gattungen, Arbeitstechniken

Für Bernadette, Johanna und Moritz

Die Deutsche Nationalbibliothek verzeichnet diese Publikation
in der Deutschen Nationalbibliografie;
detaillierte bibliografische Daten sind im Internet über
http://dnb.d-nb.de abrufbar.

Das Werk ist in allen seinen Teilen urheberrechtlich geschützt.
Jede Verwertung ist ohne Zustimmung des Verlags unzulässig.
Das gilt insbesondere für Vervielfältigungen,
Übersetzungen, Mikroverfilmungen und die Einspeicherung in
und Verarbeitung durch elektronische Systeme.

© 2011 by WBG (Wissenschaftliche Buchgesellschaft), Darmstadt
Die Herausgabe dieses Werkes wurde durch
die Vereinsmitglieder der WBG ermöglicht.
Satz: Lichtsatz Michael Glaese GmbH, Hemsbach
Einbandgestaltung: schreiberVIS, Seeheim
Gedruckt auf säurefreiem und alterungsbeständigem Papier
Printed in Germany

Besuchen Sie uns im Internet: www.wbg-wissenverbindet.de

ISBN 978-3-534-23631-2

Inhalt

Einleitende Vorbemerkungen 7

I. Was ist Literatur bzw. ein Text? 9
   1. Gattung, Textsorte und Diskurs 10
   2. Primär- und Sekundärliteratur 12

II. Theoretische Ansätze in der Literaturwissenschaft 15
   1. Textorientierte Ansätze 18
      Philologie 18
      Rhetorik und Stilistik 19
      Formalismus und Strukturalismus 20
      New Criticism 23
      Semiotik und Dekonstruktion 25
   2. Autororientierte Ansätze 27
   3. Leserorientierte Ansätze 29
   4. Kontextorientierte Ansätze 31
      New Historicism und Kulturwissenschaft 31
      Gender Theory 33
      Vergleichende Literaturwissenschaft 34
   5. Filmtheorie 36
   6. Literaturkritik 38

III. Gattungen in der Neueren Textwissenschaft 40
   1. Prosa 40
      Handlung 46
      Figuren 47
      Erzählperspektive 49
      Setting 53
   2. Lyrik 54
      sprachlich-inhaltliche Ebene 57
      visuell-optische Ebene 61
      rhythmisch-akustische Ebene 63
   3. Drama 66
      Text 70
      Transformation 71
      Aufführung 75
   4. Film 77
      räumliche Dimension 80
      zeitliche Dimension 82
      akustische Dimension 83

IV. Epochen der Literatur- und Kulturgeschichte 85

V. Wo und wie finde ich Sekundärliteratur? 92

VI. Wie verfasse ich eine wissenschaftliche Arbeit? 96

Verwendete Literatur 106

Weiterführende Literatur 107

Glossar textwissenschaftlicher Grundbegriffe 113

Personen- und Werkregister 125

Schlagwortregister 130

Einleitende Vorbemerkungen

Der Trend in der Literaturwissenschaft geht mehr und mehr in Richtung eines multikulturellen, theoriebewussten und interdisziplinären Fachverständnisses. Diese Entwicklung bewirkt, dass nationalsprachliche Grenzen einer literaturwissenschaftlichen Disziplin durchlässiger werden, dass Literaturtheorie in den jeweiligen Philologien als globales Phänomen gilt und dass Film als übernationales literaturverwandtes Medium integriert wird. Diese neuen Strömungen in den Literaturwissenschaften verlangen daher auch nach neu konzipierten Grundwerkzeugen für das Fach.

Die vorliegende Einführung versucht, diese übergreifende Basis zu vermitteln. Studienanfänger oder literarisch interessierte Laien erhalten einen ersten allgemeinen Überblick, der als Raster für weitere Lektüre oder weitere Lehrveranstaltungen in der spezifischen Philologie dienen soll. Das Buch eignet sich daher zum Selbststudium und als lehrveranstaltungsbegleitender Text für Einführungen in die Literaturwissenschaft in den großen philologischen Studienrichtungen wie Germanistik, Anglistik, Romanistik, Slawistik, Altphilologie oder Komparatistik. Hierbei werden die wichtigsten literaturtheoretischen Ansätze im Überblick vorgestellt, die drei literarischen Gattungen zusammen mit Film als textnahes Phänomen besprochen sowie ein Abriss zentraler literaturhistorischer Strömungen geboten. Abgerundet wird der Band durch arbeitstechnische Kapitel zum Verfassen von Seminararbeiten, Literatursuche sowie einem prüfungsvorbereitenden Glossar mit grundlegenden textwissenschaftlichen Begriffen.

Dieser Band basiert auf den Grundkonzepten meiner *Einführung in die anglistisch-amerikanistische Literaturwissenschaft* (WBG, 7. überarb. Aufl. 2010) und meiner *Introduction to Literary Studies* (Routledge, 2. Aufl. 2007), wobei aber der gesamte Text in Hinblick auf philologieübergreifende Beispiele und Konzepte überarbeitet wurde.

Die Einführung ist im Dialog mit den Studierenden in Einführungskursen der philologisch-kulturwissenschaftlichen Fakultät der Universität Innsbruck sowie in Lehrveranstaltungen in den English Departments der Columbia University (New York), University of Pennsylvania (Philadelphia) und der Universität Neuchâtel (CH) entstanden. Viele der Fragen und Problemkreise, die in diesem Rahmen aufgeworfen wurden, bestimmten Inhalt und Aufbau der vorliegenden Einführung.

Neben den Teilnehmern dieser Veranstaltungen möchte ich besonders Cornelia Klecker und Johannes Mahlknecht für ihre fundierten Vorschläge und Anregungen zum Filmkapitel danken. Carola Moresche und Elisabeth Thene haben mich bei der Manuskriptkorrektur unterstützt. Mein größter Dank gilt wieder Bernadette Rangger für ihre Hilfe bei der inhaltlichen Überarbeitung des Manuskripts und für ihre Unterstützung.

Wichtige Begriffe, die am Rand in den Marginalglossen aufscheinen, sind im Glossar in alphabetischer Reihenfolge erfasst und kurz erklärt. Ausgenommen davon sind die beiden Kapitel über Literatursuche und Verfassen einer Arbeit, in denen die Randbemerkungen ausschließlich als Orientierungshilfe gedacht sind und im Glossar nicht aufscheinen. Um den Umgang mit weiterführender internationaler Fachliteratur zu erleichtern, wird die zentrale Terminologie in Text, Glossar und Index auch in englischer Übersetzung geführt.

Zur Vereinfachung von Satzkonstruktionen wurden auf Wunsch des Verlages im gesamten Text männliche Endungen und Pronomina für Begriffe wie Autor, Leser, Künstler etc. verwendet, stehen aber – falls nicht anders gekennzeichnet – für beide Geschlechter.

Innsbruck, im August 2010 Mario Klarer

I. Was ist Literatur bzw. ein Text?

Schlägt man in einer gängigen Enzyklopädie den Begriff Literatur nach, so wird bald klar, dass dieses vielstrapazierte Wort vage verwendet wird und die Definitionsversuche wenig aussagekräftig sind. In den meisten Fällen ist Literatur als Gesamtheit schriftlichen Ausdrucks erklärt, jedoch mit der Einschränkung, dass nicht jedes schriftliche Dokument zur Literatur im engeren Sinn gezählt werden kann. Definitionen von Literatur verwenden daher meist Adjektive wie „ästhetisch" oder „schöngeistig", um literarische Texte von Gebrauchstexten wie Telefonbüchern, Zeitungen, Akten, aber auch von wissenschaftlichen Werken abzugrenzen.

Etymologisch (dem Wortursprung nach) kommt das lateinische Wort „litteratura" von „littera" (Buchstabe), jener kleinsten Einheit also, aus der unsere Schrift aufgebaut ist. Das Wort Text hingegen ist mit unserem Wort „Textil" verwandt und bedeutet soviel wie Gewebe: analog zum Geflecht von Fäden, durch die ein Stoff oder Tuch aufgebaut ist, wird der Text als sinnvolles, zusammenhängendes Geflecht von Wörtern und Sätzen aufgefasst. Die Herkunft der beiden zentralen Begriffe der Literaturwissenschaft gibt also kaum Aufschluss über das Wesen des Literarischen bzw. Textlichen.

Ergiebiger ist es, Literatur oder Text als historisches Phänomen anzusehen und die Grundlagen literarischer Produktion zu betrachten. Ist auch das schriftliche Medium im Vordergrund, steht das Literarische dennoch in enger Wechselwirkung zu anderen Medien wie Bühne, Malerei, Film oder Musik. Ein Grundzug literarischen Schaffens ist sicherlich der menschliche Wunsch, mit Hilfe eines schöpferischen Ausdrucks eine Spur von sich zu hinterlassen, die losgelöst von einem bestimmten Individuum für sich selbst existieren kann und damit den Urheber dieses Ausdrucks überdauert. Früheste Manifestationen dieses kreativen Verlangens sind prähistorische Höhlenmalereien oder Ritzbilder, in denen „verschlüsselte" Information durch visuelle Zeichen weitergegeben wird.

Diese visuelle Komponente bleibt eng mit Literatur in ihren unterschiedlichen historischen oder sozialen Erscheinungsformen verbunden, auch wenn die bildliche Dimension von Texten in manchen Epochen soweit in den Hintergrund tritt, dass sie kaum mehr wahrgenommen wird. Nicht nur das Visuelle – Schrift hat immer etwas Bildliches an sich – ist untrennbar mit Literatur oder Text verwoben, auch das gesprochene Wort oder vielmehr das akustische Element ist ein integraler Bestandteil von Literatur, da die alphabetische Schrift in der Regel Worte in Zeichen umsetzt.

Bereits vor der Entwicklung der Schrift als Zeichensystem in unserem heutigen Sinn (Bildzeichen oder Alphabet) wurden „Texte" in Form von mündlicher Überlieferung tradiert. Oft wird diese Vorform literarischen Ausdrucks als *oral poetry* bezeichnet, in welcher ein Barde oder Rhapsode einen auswendig gelernten Text in seinem Gedächtnis „gespeichert" hat und bei Bedarf abrufen und rezitieren kann. Es wird angenommen, dass der Großteil früher antiker und mittelalterlicher Epen auf diese Weise entstanden ist und erst in einer zweiten Phase schriftlich fixiert wurde. Dieser für uns auf den ersten Blick fremden mündlichen Komponente von Literatur wird in der jüngeren Vergangenheit besonders durch das Medium Radio und die Entwicklung unterschiedlicher Tonträger zu einer neuen Blüte verholfen. Audioliteratur ist ein deutliches Beispiel dieses Phänomens, aber auch Liedtexte u. Ä. können als akustische Formen literarischer Texte verstanden werden.

Neben der mündlich-lautlichen Dimension ist auch das visuelle Element literarischer Texte im Laufe der Geschichte immer mehr in den Hintergrund getreten. Der angedeutete Ursprung des Literarischen im Visuellen (Höhlenmalerei, Ritzzeichnungen) fand besonders im Mittelalter in Form von illuminierten (durch Malerei verzierten) Handschriften seine reichste Ausformung.

Mit Beginn der Neuzeit – parallel zur Entwicklung des Buchdrucks – wird dieses visuelle Element immer mehr in den Hintergrund gedrängt und auf einige Illustrationen zum Text reduziert. „Reine" Schrift wird zusehends als abstraktes, unverfälschtes Medium stilisiert, dem keine körperlich-materiellen Elemente mehr anhaften. Die mittelalterliche Einheit von Wort und Bild, in der beide Grundkomponenten des Textes eine harmonische Einheit bilden und teilweise ineinander übergehen, verkümmert weitgehend. Dieser moderne Ikonoklasmus (Bilderfeindlichkeit) sieht in der Schrift ein Medium, das zudem ohne Bezug auf die akustische Realisierung von Sprache auskommt. Einzig im Drama lebt die Einheit von Wort und visuellem Ausdruck ungehindert weiter, wenn dies auch nicht auf den ersten Blick eindeutig ersichtlich ist. Die literarische Form des Dramas, die traditionellerweise ohne Zögern zur Literatur im engeren Sinn gezählt wird, verbindet beide als außerliterarisch betrachteten Elemente des Akustischen und Visuellen. Noch deutlicher als im Drama wird dieses Phänomen im Film, mit dem die Symbiose von Wort und Bild einen neuerlichen Höhepunkt erlebt. Gerade für Textwissenschaften wird dieses relativ junge Medium interessant, da hier Worte und Bilder dauerhaft fixiert und wie in einem Buch jederzeit wieder abgerufen werden können.

Das Durchdringen der neuzeitlichen Textwissenschaften durch ungewohnte Medien hat in der zweiten Hälfte des 20. Jahrhunderts zu einer massiven Auseinandersetzung mit dem Textbegriff geführt und viele Autoren und Künstler dazu bewogen, die Grenzen der althergebrachten Literatur bewusst zu verlassen, eingebürgerte Textauffassungen zu sprengen und neue Formen literarischen Ausdrucks zu suchen. Visuelle und akustische Elemente werden wieder in die Literatur eingebracht, aber auch Gattungen und Textsorten absichtlich vermischt.

1. Gattung, Textsorte und Diskurs

Ähnlich wie in der Biologie wird auch in der Literaturwissenschaft von Evolution oder Entwicklung bestimmter Formen bzw. von Klassifikationskriterien für unterschiedlichste Gattungen gesprochen. Ersteres wird allgemein als Literaturgeschichte, zweiteres als Poetik bezeichnet. Beide Forschungsgebiete sind fest mit unserer Fragestellung verknüpft, da jeder Definitionsversuch von Text oder Literatur unweigerlich Gattungsunterscheidungen und entwicklungsgeschichtliche Dimensionen von literarischen Gattungen berührt. Der Begriff Gattung (engl. *genre*) überschneidet sich oft mit den Begriffen Textsorte oder Diskurs.

Häufig wird unter Genre oder Gattung eine der drei klassischen literarischen Formen Epos, Drama oder Lyrik verstanden. Verwirrend in dieser Klassifikation ist die Tatsache, dass auch das Epos in Versen verfasst ist, aber nicht zur Lyrik gezählt wird. Der Grund liegt darin, dass das Epos aufgrund einiger struktureller Merkmale (wie Handlungsverlauf, Charakterpräsentation und Erzählperspektive) als Vorläufer des modernen Romans – also der Prosa – betrachtet wird. Diese alte Dreiteilung wird heute zwar noch häufig verwendet, angesichts der weitgehenden Verdrängung des Versepos (engl. *epic*) durch Prosaformen wie Roman (engl. *novel*) und Kurzgeschichte (engl. *short story*) haben sich im Englischen jedoch die Bezeichnungen *fiction* (bzw. *prose*), *drama* und *poetry* eingebürgert.

Neben den sogenannten Gattungen oder Genres, die jene allgemeinen Bereiche der traditionellen Literatur umfassen, hat sich unter dem Einfluss der Sprachwissenschaft (engl. *linguistics*) auch der Terminus Textsorte (engl. *text type*) als ein viel weiterer Begriff etabliert. Die verstärkte Beschäftigung der Linguistik mit Texten, die nicht der kanonischen Triade von Prosa, Drama und Lyrik zuzurechnen sind, hat Literaturwissenschaftler dazu bewogen, sich mit früher als wertlos und literarisch uninteressant betrachteten Texten zu beschäftigen. Der Begriff Textsorte bezeichnet jegliche Arten von Gebrauchstexten wie Bedienungsanleitungen, Predigten, Todesanzeigen, Werbetexten und Katalogen bis hin zu wissenschaftlichen Abhandlungen, kann aber auch die oben genannten drei literarischen Hauptgattungen mit ihren Subgenres (Untergattungen) einschließen.

Ein weiterer Begriff, der in der neueren theoretischen Fachliteratur in das Fachvokabular Eingang gefunden hat, ist der Diskurs (engl. *discourse*). Das Wort Diskurs wird inzwischen ähnlich wie Textsorte als Oberbegriff für jegliche Form klassifizierbaren sprachlichen Ausdrucks verwendet; d.h. als sehr brauchbare Worthülse für sprachliche Konventionen unterschiedlicher Gruppen, vor allem aber für inhaltliche oder thematische Gebiete. So spricht man z.B. von männlichen oder weiblichen, politischen, sexuellen, ökonomischen, philosophischen oder historischen Diskursen. Gemeint sind Erscheinungsformen sprachlichen Ausdrucks, die sich aufgrund von Inhalt, Lexis (Wortschatz), Syntax (Satzstellung) aber auch stilistischer und rhetorischer Elemente klassifizieren lassen. Bezieht sich der Begriff Textsorte eher auf schriftliche Texte, umfasst Diskurs sowohl schriftliche als auch mündliche Sprachpraxis.

Stark verallgemeinernd kann man also davon ausgehen, dass Gattung meist auf die klassischen, von der literaturwissenschaftlichen Tradition anerkannten Formen literarischen Ausdrucks angewandt wird; Textsorte hingegen wird eher weiter gefasst und beinhaltet auch „nicht-kanonische" – traditionell nicht zur Literatur im engeren Sinn gerechnete – schriftliche Texte; Diskurs ist schließlich der weiteste Begriff, der bevorzugt auf thematisch klassifizierbare schriftliche *und* mündliche Ausdrucksbereiche bezogen wird. Die Bedeutungen und Grenzen der genannten Begriffe sind jedoch keineswegs fixiert und unterliegen je nach Kontext, in dem sie erscheinen, großen Schwankungen.

2. Primär- und Sekundärliteratur

Primärliteratur: literarische Gattungen

In der Literaturwissenschaft wird neben den genannten Gattungen generell zwischen Primär- und Sekundärliteratur unterschieden. Diese Trennung, nach der im Idealfall das künstlerische Objekt (Primärliteratur) von der wissenschaftlichen Auseinandersetzung (Sekundärliteratur) unterschieden wird, hat sich weitgehend durchgesetzt. Primärliteratur (engl. *primary source*) umfasst Werke unterschiedlicher literarischer Gattungen wie Gedichte, Romane, Epen, Kurzgeschichten u. Ä.; jene Texte also, die traditionellerweise literaturwissenschaftlichen Analysen unterzogen werden. Zur Sekundärliteratur (engl. *secondary source*) gehören Werke, die sich mit Primärtexten auseinandersetzen; also Aufsätze in wissenschaftlichen Zeitschriften oder Sammelbänden, eigenständige Monographien (Buchpublikationen) sowie Buchrezensionen (vgl. dazu Kapitel V: Wo und wie finde ich Sekundärliteratur?).

Sekundärliteratur

Sammelband

Festschrift

Monographie

Aufsätze erscheinen aber auch in sogenannten Sammelbänden (engl. *collection of essays* oder *anthology*), die meist von einem oder mehreren Herausgebern (engl. *editor*) zu einem bestimmten Thema zusammengestellt und publiziert werden. Wird ein solcher Sammelband zu Ehren eines bekannten Wissenschaftlers herausgegeben, spricht man von einer Festschrift (engl. meist auch *festschrift*). Wissenschaftliche Arbeiten in Buchform, die ein bestimmtes Thema behandeln, werden als Einzeldarstellungen oder Monographien (engl. *monograph*) bezeichnet. Der Großteil der Dissertationen und wissenschaftlichen Buchpublikationen im Umfeld der Universität gehört zu dieser Gruppe.

Inhaltlich wird an Sekundärliteratur der Maßstab der Wissenschaftlichkeit angelegt, d. h. Sekundärliteratur sollte jenen Kriterien entsprechen, die sich im Laufe der Zeit für den wissenschaftlichen Diskurs eingebürgert haben. Zu den wichtigsten Aspekten zählen Objektivität, Nachprüfbarkeit sowie Nachvollziehbarkeit der Thesen, Ergebnisse und Aussagen und deren Allgemeingültigkeit. Da die Interpretation von Texten immer subjektive Züge aufweist, können objektive Kriterien allerdings nur beschränkt aufrecht erhalten werden. Hier liegt der größte Unterschied zwischen Literaturwissenschaft und Naturwissenschaften, jedoch auch das kreative Potential dieses Forschungszweiges. Texte ermöglichen unter veränderten Blickwinkeln oder anderen methodischen Ansätzen immer wieder neue Interpretationsergebnisse. In Bezug auf die Nachvollziehbarkeit gelten in der Literaturwissenschaft ähnlich strenge Regeln wie in den Naturwissenschaften. Gemeint ist hierbei, dass es für jeden Leser von Sekundärliteratur ersichtlich sein soll, aus welchen Primär- und Sekundärquellen zitiert oder paraphrasiert (zusammengefasst) wurde. Natürlich werden trotz Befolgung dieser Kriterien weiterhin sehr unterschiedliche, subjektive Ansichten über ein und denselben Text bestehen bleiben, jedoch kann durch die wissenschaftliche Dokumentation der Quellen jeder Leser für sich selbst die Ergebnisse prüfen.

kritischer Apparat

Fußnoten

Bibliographie

Aufgrund dieser Konventionen der Dokumentation haben sich in der Literaturwissenschaft einige formale Merkmale herausgebildet, die als kritischer Apparat bezeichnet werden und folgende Elemente umfassen: Fußnoten (engl. *notes* bzw. *footnotes*) als Anmerkungen zum Text oder als Hinweise auf weitere Sekundär- oder Primärliteratur, ein Literaturverzeichnis (engl. *bi-*

bliography oder *list of works cited*) und eventuell ein Schlagwort- oder Personenregister (engl. *index*). Die Verwendung des kritischen Apparats in dieser Form war nicht immer mit wissenschaftlichen Arbeiten verbunden, hat sich aber in den letzten Jahrhunderten als eine Konvention dieser Diskursform herauskristallisiert (vgl. auch Kapitel VI: Wie verfasse ich eine wissenschaftliche Arbeit?).

Arten der Sekundärliteratur
Aufsatz
Miszelle
Rezension
Forschungsbericht
Monographie

Publikationsorgane
Zeitschrift
Sammelband
Festschrift
Buch
Internet

Formale Aspekte der Sekundärliteratur
Fußnoten
Bibliographie
Index
Zitate

Inhaltliche Aspekte
Objektivität
Nachvollziehbarkeit
Allgemeingültigkeit

Die Unterscheidung zwischen Primär- und Sekundärliteratur bereitet dem Literaturwissenschaftler in den meisten Fällen keine großen Schwierigkeiten. Es gibt jedoch in jeder Epoche Werke, die aus unterschiedlichen Gründen versuchen, die Grenze zwischen diesen beiden Textsorten zu verwischen. So hat bereits Giovanni Boccaccio (1313–1375) im ausgehenden Mittelalter sein italienisches Epos *Teseida* (ca. 1339) mit Glossen, d. h. fußnotenartigen Erklärungen versehen, um so sein literarisches Werk auf eine Ebene mit wissenschaftlichen Texten seiner Zeit zu stellen, die sich ebenfalls eines kritischen Apparates bedienten.

Vermischung von Primär- und Sekundärliteratur

Ein weiteres historisches Beispiel dafür, dass in früheren Epochen diese Einteilung nicht in der heutigen Form existiert hat, ist der Essay (engl. *essay*). Im Essay wurde ein klar umrissenes abstraktes oder theoretisches Thema in literarisch angehauchter Diktion (Sprache) behandelt. Bereits im späten 16. und frühen 17. Jahrhundert erreichte diese Gattung durch die Essays des Franzosen Michel de Montaigne (1533–1592) und des Engländers Francis Bacon (1561–1626) eine erste Blüte. Diese besonders im 18. Jahrhundert beliebte Gattung zeichnet sich einerseits durch stilistische Merkmale der Primärliteratur aus, andererseits werden Themen und Fragestellungen in einer Art und Weise behandelt, wie sie für wissenschaftliche Werke typisch ist. Damit nimmt für heutige Begriffe der Essay eine Position zwischen diesen beiden Textsorten ein.

Essay

Auch im Modernismus und Postmodernismus des 20. Jahrhunderts wird die traditionelle Unterscheidung zwischen Primär- und Sekundärliteratur ebenfalls bewusst übergangen. Der englisch schreibende Russe Vladimir Nabokov (1899–1977) wählt z. B. das Format einer wissenschaftlichen Textedition für seinen Roman *Pale Fire*, 1962). *Pale Fire* besteht sowohl aus Teilen, die zur Primärliteratur (Text eines Gedichts) gezählt werden, aber auch aus Abschnitten, die normalerweise nur in einer wissenschaftlichen Abhandlung oder einer kritischen Textausgabe zu finden sind wie ein „Foreword" des Gedicht-Herausgebers, ein „Commentary" mit stilistischen Analysen, textkritische Anmerkungen sowie ein „Index" der im Gedicht vorkommenden Personen. Nabokov stellt in dem (fiktiven) Vorwort, das von dem (fiktiven) Literaturwissenschaftler Charles Kinbote unterzeichnet ist, das Gedicht des (fiktiven) Autors Francis Shade vor.

Nabokov schreibt damit einen Roman, der von der Form her wie eine kritische Textausgabe eines literarischen Werkes aufgebaut ist, in dem ganz klar zwischen literarischem Text und wissenschaftlichem Kommentar bzw. Interpretation unterschieden wird. Im Fall von *Pale Fire* stammen jedoch alle diese verschiedenen Textsorten vom Autor Vladimir Nabokov selbst, der damit auf die Willkür dieser künstlichen Unterscheidung von Primär- und Sekundärliteratur aufmerksam machen will. Durch die Tatsache, dass dieser Text als Roman bezeichnet wird, obwohl eigentlich ein Gedicht im Mittelpunkt steht, werden zusätzlich traditionelle Gattungsunterscheidungen ad absurdum geführt.

II. Theoretische Ansätze in der Literaturwissenschaft

Ebenso wie die Einteilungsversuche von Gattungen und Textsorten sind auch die Herangehensweisen an literarische Werke von unterschiedlichen Beweggründen und Ansätzen geprägt. In der Folge soll nun gezeigt werden, dass die Art und Weise, in der sich die Literaturwissenschaft (engl. *literary criticism*) mit Texten beschäftigt, durchaus in Wechselwirkung mit dem jeweiligen institutionellen und kulturhistorischen Umfeld steht. Die verschiedenen Strömungen können sowohl geschichtlich aufeinander folgen, als auch nebeneinander als konkurrierende Schulmeinungen existieren. Diese Vielfalt an Methoden, die die zeitgenössische Literaturwissenschaft charakterisiert, macht es notwendig, sich zumindest mit den wichtigsten Strömungen und ihren Grundaussagen vertraut zu machen.

<small>Literaturwissenschaft</small>

Historisch gesehen hat sich die systematische Beschäftigung mit Texten aus dem religiös-magischen und dem juridischen Bereich entwickelt. Im Umfeld der Magie und Religion hat man sich sehr früh mit der Fixierung und Auslegung von „Texten" im weitesten Sinn des Wortes befasst. Am Beginn dieser Auseinandersetzung mit Texten steht die Auslegung von Orakelsprüchen und Träumen, deren Grundstrukturen später in der Beschäftigung mit den heiligen Schriften der großen Religionen weiterleben. Die Mechanismen, die dabei wirken, werden im Fall des Orakels am deutlichsten sichtbar. Hier empfängt eine in Trance oder Ekstase versetzte Person (Medium) von einer göttlichen Instanz verschlüsselte Informationen über zukünftige Ereignisse. Diese Aussagen wurden in Verse gefasst, da durch Reimschema der Wortlaut einer Aussage nicht so leicht verändert werden kann wie im Fall eines Prosatexts. Es konnte also eine mündliche Aussage durch Reim und Metrum quasi textlich „gespeichert" und später in unveränderter Form „wieder abgerufen" werden. Wichtig als Vorläufer für literaturwissenschaftliche Phänomene ist, dass der Wortlaut des Spruchs als feststehender „Text" interpretiert oder ausgelegt werden konnte. Bekannteste Beispiele sind die verschiedenen Interpretationsmöglichkeiten von Orakelsprüchen in den *Historien* (5. Jh. v. Chr.) des antiken Autors Herodot (ca. 480–425 v. Chr.).

<small>religiös-magischer Ursprung von Interpretation</small>

Die Deutung von verschlüsselter Information in einem Text wird in allen großen Religionen wichtig, wobei meist die Auslegung oder Exegese kanonischer (d. h als heilig betrachteter) Schriften wie z. B. der Bibel, des Koran oder anderer „Heiliger Bücher" im Mittelpunkt steht. Wie beim Traum oder Orakel wird die zu interpretierende Aussage auf eine höhere Instanz (Gottheit) zurückgeführt, wodurch diesem „Text" ein ganz besonderer Stellenwert zukommt. Wichtig dabei ist – und das ist ein zentraler Aspekt jeder Interpretation literarischer Texte –, dass es sich um eine verschlüsselte Information handelt, die erst über den Umweg der Auslegung oder Interpretation erfahrbar und sinnvoll wird. Dieser religiös-magische Ursprung der Textwissenschaft zieht sich von vorschriftlichen Epochen bis in die zeitgenössische Theologie und hat über die Bibelwissenschaft immer wieder großen Einfluss auf die Literaturwissenschaft ausgeübt.

juridischer Diskurs und Interpretation

Neben dem religiös-magischen Bereich bzw. teilweise unter dessen Einfluss hat auch der juridische Diskurs auf die Textwissenschaften eingewirkt. Ganz ähnlich wie in der Religion ging in der Rechtsprechung die Fixierung eines Gesetzestextes seiner Auslegung voraus. Der juridische Text ist wie der religiöse ein verschlüsselter, der aufgrund seiner allgemeinen Ausrichtung immer auf die jeweilige Situation abgestimmt und interpretiert werden muss.

Die Tragweite dieser Texte brachte es mit sich, dass man sich sehr eingehend mit ihnen beschäftigt hat. Auch heute noch ist die Auslegung von Rechtstexten eine jener Formen der Interpretation, mit der sich große Teile der Bevölkerung häufig konfrontiert sehen. Da alle großen Religionen auch legistische Elemente mit einschließen (Mosaisches Gesetz, Koran als Gesetzbuch), kommt es hier zu Überschneidungen des religiösen mit dem juridischen Diskurs. Bibelwissenschaft und Gesetzesauslegung sind immer schon in direkter Wechselwirkung zur Literaturwissenschaft gestanden und haben sich gegenseitig beeinflusst. Aus diesen zwei Textwissenschaften hat die Literaturwissenschaft Interpretation (engl. *interpretation*) als zentralen Begriff und wichtigsten Aufgabenbereich übernommen.

mehrfacher Schriftsinn

Bereits in der Antike wurde die Meinung vertreten, dass Texte neben ihrer wörtlichen Bedeutung auch noch eine übertragene oder allegorische Dimension besitzen können. Im Mittelalter wurde im Bezug auf biblische Texte hierfür der Begriff des „mehrfachen Schriftsinns" geprägt, der es erlaubt z.B. „den Auszug Israels aus Ägypten" im Alten Testament einerseits wörtlich als wahre Begebenheit zu lesen, andererseits aber auch als Allegorie für die mögliche Rettung des Menschen aus Bedrängnis oder Elend durch Gottes Gnade.

Hermeneutik

Die Exegese (engl. *exegesis*) oder Auslegung religiöser und juridischer Texte ging davon aus, dass die Bedeutung des Textes nur durch den Vorgang des Interpretierens ermittelt werden kann. In der Bibelwissenschaft wurde für diesen Vorgang der Begriff Hermeneutik (von griech. Auslegung, Erklärung; engl. *hermeneutics*) verwendet, der in den letzten Jahrhunderten verstärkt auch auf literaturwissenschaftliche Praxis bezogen wird. Da über Wesen und Anwendung von Textinterpretation innerhalb der Literaturwissenschaft sehr unterschiedliche Meinungen herrschen, muss zwischen einer Reihe literaturtheoretischer Strömungen bzw. methodischer Ansätze unterschieden werden.

Literaturtheorie

Obwohl jede akademische Disziplin versucht, ihre wissenschaftliche Tätigkeit mit Begriffen wie Allgemeingültigkeit, Objektivität, Wahrheit, Nachvollziehbarkeit u.Ä. zu definieren und zu legitimieren, unterliegen die verschiedenen Wissenschaftsbereiche dennoch einer Reihe von variablen Faktoren wie Weltanschauungen, Ideologien, politischen Umständen und Moden. Gerade die Geisteswissenschaften und unter ihnen besonders die Literaturwissenschaft zeichnen sich durch eine Vielfalt von Ansätzen und Methoden aus. Innerhalb der Literaturwissenschaft hat sich unter dem Einfluss der Philosophie die Literaturtheorie (engl. *literary theory*) als eigenständige Disziplin entwickelt, die sich mit wissenschaftstheoretischen Fragestellungen beschäftigt. Während die Literaturwissenschaft oder Literaturkritik vor allem Primärwerke interpretiert oder bewertet, versucht die sogenannte Literaturtheorie, Verfahrensweisen der Literaturwissenschaft und der Literatur selbst zu analysieren. Die Literaturtheorie ist somit jene Teildisziplin der Textwissenschaften, die sich mit den wissenschaftstheoretischen und philosophischen Grundlagen der eigenen Disziplin befasst.

Aus der Vielfalt von Interpretationsmöglichkeiten lassen sich vier grundlegende literaturtheoretische Ansätze herausarbeiten, die sich als Raster zur Einordnung und Erklärung der unterschiedlichen Strömungen eignen. Je nach Schwerpunktsetzung spricht man in der Literaturwissenschaft von text-, autor-, leser- oder kontextorientierten Ansätzen. Folgende literaturtheoretische Schulen bzw. Strömungen können diesen vier grundlegenden Ansätzen zugeordnet werden:

vier Dimensionen literaturtheoretischer Ansätze

Text
Philologie
Rhetorik
Formalismus und Strukturalismus
New Criticism
Semiotik und Dekonstruktion

Autor
Biographische Literaturwissenschaft
Psychoanalytische Literaturwissenschaft
Phänomenologie

Leser
Rezeptionsästhetik
Reader-Response-Criticism
Rezeptionsgeschichte

Kontext
Literaturgeschichte
Marxistische Literaturwissenschaft
Gender Theory
New Historicism und Kulturwissenschaft
Vergleichende Literaturwissenschaft

Im sogenannten textorientierten Ansatz werden besonders Fragen der Textkritik (philologische Manuskripteditionen), der Stilistik (Erzähltechnik) und des formalen Aufbaus (Erzählstruktur) betont. Die autororientierten Richtungen lenken das Hauptaugenmerk auf den Autor, um Zusammenhänge zwischen dem Werk und der Biographie oder auch dem Geschlecht eines Autors bzw. einer Autorin zu analysieren. In leserorientierten Herangehensweisen steht die Rezeption des Textes durch die Leserschaft bzw. die Wirkung eines literarischen Werkes im Mittelpunkt. Der kontextorientierte Ansatz versucht hingegen, einen literarischen Text vor dem Hintergrund historischer, sozialer oder politischer Entwicklungen zu betrachten, wobei gattungsgeschichtliche und literaturhistorische Einordnungen vorgeschlagen werden, aber auch motiv- und sozialgeschichtliche Analysen zur Anwendung kommen.

textorientierte Ansätze

autororientierte Ansätze

leserorientierte Ansätze

kontextorientierte Ansätze

Es handelt sich bei diesem Unterteilungsversuch um eine Reduktion sehr komplexer Theorien auf vereinfachte Grundmuster. Diese Einteilung darf aber nicht darüber hinwegtäuschen, dass keine literaturwissenschaftliche Richtung ausschließlich einem einzigen Ansatz zugeordnet werden kann. Trotz Überlagerungen und Kombinationen steht aber immer *ein* Aspekt bzw. *ein* methodischer Ansatz im Mittelpunkt des Interesses einer Strömung. Diese Schwerpunkte werden im folgenden Überblick als Unterscheidungskriterien verschiedener literaturwissenschaftlicher Schulen herausgearbeitet und analysiert.

1. Textorientierte Ansätze

werkimmanente Ansätze

Als Anknüpfungspunkt an die eingangs erwähnten Wurzeln der Textwissenschaft bieten sich jene Strömungen an, die als textorientierte oder werkimmanente Ansätze (engl. *intrinsic approach*) zusammengefasst werden können. Es handelt sich hierbei um den Bereich der Literaturwissenschaft, der die meisten Schulen und Strömungen hervorgebracht hat. Vereinfacht ausgedrückt, steht in diesen Traditionen das literarische Werk in seiner *textlichen* Erscheinung im Mittelpunkt. Außertextliche Faktoren bezüglich Autor (Biographie, Gesamtwerk), Publikum (Klasse, Geschlecht, Alter, ethnische Zugehörigkeit, Bildung) oder Kontext (historische, soziale oder politische Umstände) werden bewusst ausgeklammert. Natürlich ist der Text in jeder literaturwissenschaftlichen Richtung der eigentliche Ausgangspunkt der Analyse, jedoch haben in den anderen drei genannten Ansätzen außertextliche Phänomene wie biographische Informationen zum Autor, Probleme der Rezeption und ähnliche, nicht direkt mit dem Text verbundene Fragestellungen oft das Übergewicht. Die textorientierten Traditionen stellen den Text an sich und insbesonders seine formalen Besonderheiten in den Mittelpunkt der Analyse. Dabei betont die traditionelle *Philologie* „materielle" Elemente des Textes, während *Rhetorik* und *Stilistik* an übergreifenden Bedeutungs- und Sinnzusammenhängen interessiert sind. Die *formalistisch-strukturalistischen Schulen* (Russischer Formalismus, Prager Strukturalismus, New Criticism, Semiotik und Dekonstruktion) versuchen dagegen, größere allgemeine Grundmuster von Texten bzw. das Wesen des Literarischen zu erfassen.

Philologie

Philologie

Unter dem Begriff Philologie (engl. *philology*) versteht man den Zweig der traditionellen Literaturwissenschaft, der sich besonders mit Problemen der Edition und Textrekonstruktion beschäftigt. Die Philologie, die ihren Aufschwung mit der Wiederentdeckung antiker Schriftsteller, dem Aufkommen des Buchdrucks in der Renaissance sowie dem Wunsch nach korrekten Textausgaben nahm, hat sich als eine der dominantesten literaturwissenschaftlichen Richtungen bis ins 19. Jahrhundert gehalten.

Editionsphilologie

Im Zentrum dieser Herangehensweise steht die Editionsphilologie (engl. *textual criticism),* deren Hauptaufgabe die Rekonstruktion der materiellen Basis eines literarischen Werkes darstellt. Gerade bei antiken Texten wie z. B. dem mesopotamischen *Gilgameschepos* (ca. 1800 v. Chr.), das in einer Vielzahl von Versionen und Fragmenten von Keilschrifttafeln überliefert ist, stellt die Rekonstruktion des literarischen Textes an sich eine der größten Herausforderungen dar. Aber auch bei Werken jüngeren Datums wie z.B. den Dramen William Shakespeares (1564–1616), deren Erstdrucke sehr viele textliche Ungereimtheiten aufweisen, kommt bis heute der Editionsphilologie eine wichtige Bedeutung zu.

Wie stark die Materialität des Textes immer wieder in den Vordergrund literaturwissenschaftlichen Interesses treten kann, hat z. B. die Diskussion um die textliche Zuverlässigkeit der allgemein gebräuchlichen Ausgaben von James Joyces (1882–1941) *Ulysses* (1922) gezeigt. Verschiedene miteinander konkurrierende Joyce-Ausgaben, die sich jeweils als definitiver Text verstanden, haben Mitte der 1980er Jahre das Interesse an Fragen der Textedition neu belebt.

In direkter Wechselwirkung mit den aufkommenden Naturwissenschaften versuchten die philologischen Ansätze, empirisch-positivistische Methodik auf die Literaturwissenschaft zu übertragen. Resultate dieser Gesinnung sind z. B. die großen Konkordanzen (alphabetische Wortlisten) des 18. und 19. Jahrhunderts, die die exakte Frequenz und Verwendung des Wortschatzes eines Autors dokumentieren. Hierbei werden alle Wörter, die z. B. im Gesamtwerk Goethes auftauchen, alphabetisch geordnet und deren Verwendung in den Dramen und Gedichten genau belegt. Die Konkordanzen stellen eine extreme Entwicklung dieser empirischen Richtung der Philologie dar, die heute durch die Computertechnologie einen erneuten Aufschwung erlebt. Die Möglichkeit, große Textmengen wie das Gesamtwerk einzelner Autoren oder Texte ganzer Epochen (wie z. B. der *Thesaurus Graecae Linguae*, der alle Texte der griechischen Antike auf einer CD-ROM speichert) auf elektronische Datenträger zu übertragen, lädt zu computerisierten Wortfrequenzanalysen und ähnlichen quantitativ-statistischen Untersuchungen geradezu ein.

Rhetorik und Stilistik
Neben editorischen Problemen stehen Form (Textstruktur, Erzählstruktur, Erzählperspektive, Handlungsverlauf) und Stil (rhetorische Figuren, Wortwahl, Satzstellung, Metrum) im bevorzugten Interesse textorientierter Richtungen. Die Rhetorik (engl. *rhetoric*) war neben der Theologie fast zwei Jahrtausende *die* dominante textwissenschaftliche Disziplin. Der öffentlichen Rede wurde in der Antike größte Bedeutung zugesprochen, was dazu führte, dass eine Reihe von Regeln und Techniken des erfolgreichen Sprechens in der Rhetorik zusammengefasst wurde. Obwohl die Rhetorik dazu konzipiert war, Politiker so auszubilden, dass sie die Massen überzeugend zu beeinflussen wussten, entwickelte sie sich bald – ähnlich wie die Bibel- und Gesetzeswissenschaft – in eine theoretisch-akademische Disziplin. In ihrem Versuch, Elemente menschlicher Rede systematisch zu erforschen und zu klassifizieren, schuf die Rhetorik die Basis der heutigen Sprach- und Literaturwissenschaft.

Rhetorik

Die Rhetorik war anfänglich sehr praxisorientiert und präskriptiv (vorschreibend), indem sie sich hauptsächlich als Vermittlerin von Leitsätzen des guten Sprechens verstand, die für jede Phase der Texterstellung fixe Regeln anbot: die *inventio* (das Finden von Themen), die *dispositio* (die Ordnung des Materials), die *elocutio* (die Ausformulierung unter Zuhilfenahme von rhetorischen Figuren), die *memoria* (Technik der Erinnerung des Vortrags) und die *actio* (der Vortrag). Trotz der eigentlich präskriptiv-praktischen Ausrichtung gab es in der Rhetorik auch beschreibend-analytische (deskriptive) Elemente. Von Anfang an wurden konkrete Texte analysiert, um so auf allgemeine Regeln zur Abfassung eines „guten" Textes schließen zu können.

Bereiche der klassischen Rhetorik:
inventio
dispositio
elocutio
memoria
actio

In dieser theoretischen Auseinandersetzung mit Texten traten strukturelle und stilistische Elemente – also vor allem die *dispositio* und *elocutio* – immer mehr in den Vordergrund. Die heutige textorientierte Literaturwissenschaft baut auf diesen von der Rhetorik erfassten Gebieten auf und bedient sich deren Terminologie.

Stilistik

Im 19. Jahrhundert entwickelte sich aus der an Bedeutung verlierenden Rhetorik die sogenannte Stilistik (engl. *stylistics*), die neben der Literaturwissenschaft auch in der Kunstgeschichte adaptiert wurde. Zur Beschreibung der stilistischen Eigenheiten individueller Autoren, ganzer Nationen oder gesamter Epochen wurden bevorzugt grammatikalische Strukturen (Wortschatz, Satzbau), klangliche Elemente (Sprachmelodie, Reim, Metrum, Rhythmus) und übergreifende Formen (rhetorische Figuren) von Texten zur Analyse herangezogen. Die Stilistik hat zwar in der zweiten Hälfte des 20. Jahrhunderts kurz eine Wiederbelebung erfahren, ihr eigentlich größter Beitrag zur neueren Literaturtheorie bestand aber in ihrer Vorreiterrolle in Bezug auf die formalistisch-strukturalistischen Richtungen des 20. Jahrhunderts.

Formalismus und Strukturalismus

Formalismus, Strukturalismus

Unter den Begriffen Formalismus (engl. *formalism*) und Strukturalismus (engl. *structuralism*) werden im 20. Jahrhundert eine Reihe von Strömungen verstanden, deren Hauptanliegen auf das Studium des formalen und strukturellen Aufbaus literarischer Texte gerichtet sind. Diese intensive Beschäftigung mit den intrinsisch-strukturellen Aspekten eines Textes in der ersten Hälfte des vorigen Jahrhunderts ist als bewusste Abkehr von älteren Traditionen (besonders der biographischen Literaturwissenschaft des 19. Jahrhunderts) zu verstehen, die sich vor allem auf extrinsische (außertextliche) Faktoren konzentrierten. Die historisch aufeinanderfolgenden Schulen des Russischen Formalismus, Prager Strukturalismus, New Criticism und Poststrukturalismus zeichnen sich trotz unterschiedlicher Erscheinungsformen durch die weitgehende Ausklammerung inhaltlicher Fragen und einer Betonung der formal-strukturellen Dimension eines Textes aus.

Form-Inhalt Dichotomie

Im allgemeinen philosophisch-ästhetischen Kontext bezeichnet „Form" meist die Beziehung zwischen verschiedenen Elementen innerhalb eines Systems. Die Frage nach „Form" und „Inhalt", die bereits in der antiken Philosophie problematisiert wurde, liegt diesem Ansatz zugrunde. Danach können Dinge in der Welt nur dadurch existieren, dass ungeordnete Materie durch Form eine Struktur erhält. Die Form fungiert sozusagen als Behälter, in dem Inhalt dargeboten wird. Dieses grundlegende Prinzip aus der Philosophie, wonach eine strukturelle Ebene von einer inhaltlichen getrennt wird, fand bereits in der Antike Eingang in die Literaturwissenschaft. So lässt sich z. B. Aristoteles' (384–322 v. Chr.) Auffassung von der determinierenden Funktion von Form über Materie mit literarischen Phänomenen in Deckung bringen, wenn er in seiner *Poetik* (4. Jh. v. Chr.) formale Schemata anwendet, um gattungsspezifische Merkmale des Dramas zu erklären. Mit dieser strukturellen Herangehensweise legte Aristoteles den Grundstein für formale Ansätze in der Literatur- und Sprachwissenschaft des 20. Jahrhunderts. Beziehen sich viele Richtungen der Literaturwissenschaft auf die inhaltliche Ebene eines Textes (das „Was?" eines Textes), konzentrieren sich Formalisten und Strukturalisten bewusst auf die Form (das „Wie?" eines Textes).

1. Textorientierte Ansätze

Mit dem Bemühen um eine Objektivierung des literaturwissenschaftlichen Diskurses versucht der Russische Formalismus (engl. *Russian Formalism*) während und nach dem Ersten Weltkrieg, „Literaturhaftigkeit" in den Vordergrund formalistischer Analysen zu stellen, oder wie Roman Jakobson (1896–1982) es ausdrückt: „Der Gegenstand der Literaturwissenschaft ist nicht die Literatur in ihrer Ganzheit, sondern die ‚Literaturhaftigkeit', nämlich das, was ein gegebenes Werk zu einem literarischen Werk macht" (Erlich, 190). Im Zusammenhang mit der Suche nach typischen Merkmalen und Kennzeichen der Literaturhaftigkeit weist der Russische Formalismus Erklärungen zurück, die diese Merkmale im Geist des Dichters suchen oder sich auf Intuition, Einbildungskraft und Genius berufen. Der „morphologische Ansatz" der Formalisten vernachlässigt bewusst historische, soziologische, biographische oder psychologische Dimensionen des literarischen Diskurses und propagiert einen werkimmanenten Ansatz, der das Kunstwerk als eigenständige Einheit betrachtet. Anstelle der genannten traditionellen extrinsischen Herangehensweisen an literarische Texte werden im Russischen Formalismus phonetische Strukturen, Rhythmus, Reim, Metrum und Ton als eigenständige bedeutungstragende Elemente des literarischen Diskurses in den Mittelpunkt gestellt.

[Marginalie: Russischer Formalismus; Literaturhaftigkeit]

Für Victor Shklovski (1893–1984) und eine Reihe von Formalisten bewirken diese genannten strukturellen Elemente in einem literarischen Text eine Verfremdung (engl. *defamiliarization*), indem sie dem Gewöhnungsprozess der alltäglichen Sprache entgegenwirken und damit literarischen von nichtliterarischem Diskurs trennen. Der Roman *Tristram Shandy* (1759–1767) des Engländers Laurence Sterne (1713–1768) ist das klassische Beispiel, anhand dessen der Formalismus dieses Konzept der Verfremdung erklärt. Sternes Roman aus dem 18. Jahrhundert zeichnet sich durch eine Vielzahl von Verfremdungen der Gattung Roman aus. Er beginnt wie eine traditionelle Autobiographie, die das Leben des Protagonisten (Hauptperson) von seiner Geburt bis zu seinem Tod nacherzählt, konzentriert sich dann aber auf einen bestimmten Tag seines Lebens. Der Roman setzt auch nicht bei der tatsächlichen Geburt des Helden, sondern bereits mit dem Zeugungsakt ein. Des Weiteren werden traditionelle Erzähl- und Handlungsstrukturen bewusst hervorgehoben und parodiert, indem das Vorwort und die Widmung des Romans in der Mitte des Textes erscheinen, oder die Kapitel 18 und 19 erst auf das Kapitel 25 folgen; Sterne fügt zudem leere Seiten in den Text ein, die durch die Imagination des Lesers gefüllt werden müssen. Diese Elemente, die die Konventionen des Romans seiner Zeit parodieren, legen gleichzeitig dessen Strukturen offen und erinnern den Leser an die Künstlichkeit des literarischen Textes.

[Marginalie: Verfremdung]

Mit dem zentralen Begriff der Verfremdung nimmt der Russische Formalismus teilweise das Brechtsche Konzept des Verfremdungseffekts (engl. *alienation effect*) vorweg, das ebenfalls darauf abzielt, die „Künstlichkeit" eines Textes oder eines Kunstwerks durch selbstreflektierende Elemente hervorzuheben. Bei Bertolt Brecht (1898–1956) geht es dabei ähnlich wie im Russischen Formalismus darum, das Artifizielle des literarischen Diskurses bewusst zu machen. Besonders im Drama sollen Schauspieler und vor allem Zuschauer eine kritische Distanz zum Stück beibehalten. So wendet sich z. B. ein Schauspieler während eines Dialoges unvermutet an das Publi-

[Marginalie: Bertold Brechts Verfremdungseffekt]

kum, um so die Illusion der dargestellten Wirklichkeit im Theater bewusst zu durchbrechen.

Metafiktion

In der modernen Literaturwissenschaft wird für diese Betonung des eigenen Mediums der Begriff Metafiktion (Literarische Selbstreflexion in literarischen Texten; engl. *metafiction*) verwendet, wenn ein literarischer Text über die eigenen erzähltechnischen Elemente wie Sprache, Erzählstruktur und Handlungsverlauf reflektiert. Erfolgt diese Selbstreflexion durch den Verweis auf andere literarische Werke, spricht man von Intertextualität (engl. *intertextuality*). Besonders postmoderne Texte des späten 20. Jahrhunderts zeichnen sich durch metafiktionale und intertextuelle Züge aus.

Intertextualität

Ein frühes Beispiel, in dem Metafiktion, Verfremdungseffekt und Intertextualität fließend ineinander übergehen, ist Miguel de Cervantes' (1547–1616) *Don Quixote* (1605–1615). Besonders deutlich wird dies in einer Szene im zweiten Teil des Romans, den Cervantes 1616 als Fortsetzung seines Erfolgsromans publizierte. Don Quixote findet bei einem Buchdrucker eine unautorisierte Fortsetzung des Romans *Don Quijote* aus der Feder eines gewissen Avellandeda. Cervantes lässt hier die Hauptfigur in einem intertextuellen Verweis eine real existierende, nicht genehmigte Konkurrenzpublikation diskutieren. Interessant ist, dass Cervantes Don Quixote – also einer Figur im Roman – über die literarische Produktion jenes Romans reflektieren lässt, in dem sich diese Figur gerade befindet. Dies ist aber nur eine von zahlreichen intertextuellen, metafiktionalen und verfremdenden Passagen, mit denen Cervantes spielt. An anderen Stellen diskutieren Figuren über mögliche Fehler in der Handlung, die Cervantes im ersten Teil des Romans unterlaufen sein könnten, womit die Illusion einer in sich geschlossenen fiktionalen Welt des Textes immer wieder durchbrochen wird.

Vladimir Propps Charaktertypologie

Der Formalismus versucht auch, Elemente, die traditionellerweise der inhaltlichen Ebene zugerechnet werden, wie die Personen oder Charaktere eines Textes, strukturell zu analysieren. Die Charaktertypologie von Vladimir Propp (1895–1970), die eine begrenzte Zahl von Charaktertypen in literarischen Werken zusammenstellt, wird zu einer der einflussreichsten Beiträge des Russischen Formalismus für die allgemeine strukturalistische Theoriebildung des 20. Jahrhunderts. Ziel dieser Art der Analyse ist es, die Vielfalt der Erscheinungsformen literarischer Charaktere (fiktive Personen in literarischen Werken) auf eine begrenzte Zahl von Grundstrukturen (Agenten) zu reduzieren. Die Fülle empirischer Erscheinungsformen wird auf eine kleine Zahl abstrakter Typen zurückgeführt (z. B. Bösewicht, Geber, Helfer, Prinzessin, Held und falscher Held). Betrachtet man z. B. die verschiedenen James Bond Filme unter diesem Aspekt, dann zeigt sich, dass trotz unterschiedlichem Inhalt die Figurenkonstellationen immer identisch sind: James Bond, der uneingeschränkte Held bekämpft einen Bösewicht, der die Welt unter seine Kontrolle bringen will. Beteiligt sind auch die beiden Bondgirls, von denen das „böse" Girl den Helden mit ihren Verführungskünsten zerstören will, und das „gute" Bondgirl den Helden bei der Rettung der Welt unterstützt und am Ende mit ihren körperlichen Reizen belohnt.

myth criticism

Eine analoge Vorgangsweise kommt im sogenannten mythologischen Ansatz (engl. *myth criticism*) zur Anwendung, der ebenfalls inhaltliche Phänomene auf formale Grundstrukturen reduziert. Damit können wie in der Charaktertypologie Grundstrukturen eines Mythos (z. B. die Mutter-Sohn-Beziehung und der Vatermord im Ödipusmythos) als Tiefenstrukturen einer Vielzahl von Texten hervorgehoben werden. Bekanntestes und einflussreichstes Beispiel ist J. G. Frazers (1854–1941) umfangreiches Werk *The Golden Bough* (1890–1915), das versucht, die gemeinsamen Strukturen in den Mythen verschiedener historischer Epochen und geographischer Gebiete herauszuarbeiten. Eine konsequente Weiterführung der Charaktertypologie und der Frazerschen Mythenanalyse unternimmt in den sechziger Jahren die *Strukturale Anthropologie* des Franzosen Claude Lévi-Strauss (1908–2009), die ebenfalls auf mythologische Grundstrukturen zur Beschreibung und Analyse von Kulturen zurückgreift. Einen einflussreichen Beitrag für die Literaturwissenschaft leistete der mythologische Ansatz durch die Arbeiten von Northrop Frye (1912–1991), der mythologische Strukturen als eigentliche Basis der wichtigsten literarischen Genres annahm. Komödie, Romanze, Tragödie und Ironie (Satire) spiegeln nach Frye die ursprünglichen mythischen Strukturen der jahreszeitlichen Zyklen von Frühjahr, Sommer, Herbst und Winter. *[Strukturale Anthropologie]*

Ähnlich arbeitet der archetypische Ansatz (engl. *archetypal criticism*), der auf der Tiefenpsychologie C. G. Jungs (1875–1961) basiert. Hier werden Texte auf kollektive Grundmotive der menschlichen Psyche reduziert, die allen Epochen oder Sprachen gemeinsam sind. Diese Archetypen stellen Urbilder des menschlichen Unterbewusstseins dar, die sich in ihrer Struktur in unterschiedlichen Kulturen und historischen Epochen nicht verändert haben und in Mythos und Literatur ständig verarbeitet werden. Wieder dient eine begrenzte Zahl von Grundkonstellationen (Archetypen als psychische Bilder) als strukturelles Erklärungsmodell beliebig vieler Texte. Jung unterscheidet zwischen archetypischen Ereignissen wie Geburt, Tod, Trennung von den Eltern oder Initiationen; archetypischen Figuren wie Mutter, Vater, Kind, Gott, Betrüger, Held, weiser alter Mann; und archetypischen Motiven wie Apokalypse, Sintflut oder Schöpfung. *[C. G. Jungs Archetypen]*

Betrachtet man z. B. diese Liste parallel zu populären literarischen Texten oder deren Verfilmungen wie z. B. Joanne K. Rowlings (*1965) Harry Potter Abenteuer (1995–2007), dann lassen sich bereits auf den ersten Blick eine Vielzahl der jungschen Archetypen mit Figuren, Handlungsmustern oder Motiven zur Deckung bringen. Harry Potter ist immer wieder mit dem Tod seiner Eltern konfrontiert, er muss unzählige Initiationsriten absolvieren, hat zwischen weisen alten Männern und Betrügern zu unterscheiden und liegt im Kampf mit apokalyptischen Kräften.

Wie dieses Beispiel veranschaulicht, gibt es in unterschiedlichen Kulturkreisen, Religionen, Mythen und Literaturen wiederkehrende Urbilder oder Archetypen, die wie eine gemeinsame, unterbewusste Sprache Grundängste und Hoffnungen des Menschen transportieren. Das Anliegen des archetypischen Ansatzes fügt sich damit nahtlos in die Methodik der formalistischen Schulen ein, die versuchen, die Oberflächen literarischer Texte zu verlassen und wiederkehrende Grund- oder Tiefenstrukturen herauszuarbeiten.

New Criticism
Weitgehend unabhängig vom europäischen Formalismus und Strukturalismus konnte sich im englischsprachigen Raum der 1930er und 1940er Jahre *[New Criticism]*

der sogenannte New Criticism (engl. *New Criticism*) als dominante literaturwissenschaftliche Richtung behaupten, die über viele Jahrzehnte den Status einer orthodoxen Schulmethode innehatte. Literaturwissenschaftler wie William K. Wimsatt (1907–1975), Allen Tate (1899–1979) und J. C. Ransom (1888–1974) haben diese Richtung nach außen repräsentiert. Die wichtigsten Merkmale des New Criticism, dessen Name sich als bewusste Absage an traditionelle Lehrmeinungen versteht, lassen sich besonders gut im Kontrast zu etablierten akademischen Richtungen aufzeigen. Der New Criticism unterscheidet Literaturkritik von Quellenarbeit, sozio-historischen Hintergrundstudien, Motivgeschichte, aber auch von autorzentrierten, biographischen oder psychologischen Ansätzen und Rezeptionsforschung. Sein Anliegen ist, die Literaturwissenschaft von extrinsischen Faktoren zu befreien und das Hauptaugenmerk auf den literarischen Text zu verlagern.

affective fallacy

An traditionellen Textanalysen kritisiert der New Criticism die sogenannte *affective fallacy* und *intentional fallacy*. Die *affective fallacy* (etwa „Irrglaube der Wirkung") bezeichnet das Miteinbeziehen der emotionalen Reaktion des Lesers auf einen Text in der Interpretation. Dabei stellt sich der New Criticism besonders gegen unbegründetes subjektives Ergriffensein durch einen lyrischen Text. Um Objektivität zu gewährleisten, muss sich der Kritiker auf die Analyse von textlichen Besonderheiten konzentrieren. Die sogenannte *intentional fallacy* (etwa „Irrglaube der Autorintention") richtet sich gegen Interpretationen, die die ursprüngliche Intention oder Motivation des Autors zu ermitteln suchen. Es geht dem New Criticism also nicht darum, Aspekte eines Werkes mit biographischen Daten oder psychologischen Zuständen des Autors zur Deckung zu bringen, sondern unvoreingenommen einen Text wie eine Flaschenpost ohne Absender, Datierung oder Adressat auf seine intrinsisch-textliche Dimension hin zu untersuchen.

intentional fallacy

close reading

Die Analysen des New Criticism richten sich oft auf Erscheinungen wie Mehrdeutigkeit, Paradoxie, Ironie, Wortspiel, Wortwitz oder rhetorische Figuren; also auf jene kleinen isolierbaren Elemente eines Textes, die in Verbindung mit dem gesamten Kontext stehen. Ein zentraler Begriff in diesem Zusammenhang, der oft gleichbedeutend mit dem New Criticism verwendet wird, ist das *close reading*. Darunter versteht man das akribisch genaue Lesen auf elementare Merkmale hin, die größere Strukturen des Textes spiegeln. Der New Criticism wendet sich deshalb gegen die weitverbreitete Praxis der Nacherzählung (Paraphrase) in der Literaturwissenschaft, da sich seiner Meinung nach die zentralen Elemente eines Textes wie Mehrdeutigkeit, Paradoxie und Ironie der Paraphrase entziehen. Ein wiederkehrender Begriff in den Interpretationen des New Criticism ist die Geschlossenheit (engl. *unity*) eines Textes. Alle oben genannten Elemente, auf die sich das *close reading* konzentriert, spiegeln in ihrer elementaren Form die geschlossene Struktur des Werkes wider.

unity

Lyrik eignet sich für diese Auffassung von Literaturbetrachtung besonders, da hier eine Reihe von gattungsspezifischen Merkmalen wie Reim, Metrum und rhetorische Figuren den geschlossenen Charakter unterstreichen. Aus diesem Grund beschäftigt sich der New Criticism vornehmlich mit Gedichten.

Unter den formalistischen Strömungen zeichnet sich der New Criticism durch besonders rigide Regeln zur Textanalyse aus, deren nachvollziehbare

Methodik ihn schnell zur Schulmethode machte. Nicht zuletzt aus diesem Grund hat der New Criticism bis in die späten sechziger Jahre die Literaturwissenschaft im englischsprachigen Raum dominiert, dann aber besonders heftige Reaktionen in Form neuer Strömungen hervorgerufen.

Semiotik und Dekonstruktion

Jüngere Richtungen der textorientierten Literaturtheorie der 1970er und 1980er Jahre wie die Semiotik (Zeichenlehre, engl. *semiotics*) und die Dekonstruktion (engl. *deconstruction*) fassen einen Text als System von Zeichen (engl. *signs*) auf. Die Grundlage für diese komplexen Theoriebildungen der letzten Jahrzehnte ist das Sprachmodell des Genfer Linguisten Ferdinand de Saussure (1857–1913). Saussure nimmt an, dass Sprache durch Repräsentation funktioniert, wobei eine geistige Vorstellung verbal abgebildet bzw. repräsentiert wird. Bevor ein Mensch das *Wort* „Baum" verwenden kann, muss er ein geistiges Bild von einem Baum vor sich haben. Ausgehend von dieser Annahme teilt Saussure Sprache in zwei grundlegende Bereiche ein, indem er das vorsprachliche oder übersprachliche Konzept (in diesem Fall die Vorstellung von einem Baum) als Signifikat (engl. *signified; franz. signifié*) und die sprachliche Manifestation des Konzeptes (die Laut- oder Buchstabenfolge B-A-U-M) als Signifikant (engl. *signifier;* franz. *signifiant*) bezeichnet.

Saussures Sprachmodell

Signifikat

Signifikant

Vorstellung bzw.
Signifikat (engl. *signified*)

sprachliche Umsetzung bzw.
Signifikant (engl. *signifier*)

B-A-U-M

Semiotik und Dekonstruktion setzen beim sprachlichen Zeichen bzw. Signifikanten ein und gehen davon aus, dass nichts außerhalb des Textes existiert oder, anders ausgedrückt, dass unsere Wahrnehmung der Welt textlichen Charakter besitzt.

Zeichen

Zeichen ergeben nur dann Sinn, wenn sie sich in einem geschlossenen System befinden wie Schachfiguren in einem Schachspiel. Sprache und Texte werden als solche Systeme betrachtet, deren Elemente Bedeutung erhalten, weil sie in Wechselwirkung zueinander stehen und sich durch bestimmte Merkmale voneinander unterscheiden. Das Grundprinzip, auf dem dieses Erklärungsmodell basiert, ist die sogenannte binäre Opposition (engl. *binary opposition*). Man versteht darunter die elementaren Verschiedenheiten zwischen einzelnen sprachlichen Zeichen, die einen Bedeutungsunterschied bewirken. In den Gegensatzpaaren „*Haus*"–„*Maus*" ist z. B. jeweils ein einziger Buchstabe für unterschiedliche Bedeutungen dieser ähnlichen Zeichenkombinationen verantwortlich.

binäre Opposition

Neu und ungewöhnlich an Semiotik und Dekonstruktion ist die Tatsache, dass diese Schulen versuchen, den traditionellen Textbegriff auch auf nichtsprachliche Systeme auszudehnen. So kommen semiotische Analysemethoden, die aus der Literaturwissenschaft entlehnt sind, in der Anthropologie, der Analyse der Populären Kultur (z. B. Werbung), Geographie, Architektur, Film- und Kunstgeschichte zur Anwendung. Viele dieser Ansätze betonen

Semiotik

die Systembezogenheit des zu untersuchenden Objektes. Gebäude, Mythen oder Bilder werden als System von Elementen betrachtet, die ähnlich wie ein Text aus Buchstaben, Worten und Sätzen aus einer Reihe von Zeichen aufgebaut sind. Deshalb werden diese Ansätze oft unter dem Begriff Semiotik (Zeichenlehre) zusammengefasst.

Roland Barthes — Ein praktisches Beispiel für die Analyse nichtsprachlicher Zeichensysteme ist Roland Barthes' (1915–1980) Semiotik der Kleidung. Der französische Literaturwissenschaftler betrachtet Kleidung bzw. Mode als Zeichensystem, dessen Elemente wie literarische Zeichen „gelesen" werden können. So vermitteln wenige Millimeter in der Breite einer Krawatte sehr viel Information oder Bedeutung, da eine schmale Lederkrawatte einen völlig anderen Eindruck hinterlässt als eine dicke kurze Wollkrawatte oder eine Fliege. Diese textilen Zeichen tragen wie die Worte einer Sprache Bedeutung, müssen aber in ihrem jeweiligen Kontext bzw. Zeichensystem betrachtet werden. Die Zeichen erhalten erst einen Sinn, wenn sie mit anderen Zeichen in Wechselwirkung treten. Mode als Ausdruck von sozialen Beziehungen ist ein gutes Beispiel für diese Mechanismen in einem nichtsprachlichen Zeichensystem. Die Zeichen bleiben dieselben, aber die Bedeutung variiert, wenn sich die Beziehung unter den Zeichen verändert. Plötzlich sagen weite Hosen, kurze Röcke oder breite Krawatten etwas anderes aus als noch wenige Jahre zuvor.

Dekonstruktion — Wie die Semiotik versucht die Dekonstruktion (engl. *deconstruction*), den Bausteincharakter (Zeichen als Elemente) von Texten zu unterstreichen. Diese neueren poststrukturalistischen Analysemethoden gehen davon aus, dass ein Text in Zeichen zerlegt (destruiert) und wieder zusammengestellt (konstruiert) werden kann. Nach Ansicht der Dekonstruktion ist der Text nach der Rekonstruktion nicht mehr derselbe, da durch die Analyse der Zeichen und ihrer Neuordnung in der „Interpretation" der Text als Fortsetzung sozusagen „weitergeschrieben" wird. Die traditionelle Unterteilung in Primär- und Sekundärliteratur wird im Grundgedanken des „Weiterschreibens" des Textes in der Interpretation bewusst verwischt.

Jacques Derrida — Die Dekonstruktion ist mit dem Werk des französischen Philosophen Jacques Derrida (1930–2004) und des Literaturtheoretikers Paul de Man (1919–1983) verbunden. Sie gibt keine klaren Richtlinien zur Analyse der Texte vor und versteht sich nicht als einheitliche Methode oder Schule. Trotz ihrer komplexen Ansätze hat sich die Dekonstruktion als eine der einflussreichsten literaturtheoretischen Richtungen der 1970er und 1980er Jahre herausgestellt, deren Grundgedanken und Terminologie einen integralen Bestandteil neuerer literaturwissenschaftlicher Publikationen darstellen.

différance — Ein Beispiel hierfür ist Derridas Konzept der *différance*. Im Gegensatz zu Saussure, der die Entstehung von Bedeutung vor allem in der Wechselwirkung zwischen Signifikant und Signifikat sah, stellt Derrida die Vorstellung des Signifikats als solches in Frage. Während Saussure noch hinter jedem Signifikanten (Zeichen) ein Signifikat (Vorstellung) annahm, das dem Zeichen Bedeutung verleiht, konzentrieren sich Semiotik und Dekonstruktion bevorzugt auf den Signifikanten. Oft wird zur Erklärung dieses Konzeptes eine Enzyklopädie als Beispiel herangezogen. Jeder Lexikoneintrag bzw. Signifikant ist in ein Netzwerk von Querverweisen eingebettet, wobei jeder Verweis weitere beinhaltet. Die Erklärung eines Begriffes erfolgt durch Weiterverweisen auf andere Begriffe und kommt somit eigentlich nie zu einem Ende. Die Bedeutung eines Signifikanten entsteht damit einerseits durch äußerliche Verschiedenheit gegenüber anderen Signifikanten, andererseits aber auch durch ständiges Weiterverschieben bzw. Weiterverweisen auf andere Signifikanten. In der Neuschöpfung *différance* spielt Derrida mit franz. *différence* (Unterschied) und franz. *différer*, das unter anderem auch „aufschieben" bedeuten kann.

Spielerische literarische Umsetzungen dieser Theorie sind die sogenannten Lexikon-Romane wie *Das chasarische Wörterbuch* (1984) des Serben Milorad Pavić (1929–2009) und *Alphabetical Africa* (1974) des in Österreich geborenen Amerikaners Walter Abish (*1931). Diese Texte übernehmen die äußere Form und Struktur eines Lexikons oder einer Enzyklopädie, um so den postmodernen Textbegriff literarisch zu verdeutlichen. Solche Romane können entweder von Anfang bis Ende linear gelesen werden oder man beginnt irgendwo und bewegt sich im Text von Querverweis zu Querverweis hin und her.

Diese auch unter dem Begriff Poststrukturalismus (engl. *poststructuralism*) zusammengefassten Theoriebildungen in der zweiten Hälfte des 20. Jahrhunderts sind als direkte Weiterführung und Reaktion auf die besprochenen formalistisch-strukturalistischen Schulen zu verstehen. Man kann die genannten formalistisch-strukturalistischen Schulen als morphologische (gestaltorientierte) Ansätze in der Textwissenschaft umschreiben, die sich alle durch einen werkimmanenten Zugang auszeichnen. Das Hauptaugenmerk liegt auf der Herausarbeitung grundsätzlicher textlicher Strukturen (Erzähltechnik, Handlungsaufbau, Erzählperspektive, Stil, rhetorische Figuren), aber auch auf den Unterschieden zwischen Alltagssprache und literarischer Sprache oder zwischen Prosa und Lyrik. Mit der Ausdehnung des Textbegriffes auf nichtschriftliche Zeichensysteme stellen Semiotik und Dekonstruktion die extremsten Beispiele der textorientierten Literaturwissenschaft dar.

Poststrukturalismus

2. Autororientierte Ansätze

Historisch vor den großen formalistisch-strukturalistischen Theoriebildungen des 20. Jahrhunderts erlebte die Biographische Literaturwissenschaft (engl. *biographical criticism*) besonders im 19. Jahrhundert ihren Höhepunkt. Diese Strömung versucht, eine direkte Verbindung zwischen literarischem Text und Biographie des Autors herzustellen. Daten, Fakten und Ereignisse aus dem Leben von Schriftstellern werden mit Erscheinungen des Textes zur Deckung gebracht, um eine Wechselwirkung zwischen Begebenheiten im Leben des Autors und seinem Werk herzustellen. Oft werden Nachforschungen über Umgang, Milieu oder Bildung des Autors betrieben, die auf bestimmte Phänomene des Werkes bezogen werden. Dazu gehören auch Arbeiten, die die Bibliothek des Autors dahingehend untersuchen, mit welchen Werken er vertraut war, welche Schriften auf die Abfassung eines Werkes Einfluss genommen haben und mit welchen Personen der Autor in Kontakt stand (Briefe).

Biographische Literaturwissenschaft

Autobiographien fordern einen solchen Ansatz, der die fiktionale Darstellung mit den Fakten und Daten aus dem Leben eines Autors vergleicht, geradezu heraus. Oft fließt aber autobiographisches Material in verschlüsselter Form in den Text ein, wie z. B. im Roman *Der Spieler* (1867), in dem der russische Schriftsteller Fëdor Dostoevskijs (1821–1881) bewusst autobiographische Elemente verarbeitet. Die verhängnisvolle Spielleidenschaft des Protagonisten beruht auf eigenen Erfahrungen Dostoevskijs, der während eines Deutschlandaufenthaltes das Spielen entdeckte und den gesamten Vorschuss auf seinen neuen Roman verlor.

Autororientierte Analysen interpretieren Texte aber auch auf unbewusst eingestreute biographische Passagen. So kann z. B. die Tatsache, dass Franz Kafka (1883–1924) ein zwiespältiges Verhältnis zu seinem Vater besaß, das im „Brief an den Vater" (1919; publ. 1952) besonders zum Ausdruck kommt, als Schlüssel für eine biographisch motivierte Interpretation der literarischen Werke Kafkas herangezogen werden. Die grundlegende Problematik von Autorität, der die Protagonisten Kafkas immer wieder hilflos ausgeliefert sind, wird in diesem Interpretationsansatz als Ausdruck Kafkas persönlicher Schwierigkeiten gedeutet, mit dem übermächtigen Einfluss des Vaters umzugehen. Kafkas Romane *Das Schloß* (1922; publ. 1926) und *Der Prozeß* (1914/15; publ. 1925) oder die Erzählung „In der Strafkolonie" (1914; publ. 1919) bieten sich für diese biographisch orientierten Analyseansätze geradezu an.

Viele Autoren, die die Fiktionalität ihrer Texte sowie die Unversehrtheit ihrer Privatsphäre gewahrt haben wollen, wehren sich dezidiert gegen diese Herangehensweise. Der amerikanische Schriftsteller J. D. Salinger (1919–2010), der durch seinen Roman *The Catcher in the Rye* (1951) sehr großen Bekanntheitsgrad erreichte, hat sich in den letzten Jahrzehnten seines Lebens strikt geweigert, Informationen über sein Privatleben der Öffentlichkeit preiszugeben. Selbst gegen seine eigene Tochter, die in einem Buch Details des Familienlebens enthüllte, ging er gerichtlich vor. Ähnlich zurückhaltend mit persönlicher Information ist der bekannte postmoderne Autor Thomas Pynchon (*1937), der diese Tatsache aber selbstironisch und parodistisch inszeniert. Seine einzigen Auftritte erfolgten in Episoden der Fernsehserie *The Simpsons*, in denen Thomas Pynchon einer Cartoonfigur mit einer Papiertüte über dem Kopf seine echte Stimme leiht.

Phänomenologische Ansätze

Besonders wenn es sich um kanonische (von der Literaturgeschichte als wichtig erachtete) Autoren wie Dante, Shakespeare, oder Goethe handelt, wird in diesen Richtungen oft die Person des Autors stark mythologisiert. Das führt soweit, dass der Geist des Dichters durch sein Werk rekonstruiert werden soll. Die oft als Phänomenologische Ansätze (engl. *phenomenological approach*) bezeichneten Richtungen versuchen, durch intensive Lektüre des Gesamtwerkes das Bewusstsein des Autors wiedererfahrbar zu machen. Der Urheber des Textes ist sozusagen in verschlüsselter Form in seinem Werk präsent. Ziel dieser Art von Untersuchungen ist, den Autor durch den Text sichtbar zu machen.

Psychoanalytische Literaturwissenschaft

Wie das Beispiel aus dem Leben Franz Kafkas zeigt, neigen viele dieser biographischen Ansätze zu psychologisierenden Urteilen. In der ersten Hälfte des 20. Jahrhunderts etabliert sich unter dem Einfluss Sigmund Freuds (1856–1939) die Psychoanalytische Literaturwissenschaft (engl. *psychoanalytic literary criticism*) als eine eigenständige Schulmethode. Zwar werden hierbei Texte auch als Symptom der psychischen Struktur eines Autors gelesen, jedoch richtet sich das Augenmerk vermehrt auf andere Aspekte. Insbesondere werden literarische Figuren psychologisch analysiert, als ob es sich um tatsächlich existierende Personen mit individuellen Psychen handeln würde. Oft zitiertes Beispiel ist der geistige Zustand Hamlets in Shakespeares (1564–1616) Drama, wobei untersucht wird, ob Hamlet geistig umnachtet ist bzw. unter welcher psychischen Krankheit er leiden könnte. Schon Sigmund Freud hat in seinen Analysen auf literarische Texte wie Shakespeares *Hamlet* (ca. 1601) oder E.T.A. Hoffmanns (1772–1822) Erzählung „Der Sandmann" (1817) zurückgegriffen, um bestimmte psychologische Phänomene zu erklären.

Sigmund Freud

Im Laufe des 20. Jahrhunderts hat sich die Psychoanalytische Literaturwissenschaft unter dem Einfluss des französischen Analytikers Jacques Lacan (1901–1981), der unter anderem durch die Interpretation einer Geschichte E.A. Poes (1809–1848) Aufsehen erregte, weiterentwickelt. In den letzten Jahrzehnten haben Lacans Konzepte vor allem in der Filmwissenschaft Eingang gefunden. Das Interesse an psychologischen Phänomenen trug indirekt auch zur Verbreitung der sogenannten leserorientierten Richtungen bei, die sich im weitesten Sinne mit der Aufnahme eines Textes durch den Leser beschäftigen und sich damit im weitesten Sinn mit psychologischen Phänomenen befassen.

Jacques Lacan

3. Leserorientierte Ansätze

In den sechziger Jahren entwickelte sich als Reaktion auf die dominierende Stellung des werkimmanenten New Criticism eine leserorientierte Strömung, die als Rezeptionsästhetik (engl. *aesthetics of reception)*, Rezeptionstheorie (engl. *reception theory*) oder Reader-Response-Theory (engl. *reader-response theory*) bezeichnet wird. Alle drei Begriffe werden meist synonym (in gleicher Bedeutung) verwendet, um jene Ansätze zusammenzufassen, die für die Interpretation primär vom Leser ausgehen. In diesen Schulen existieren nicht *ein* objektiver Text, sondern ebensoviele Texte wie Leser, da angenommen wird, dass durch jeden individuellen Leseprozess ein neuer und einzigartiger Text entsteht. Die Rezeptionsästhetik ist direkt mit den deutschen Literaturwissenschaftlern Hans Robert Jauss (1921–1997) und Wolfgang Iser (1926–2007) verbunden, die diese Richtung maßgeblich bestimmten und großen Einfluss auf andere Philologien ausübten, die erst mit Verspätung rezeptionsorientierte Ansätze übernahmen.

Rezeptionsästhetik

Mit der Betonung des Effekts eines Werkes auf den Rezipienten bzw. Leser wendet sich die Rezeptionstheorie offensichtlich gegen das Dogma der *affective fallacy* des New Criticism, wonach in die Interpretation kein subjektiver Beitrag des Lesers einfließen dürfe. Die Rezeptionstheorie beschäftigt sich nicht nur mit subjektiven, im Sinne von nicht vorherbestimmbaren Leserreaktionen, sondern analysiert erstmals systematisch verschiedene Gruppen von Lesern. Sie untersucht, welche Texte von welcher Leserschaft wann, zu welchem Zweck und wie gelesen werden. Es werden Lesegewohnheiten, aber auch Lesepraktiken von verschiedenen Altersgruppen, sozialen Schichten oder nationalen Gruppen bestimmt. Viele dieser Untersuchungen gehen auch auf die physiologischen Aspekte des Lesens an sich

Effekt auf den Leser

ein und versuchen, den Leseprozess zu erklären. Dabei sollen Mechanismen aufgedeckt werden, wie der Mensch aus den optischen Zeichen auf dem Papier Informationen bezieht und daraus ein sinnhafter Text entsteht.

Wolfgang Iser impliziter Leser

Als Begründer der Rezeptionsästhetik gilt der deutsche Literaturwissenschaftler Wolfgang Iser (1926–2007). Er argumentiert, dass jeder Text einen impliziten Leser (engl. *implicit reader*) besitzt, der vom Autor als Rezipient in den Text mit eingeschrieben wird. Für Iser besteht ein Text aus Leerstellen (engl. *blanks*), die vom Leser selbst ausgefüllt bzw. ergänzt werden müssen. Ein Text lässt damit in jeder Lesephase bestimmte Erwartungen im Leser entstehen, die in der Folge entweder erfüllt oder enttäuscht werden.

Leerstelle

Beispielsweise spielt M. Night Shyamalan (*1970) in seinem Film *The Sixth Sense* (1999) mit Leerstellen, die der Zuseher kontinuierlich zu füllen versucht, jedoch erst am Ende des Films richtig interpretieren kann. So deuten wir das Schweigen der Ehefrau beim Essen mit ihrem Mann (Bruce Willis) am Hochzeitstag zuerst als Beziehungsproblem des Paares. Erst am Ende des Films, wenn sich herausstellt, dass der Ehemann bereits verstorben ist und in allen Szenen des Films als unsichtbarer Geist auftritt, wird der wahre Grund des Schweigens der Frau klar, nämlich dass sie ihn weder sehen noch hören kann. Mit dieser Einsicht am Ende des Films lassen wir als Zuseher den Film noch einmal vor unserem inneren Auge ablaufen und deuten nun eine große Zahl von Szenen völlig anders als beim ersten Sehen.

Das Spiel mit der Lesererwartung steht z. B. im Kriminalroman besonders im Vordergrund, tritt aber in allen Genres in unterschiedlicher Intensität oder Deutlichkeit auf. Erwartungen bilden auf jeder Ebene des Leseprozesses – angefangen beim einfachen Entschlüsseln eines Wortes oder Satzes bis hin zu größeren inhaltlichen Strukturen eines Werkes – die Grundlage in der Auseinandersetzung mit Texten überhaupt.

Bereits beim Lesen der ersten Worte eines Satzes komplettiert der Leser im Geist ständig das noch nicht Gelesene. Er will in jeder Phase das noch Fehlende durch die eigene Vorstellungs- und Kombinationsgabe einfügen. Ebenso kontinuierlich werden offene Fragen zum Text in jedem Abschnitt des Leseprozesses aufgegriffen und mit verschiedenen Erklärungsmöglichkeiten verbunden. Die Ersetzung dieser Leerstellen hängt einerseits von subjektiv-individuellen Zügen, andererseits aber auch von allgemeinen Faktoren wie Alter, Geschlecht, Nationalität und auch der historischen Epoche des Lesers ab.

Rezeptionsgeschichte

Ein weiterer wichtiger Aspekt, der in engem Zusammenhang mit diesen Richtungen steht, ist die Erforschung der Aufnahme eines Textes durch die Leserschaft. In der sogenannten Rezeptionsgeschichte (engl. *history of reception*) werden Verkaufszahlen von Werken, aber auch Besprechungen oder Rezensionen in Zeitschriften und Zeitungen herangezogen. Nicht nur synchrone (innerhalb einer Epoche) Aspekte der Leserreaktion werden betrachtet, sondern es werden auch Veränderungen und Entwicklungen in der Rezeption von Texten in Form einer diachronen (historisch vergleichenden) Analyse berücksichtigt.

Die leserzentrierten Schulen der Rezeptionstheorie und der Rezeptionsgeschichte, die vor allem in den 1970er Jahren durch die bewusste Abkehr von den Dogmen des New Criticism sehr großen Einfluss ausgeübt haben, wurden später von Semiotik, Dekonstruktion und kontextorientierten Ansätzen weitgehend zurückgedrängt.

4. Kontextorientierte Ansätze

Unter kontextorientierten Ansätzen (engl. *contextual approach*) werden hier eine Reihe unterschiedlicher Strömungen und Schulen zusammengefasst, die sich dadurch auszeichnen, dass sie ein literarisches Werk nicht als immanentes, für sich allein stehendes Kunstwerk betrachten, sondern es in einen größeren Zusammenhang stellen. Je nach Richtung kann dieser Kontext historisch, sozio-politisch, generisch (gattungsspezifisch), national oder geschlechtsspezifisch sein. Die in der Praxis immer noch führende Schule ist die sogenannte Literaturgeschichte (engl. *literary history*), die hauptsächlich literarische Phänomene in Perioden gliedert und den einzelnen Text vor diesem Hintergrund beschreibt. Es geht um die Datierung und Zuordnung eines Textes, aber auch um den Nachweis gegenseitiger Einflüsse bestimmter literarischer Werke auf andere. Diese Richtung ist der Geschichtswissenschaft verpflichtet und orientiert sich an deren Methodik.

Unter den sozio-politischen Strömungen gilt die Marxistische Literaturwissenschaft (engl. *Marxist literary theory*) als einflussreichste Lehrmeinung. Auf der Grundlage der Schriften von Karl Marx (1818–1883) und anderen marxistischen Theoretikern werden Texte als Ausdruck ökonomischer, soziologischer und politischer Mechanismen analysiert. Dabei werden Produktionsbedingungen in bestimmten literarischen Epochen und deren Einfluss auf die literarischen Arbeiten dieser Zeit untersucht. So kann die Etablierung des Romans im 18. Jahrhundert im marxistischen Erklärungsmodell auf die neuen ökonomischen Bedingungen für Autoren und Leser in dieser Epoche zurückgeführt werden.

Besonders die Frankfurter Schule mit Theoretikern wie Theodor Adorno (1900–1969) und Jürgen Habermas (*1929) haben nachhaltig auf die Literaturtheorie eingewirkt. Unabhängig vom Niedergang des Kommunismus im ehemaligen Ostblock hat die Marxistische Literaturtheorie in den letzten Jahrzehnten stark an Bedeutung verloren. Dies darf aber nicht darüber hinwegtäuschen, dass dieser Ansatz wichtige Aspekte der Wechselwirkung zwischen Literatur und Gesellschaft aufgezeigt hat und immer noch großen Einfluss auf jüngere Theoriebildungen wie Gender Theory, New Historicism und Kulturwissenschaft ausübt.

New Historicism und Kulturwissenschaft

Eine der neueren Entwicklungen in den 1980er und 1990er Jahren auf dem Gebiet der kontextorientierten Ansätze ist der in den USA entstandene New Historicism (engl. *new historicism*). Obwohl diese Strömung auf Poststrukturalismus bzw. Dekonstruktion aufbaut, die eher text- oder diskursorientiert sind, versucht sie, historische Dimensionen in die Besprechung literarischer Texte miteinzubeziehen. So werden z.B. bestimmte Werke Shakespeares mit historischen Dokumenten der Entdeckung Amerikas in Verbindung gebracht, aber auch die Entdeckungen selbst als textlich-literarisches Phänomen behandelt. Wichtig dabei ist, dass Geschichte nicht als vom literarischen Text isolierter „historischer Hintergrund", sondern ebenfalls als ein textliches Gebilde betrachtet wird. Stephen Greenblatt (*1943), einer der führenden Vertreter des New Historicism, vergleicht z.B. in der Analyse eines kolonialen Textes der frühen amerikanischen Literatur von

Thomas Harriot (ca. 1560–1621) das Verhältnis der Europäer zu den Indianern mit den Abhängigkeitsstrukturen in Shakespeares (1564–1616) Drama *The Tempest* (ca. 1611). Es zeigt sich, dass diese Machtmechanismen eine tief verwurzelte kulturelle Struktur darstellen, die sowohl Geschichte als auch Literatur dieser Epoche bestimmen. Ähnlich dem Poststrukturalismus, der den Textbegriff auf nichtliterarische Bereiche ausdehnt, bedient sich der *New Historicism* dieses Ansatzes, um historischen Phänomenen literaturwissenschaftlich zu begegnen.

Kulturwissenschaft   Als eine dem New Historicism verwandte, aber eigenständige Richtung gilt die sogenannte Kulturwissenschaft (engl. *Cultural Studies*). Dieser textwissenschaftliche Ansatz dehnt seine Analysen bewusst auf verschiedene Bereiche des menschlichen Ausdrucks aus. So werden unter anderem Werbung, bildende Kunst, Film, Fernsehen, Mode, Architektur, Trivialliteratur, Musik, subkulturelle Erscheinungen, etc. als Manifestationen eines kulturellen Ganzen gelesen. Im Gegensatz zur Semiotik, die sich ebenfalls nichtliterarischer Phänomene aus textorientierter, strukturalistischer Perspektive annimmt, bemühen sich die *Cultural Studies* um eine synoptische, d. h. zusammenschauende Betrachtungsweise, die darauf abzielt, eine Kultur in ihrer Vielschichtigkeit zu erfassen.

Jacob Burckhardt   Die Tatsache, dass die Richtung seit einigen Jahren besonders im Mittelpunkt des literaturwissenschaftlichen Interesses steht, darf nicht darüber hinweg täuschen, dass die Kulturwissenschaft als methodologischer Ansatz in der Geisteswissenschaft eine lange Tradition besitzt. So nimmt z. B. der Schweizer Kunsthistoriker Jacob Burckhardt (1818–1897) bereits im 19. Jahrhundert mit seiner Studie *Die Kultur der Renaissance in Italien* (1860) die ganzheitliche Sichtweise der neueren Kulturwissenschaften vorweg, indem er unterschiedliche Bereiche kultureller Produktion als Gesamtheit in seine Analyse miteinbezieht. Theoretisch fundiert wird dieser Ansatz im 20. Jahrhundert durch den englischen Theoretiker Raymond Williams (1921–1988), der in seinem Buch *Culture and Society* (1958) argumentiert, dass für kulturelles Verständnis nicht nur Teile einer Kultur, sondern die Ganzheit kultureller Produktion berücksichtigt werden sollte.

Raymond Williams

Postkoloniale Theorie   Der auffälligste Unterschied der neueren Strömungen innerhalb der Kulturwissenschaft gegenüber den oben genannten älteren Vertretern ist die Betonung der Peripherie oder des „Anderen." So analysiert der aus dem Nahen Osten stammende Literaturwissenschaftler Edward Said (1935–2003) in *Orientalism* (1978) die Art und Weise, wie das Abendland den Orient als ein stereotypes Anderes stilisiert. Die kulturwissenschaftlichen Forschungsinteressen der letzten Jahrzehnte richten sich gezielt auf nationale, regionale, oder ethnische „Minderheiten", wobei der Begriff Minderheit im Sinne einer von der dominanten Gesellschaft marginalisierten Gruppe aufzufassen ist.

Edward Said

Homi Bhabha   Da gerade unter früherer Kolonialherrschaft stehende Gruppen im Mittelpunkt des literatur- und kulturwissenschaftlichen Interesses stehen, wird dieser Ansatz auch als Postkoloniale Theorie (engl. *postcolonial theory*) bezeichnet. Ein wichtiger Vertreter dieser Richtung ist der aus Indien stammende Literaturwissenschafter Homi Bhabha (*1949), der in seiner Theorie von Kultur bzw. kultureller Identität auf Ideen der Psychoanalyse und Dekonstruktion zurückgreift. Diese auf diskursiver Konstruktion basierende

Auffassung von Kultur spiegelt damit neuere Trends in der Gender Theory wider.

Gender Theory
Zu den produktivsten Richtungen der Literaturwissenschaft im Allgemeinen und der kontextorientierten Ansätze im speziellen zählt die Gender Theory. Sie ist Teil einer umfassenden Bewegung, die sich im ausgehenden 20. Jahrhundert in fast allen wissenschaftlichen Disziplinen etabliert hat. Ausgehend von der Annahme, dass „Geschlechterdifferenz" in der Literaturwissenschaft einen traditionellerweise vernachlässigten Aspekt darstellt, werden unterschiedliche Dimensionen von Texten aus einer geschlechtsorientierten Perspektive neu betrachtet.

Gender Theory

Am Anfang dieser Strömung in den späten 1960er Jahren standen inhaltliche Anliegen wie die Darstellung von Frauen in literarischen Werken männlicher Autoren im Vordergrund. Diese frühen Versuche einer Feministischen Literaturtheorie (engl. *feminist literary theory*) konzentrierten sich vor allem auf stereotype, verzerrte Darstellungen von Frauen in einer von Männern dominierten Literatur. Ein Hauptanliegen der leserorientierten Kritik richtet sich auf Identifikationsmöglichkeiten für Leserinnen mit fiktiven Frauengestalten in literarischen Texten.

Feministische Literaturtheorie
Frauenbild

Die nächste Phase der Feministischen Literaturtheorie, die sich historischer und autororientierter Ansätze bedient, kann als Frauenliteraturgeschichte bzw. Kanonrevision (engl. *canon revision*) zusammengefasst werden, da ein neuer Kanon von Texten unter Berücksichtigung weiblicher Autoren erstellt wird. Mitte der siebziger Jahre wird nicht nur die Vernachlässigung von Autorinnen in der Literaturgeschichte kritisiert, sondern eine neue Literaturgeschichte mit Augenmerk auf eine weibliche Tradition verfasst. Diese Art der Feministischen Literaturwissenschaft mit dem Schwerpunkt auf Kanonrevision ist bis in die späten siebziger Jahre die dominante Richtung geblieben, die erst unter dem Einfluss der französischen Feministinnen abgeschwächt und in andere Bahnen gelenkt wird.

Kanonrevision

Durch die einsetzende Rezeption der französischen Feministinnen aus Psychoanalyse und Philosophie wie Hélène Cixous (*1937) und Julia Kristeva (*1941) verschob sich Anfang der achtziger Jahre die Auseinandersetzung in der Feministischen Literaturtheorie auf textlich-stilistische Reflexionen. Unter der Annahme, dass sich Geschlechterdifferenz im Akt des Schreibens, also in Stil, Erzählstruktur, Inhalt und Handlungsverlauf eines Textes zeigt, begibt sich die Feministische Literaturwissenschaft in Gebiete, die traditionellerweise von formalistisch-strukturalistischen Schulen behandelt werden. Dabei wird argumentiert, dass sich geschlechtsspezifische Gegensätze im Schreibstil niederschlagen. Die andersgeartete weibliche Anatomie bewirkt nach Meinung der Theoretikerinnen eine geschlechtsspezifische Art des Schreibens, Handlungsverlaufs, Inhalts, der Erzählstruktur und Logik eines Textes. Diese Manifestation des Weiblichen in einem Text wird als *écriture féminine* (weibliches Schreiben) bezeichnet.

Französischer Feminismus

écriture féminine

Seit den 1990er Jahren verschiebt sich das Interesse von einer Feministischen Theorie in Richtung Gender Theory, indem bewusst die Stellung von Männern bzw. Männlichkeit berücksichtigt wird. Es steht nicht mehr ausschließlich das Weibliche im Zentrum der Analyse, sondern die Wechsel-

Gender Theory

wirkung zwischen beiden Geschlechtern, wobei nun auch die Rolle der männlichen und weiblichen Homosexualität in Literatur und Literaturwissenschaft behandelt wird. Damit wird die Frage nach der Geschlechtsidentität in den Vordergrund gerückt.

Die Gender Theorie seit den 1990er Jahren nimmt Elemente der Dekonstruktion auf, indem sie das Konzept einer stabilen Geschlechterdifferenz in Frage stellt. Die Diskussion wurde vor allem durch die amerikanische Theoretikerin Judith Butler (*1956) initiiert, die bei der Erklärung von Geschlechterdifferenz ähnlich vorgeht wie die Dekonstruktion in bezug auf die Entstehung von sprachlicher Bedeutung. „Geschlecht" wird damit zu einer „Konstruktion", an der verschiedene Elemente innerhalb eines sozialen Systems beteiligt sind. Der Kernbegriff ist „Geschlechterkonstruktion", gemäß dem „Mann" und „Frau" die Rolle von Signifikanten einnehmen, deren Bedeutung durch das Wechselspiel mit anderen sich gegenseitig bedingenden Signifikanten erzeugt wird.

Zusammenfassend kann man einige Tendenzen hervorheben, die sich seit Ende der sechziger Jahre in der Feministischen Literaturtheorie abzeichnen: Waren es vorerst Arbeiten über das spezifisch Weibliche (Protagonistin, Autorin, Kanon), kam später eine poetisch-ästhetische Theoriebildung (*écriture féminine*) hinzu. In der nächsten Phase – der eigentlichen Gender Theory – wird die Bedeutung beider Geschlechter für literarische Produktion und Rezeption analysiert.

Wie das Beispiel der Feministischen Literaturtheorie bzw. Gender Theory zeigt, lässt sich eine strikte Einteilung in text-, autor-, leser- oder kontextorientierte Ansätze nicht immer aufrechterhalten. In der literaturwissenschaftlichen Praxis kommt es häufig zu Überlagerungen und Kombinationen unterschiedlicher Richtungen, wie der folgende Abschnitt zur vergleichenden Literaturwissenschaft verdeutlichen wird.

Vergleichende Literaturwissenschaft

<small>Vergleichende Literaturwissenschaft Weltliteratur</small>

Obwohl bereits Johann Wolfgang Goethe (1749–1832) mit dem Begriff Weltliteratur (engl. *world literature*) für einen überregionalen Umgang mit literarischen Texten plädierte, wird den etablierten Nationalphilologien erst am Beginn des 20. Jahrhunderts die Vergleichende Literaturwissenschaft oder Komparatistik (engl. *Comparative Literature*) entgegengesetzt.

<small>Reaktion auf Nationalismus</small>

<small>René Wellek</small>

Die Komparatistik versteht sich als eine grenzüberschreitende Literaturwissenschaft, die sich als Reaktion auf nationalistische Betrachtungsweisen von Literatur im 19. Jahrhundert etabliert und sich im 20. Jahrhundert als Gegengewicht zu nationalsozialistischen Tendenzen weiterentwickelt hat. Während führende Literaturwissenschaftler wie der Prager René Wellek (1903–1995) vor Hitlerdeutschland ins Ausland flohen und dort maßgeblich zur Etablierung der Komparatistik als Disziplin beitrugen, hat auch innerhalb Deutschlands die Vergleichende Literaturwissenschaft in der Konfrontation mit dem Nationalsozialismus eine neue Dynamik entfaltet. Es ist daher nicht verwunderlich, dass einer der ersten wichtigen Texte dieser Richtung während des Dritten Reichs als stille Reaktion auf die chauvinistische Betrachtung der eigenen deutschsprachigen Literatur entstand. Der Elsässer

<small>Ernst Robert Curtius</small>

Ernst Robert Curtius (1886–1956) bemühte sich z. B. in *Europäische Literatur und Lateinisches Mittelalter* (1948) um eine globale Sichtweise mittelalterlicher Literatur, die nationale Grenzen überschreitet. Natürlich hatte die Komparatistik nicht immer nur völkerverbindende Anliegen vertreten, sondern der Vergleich von verschiedenen Nationalliteraturen wurde oft auch als Möglichkeit dafür verwendet, die kulturellen Leistungen der eigenen Nation gegenüber anderen hervorzuheben.

Trotz ideologischer Unterschiede innerhalb der Disziplin sind Aufgabengebiete und Methoden des Faches rund um das Grundkonzept des Vergleiches angelegt, wie der Name Vergleichende Literaturwissenschaft bereits andeutet. Prinzipiell wird zwischen interliterarischen und transliterarischen Vergleichen unterschieden, deren Erforschung zwei der wichtigsten Kerngebiete der Komparatistik umfassen. Unter interliterarischen Zusammenhängen werden Wechselwirkungen zwischen den Literaturen verschiedener Sprach- oder Kulturräume verstanden. Hierzu gehören die eher traditionellen Bereiche Thematologie und Motivgeschichte, die versuchen, Einflüsse inhaltlicher Natur innerhalb verschiedener Literaturen nachzuzeichnen.

interliterarische Zusammenhänge

Als transliterarische Zusammenhänge werden jene Phänomene bezeichnet, die Literatur mit anderen Medien oder Formen künstlerischen Ausdrucks in Verbindung bringen. Wichtige Gebiete sind die Wechselwirkung zwischen Literatur und den anderen Künsten wie Malerei, Musik, Tanz oder Film, aber auch Disziplinen außerhalb der Geisteswissenschaft wie Recht oder Naturwissenschaften.

transliterarische Zusammenhänge

Neuerdings sieht sich die Komparatistik mit der Betonung multikultureller Ansätze innerhalb der etablierten Philologien konfrontiert, wodurch traditionell komparatistische Aufgabenbereiche in das spezifische Fachverständnis von Nationalliteraturen integriert werden. Trotz der vergleichsweise geringen Zahl von Komparatistikinstituten setzt diese Richtung immer wieder wichtige Impulse, die gerade in Bezug auf neue Schwerpunke und Methodik die gesamte Literaturwissenschaft durchdringen.

Ein weiterer Schwerpunkt innerhalb der Komparatistik ist die Literaturtheorie, die in diesem Zusammenhang auch oft als Allgemeine Literaturwissenschaft bezeichnet wird. Da die theoretische Auseinandersetzung mit Methoden und Ansätzen in der Literaturwissenschaft ohnehin ein übernationales Phänomen darstellt, hat sich besonders die Komparatistik als Forum für die Diskussion und Vermittlung literaturtheoretischer Problemstellungen erwiesen.

Allgemeine Literaturwissenschaft

Die bisherige Besprechung unterschiedlicher literaturtheoretischer Schulen war darauf bedacht, die verschiedenen Ansätze nach methodischen Gemeinsamkeiten zu gruppieren. Der folgende Überblick ordnet nun die wichtigsten Richtungen in ein grobes zeitliches Raster:

Antike & Mittelalter	Rhetorik	zeitliche Abfolge theoretischer Ansätze
Neuzeit	Philologie	
19. Jh.	Stilistik & Biographische Literaturwissenschaft	
spätes 19. Jh.– 1. Hälfte 20. Jh.	Vergleichende Literaturwissenschaft Psychoanalytische Literaturwissenschaft Mythologische Literaturwissenschaft	
ca. 1920–1930	Russischer Formalismus	
ca. 1940–1960	New Criticism	

ca. 1970–1980	Rezeptionstheorie
	Semiotik
ca. 1970–1990	Dekonstruktion
	Feministische Literaturwissenschaft
ca. 1990 –	Gender Theory
	New Historicism und Kulturwissenschaft

In der Beschäftigung mit literarischen Texten ist wichtig zu entscheiden, welche Zugänge der Text zulässt und welche zu neuen Ergebnissen führen. Auch wenn ein Text durch bestimmte inhaltliche, historische oder strukturelle Merkmale einen Ansatz impliziert, können andere Herangehensweisen oder eine Kombination von methodischen Ansätzen originelle und lohnende Analysen liefern.

Die Literaturtheorie hat schon immer auf die Methodenreflexion textnaher Phänomene wie Malerei oder Musik Einfluss genommen. Besonders auffällig wird diese Wechselwirkung aber mit der Etablierung des Films als einem neuen Medium.

5. Filmtheorie

Filmtheorie

Die Filmtheorie entwickelt sich im 20. Jahrhundert als eigenständige Disziplin, wobei es zu einem ständigen Austausch mit der Textwissenschaft kommt. Aus diesem Grund wird im folgenden Überblick die Entwicklung der Filmtheorie bewusst in Anlehnung an die besprochenen literaturtheoretischen Ansätze behandelt.

Hugo Münsterberg

So steht bereits das erste wichtige filmtheoretische Werk, Hugo Münsterbergs (1863–1916) *Das Lichtspiel* (1916), in enger Wechselwirkung mit Psychologie und Psychoanalyse, indem es mentale Reaktionen und psychische Abläufe beim Betrachten eines Films analysiert. Münsterberg und die frühen Filmtheoretiker sahen vor allem in der räumlichen und zeitlichen Ungebundenheit des Dargestellten im Medium Film Analogien zur menschlichen Vorstellungskraft. Wichtig für die weitere Filmtheorie ist diese Betonung der inneren Wirklichkeit des Menschen, die das Medium Film darzustellen im Stande zu sein scheint.

formalistische Montagetheorie

Indirekt mit der rezeptionstheoretisch-psychologisierenden Filmtheorie Münsterbergs verknüpft – wenn auch stark formalistisch-strukturalistisch in seiner Ausrichtung – ist die Montagekonzeption des russischen Regisseurs Sergej Eisenstein (1898–1948). Auch Eisenstein geht es in seiner Filmtheorie nicht primär um die Möglichkeit, im Film äußere Wirklichkeit so realistisch wie möglich abzubilden, sondern durch kontrapunktischen Schnitt gezielte Szenen vor dem inneren Auge des Betrachters entstehen zu lassen.

Filmton

Vor dem Hintergrund dieser Montagekonzeption, die keinen nahtlosen Übergang zwischen Schnitten anstrebt, sondern auf Kontrast und Konfrontation basiert, ist auch die Abneigung der russisch-formalistischen Filmtheorie gegenüber dem aufkommenden Tonfilm zu verstehen. Realistisch unterstützender Ton in Form von Dialog, Geräusch und Musik passt nicht in die auf dialektischer Antithese basierende Montage. Die Auffassung, dass mit der

Erfindung des Tonfilms die künstlerische Qualität des Mediums Film verloren ging, zieht sich auch durch die Arbeiten des deutschen Gestaltpsychologen Rudolf Arnheim (1904–2007) in den 1930er Jahren. Zusammenfassend kann man diese Phase als formalistische Herangehensweise an den Film bezeichnen, da sie nicht die Fähigkeit realistische Abbildungen zu generieren in den Vordergrund stellte, sondern vielmehr die abstrakten und illusionserzeugenden Qualitäten des Mediums betonte.

Im Gegensatz dazu erachtet die Realistische Schule mit Siegfried Krakauer (1889–1966) und André Bazin (1918–1958) nach dem 2. Weltkrieg vor allem die *mise-en-scène* bzw. den Bildaufbau als Basis der illusorischen Filmrealität. Diese Illusion beruht nicht auf der photographischen Abbildbarkeit von Realität, sondern auf der bewussten Komposition einer Einstellung, die besonders den Stummfilm aber auch die Filmtechnik großer Regisseure wie Orson Welles (1915–1985) auszeichnete. Realistische Schule

Dieser spezifischen Eigenheiten großer Filmemacher nimmt sich die Auteur-Theorie von François Truffaut (1932–1984) und Andrew Sarris (*1928) an, die – ähnlich wie die autororientierte Literaturwissenschaft – das Œuvre vor dem Hintergrund des Autors bzw. Regisseurs betrachtet. Autororientierte Ansätze sind in Bezug auf das Medium Film nicht unproblematisch. Während in der Literatur der Autor großteils alleine für sein Werk verantwortlich zeichnet, ist der Filmregisseur nur eine unter vielen Personen (Verfasser des Skripts, Schauspieler, Maske, Produzent etc.), die zur Entstehung eines Films beitragen. Auteur-Theorie

Um einiges einflussreicher sind daher medienspezifische Ansätze in der Filmtheorie, die ähnlich wie die textorientierten Herangehensweisen in der Literatur auch im Film zu den produktivsten Richtungen in der 2. Hälfte des 20. Jahrhunderts zählen. Christian Metz' (1931–1993) *Film Language* (1963) versucht, Film als sprachähnliches semiotisches System mit einer begrenzten Zahl von medienspezifischen Codes zu erklären, die für die Erzeugung filmischen Erzählens verantwortlich sind. Seit den 1980er Jahren herrscht ein reger Austausch zwischen der literaturwissenschaftlichen Erzähltheorie und der Filmnarratologie wie z.B. in David Bordwells (*1947) *Narration in Film* (1985) oder in den Arbeiten Seymour Chatmans (*1928), wobei unter anderem literarische Konzepte wie Erzählperspektive (engl. *point of view*) oder die Funktion des Erzählers für die Filmanalyse adaptiert werden. Filmsemiotik Filmnarratologie

Semiotik, Dekonstruktion und marxistische Theorie zusammen mit den psychoanalytischen Schriften Jacques Lacans (1901–1981) haben ab den 1970er Jahren sowohl die Literatur- als auch die Filmtheorie poststrukturalistisch durchdrungen. Besondere Bedeutung kommt hier der feministischen Filmtheorie zu, die mit Laura Mulveys (*1941) Aufsatz „Visual Pleasure and Narrative Cinema" (1975) eine weitreichende Diskussion über den männlichen Blick (engl. *male gaze*) in Gang setzte. Demnach funktionieren traditionelle Hollywoodfilme nach der psychoanalytischen Logik eines männlichen Betrachters, dem weibliche Figuren untergeordnet werden. Dieser Ansatz wurde in den letzten Jahren vor allem durch Aspekte der Geschlechterkonstruktion im theoretischen Umfeld von Judith Butlers (*1956) Gender Theory für filmwissenschaftliche Analysen weiterentwickelt. feministische Filmtheorie

Wie dieser kurze Abriss zeigt, bewegt sich die Filmtheorie wie auch die Literaturtheorie zwischen den vier großen Spannungsfeldern von text-, autor-, leser- und kontextorientierten Ansätzen, wobei jedoch filmspezifisch von medien-, auteur- und zuseherorientierten Herangehensweisen gesprochen werden muss. Da Literatur und Film nicht nur in ihrer künstlerischen Praxis, sondern auch in ihren theoretischen Ansätzen immer wieder in einen Dialog treten, können sie eigentlich nur als sich gegenseitig bedingende Kräfte betrachtet werden.

6. Literaturkritik

Literaturkritik

Ein bisher nicht erwähnter Bereich in der Auseinandersetzung mit Literatur ist die Literaturkritik (engl. meist *literary criticism*). Lange Zeit wurde dieser Begriff synonym mit Literaturwissenschaft als Praxis der Interpretation von Texten verwendet. Im englischen Sprachraum bezeichnet *literary criticism* auch heute noch weitgehend die literaturwissenschaftliche Werkinterpretation. Neuerdings wird der Begriff Literaturkritik jedoch auch zur Unterscheidung von Interpretation eines Textes und wertender Kritik herangezogen. Normalerweise spricht man von Literaturkritik bei der Vergabe von Literaturpreisen und im Zusammenhang mit Buchbesprechungen oder Rezensionen (engl. *book review*). In allen Philologien gibt es Publikationen (oft im Rahmen einer Wochenendausgabe einer großen Tageszeitung), die neu erschienene Primärliteratur in Form von kritischen Besprechungen vorstellen.

Buchbesprechung, Rezension

Facheinschlägige *Sekundär*literatur wird in speziellen literaturwissenschaftlichen Zeitschriften rezensiert. Darunter versteht man die kritische Besprechung neuer Buchpublikationen durch Literaturwissenschaftler des jeweiligen Fachgebietes. Wird nicht ein Einzelwerk, sondern ein größerer Themenbereich (wie „Neuere deutschsprachige Publikationen zur Kulturtheorie" oder „Das Phänomen New Historicism") anhand mehrerer Sekundärwerke behandelt, spricht man von einem sogenannten Forschungsbericht (engl. *review article*). Diese Art der überblicksmäßigen Darstellung vermittelt einen Gesamteindruck neuer Trends oder Publikationen in einem bestimmten Themenbereich.

Forschungsbericht

Antike Dramenwettkämpfe

Die Bewertung von Texten ist so alt wie die Literatur selbst. Bereits in der Antike wurden zu bestimmten Anlässen Dramenwettstreite ausgetragen, in denen ein Werk als Sieger hervorging. In einer klassischen Parodie dieser „objektiven" Bewertungsversuche von literarischen Texten lässt Aristophanes (ca. 448–380 v. Chr.) in der Komödie *Die Frösche* (405 v. Chr.) die beiden Hauptvertreter des griechischen Dramas, Aischylos and Euripides, in einen Wettstreit treten. Nach einer Reihe von erfolglosen Versuchen, den besseren Autor zu ermitteln, greift Gott Dionysos, der den Wettkampf leitet, schließlich zu einer „objektiven" Urteilsmethode: er benützt eine Waage, um das „Gewicht" der Verse zu bestimmen und so einen Sieger zu finden. Aischylos gewinnt den Wettkampf, weil er von einem Fluss spricht, während Euripides nur ein Boot in seinem Vers erwähnt.

Wie diese Parodie von Literaturkritik zeigt, ist die wertende Analyse von Texten in der Literaturwissenschaft umstritten, da Bewertung von Literatur von vielen subjektiven Faktoren abhängt. So haben sich experimentelle

Texte, die zur Zeit ihres Erscheinens sehr schlechte Kritiken erhielten, im Laufe der Zeit als einflussreich herausgestellt. Buchbesprechungen und Bestsellerlisten haben eher kurzlebigen Charakter, da ihre Bedeutung vor allem in der Auskunft über die Rezeption von Werken in einer bestimmten historischen Epoche liegt.

III. Gattungen in der Neueren Textwissenschaft

Gattungen:

Epik
Dramatik
Lyrik
Film

Bereits in der Antike war die Einteilung literarischer Werke in Gattungen ein Anliegen der Textwissenschaft (vgl. Aristoteles' *Poetik*, 4. Jh. v. Chr.), die seither eine Reihe unterschiedlicher bis widersprüchlicher Klassifikationen hervorgebracht hat. Unter den verschiedenen Versuchen, Literatur in Genres zu gliedern, hat sich die Triade Epik, Dramatik und Lyrik in der neuzeitlichen Literaturwissenschaft als gebräuchlichste Konvention herausgestellt. Wie bereits eingangs erwähnt, wurde in der Neuzeit das Epos durch die Prosaform Roman weitgehend abgelöst, so dass heute meist von Prosa, Drama und Lyrik (engl. *fiction, drama* und *poetry*) gesprochen wird. Die Grundcharakteristika dieser drei Genres sowie der Gattung Film als textnahes Phänomen werden im Folgenden erarbeitet. Anhand konkreter Beispiele werden textwissenschaftliche Grundbegriffe und Analysemethoden für die jeweiligen Gattungen vorgestellt.

1. Prosa

Epos

Obwohl der Roman (engl. *novel*) als *die* bedeutendste Form der *Prosa* (engl. *prose* bzw. *fiction*) erst in der Neuzeit entstanden ist, gehen seine direkten Vorläufer auf die ältesten Texte unserer Literaturgeschichte zurück. Die homerischen Epen (engl. *epic*), *Ilias* und *Odyssee* (ca. 7. Jh. v. Chr.), aber vor allem Vergils (70–19 v. Chr.) *Aeneis* (ca. 31–19 v. Chr.) haben auf die großen Epen des Mittelalters wie Dante Alighieris (1265–1321) italienische *Divina Commedia (Göttliche Komödie;* ca. 1307–1321) und die neuzeitlichen Epen wie Lodovico Ariostos (1474–1535) *Orlando Furioso* (1532), Torquato Tassos (1544–1595) *Gerusalemme Liberata* (1581) oder John Miltons (1608–1674) *Paradise Lost* (1667) eingewirkt.

Der Großteil der traditionellen Epen kreist um einen Helden, der in einer Vielzahl von Episoden bestimmte Aufgaben von großer nationaler oder kosmischer Bedeutung zu erfüllen hat. Gerade die klassischen Epen reflektieren durch ihre tiefe Verwurzelung in Mythos, Geschichte und Religion ein in sich geschlossenes Weltbild der jeweiligen Epoche bzw. Nation. Hand in Hand mit dem Verschwinden eines einheitlichen Weltbildes in der Neuzeit geht die Stellung des Epos zurück und wird schließlich vom Roman abgelöst, der damit dem sich entwickelnden neuzeitlichen Relativismus Ausdruck verleiht. Alle traditionellen Epen sind in Versen verfasst, unterscheiden sich aber aufgrund ihres Umfangs, der Erzählstruktur, Charakterschilderung und des Handlungsverlaufs von der Lyrik und gelten als Vorläufer des modernen Romans.

antike Protoromane

höfische Epik

Bereits in der Antike, verstärkt aber im Spätmittelalter, haben sich Vorformen des Romans etabliert. In der Antike waren diese Protoromane (wie Apuleius' *Goldener Esel*, 2. Jh. n. Chr.) in Prosa verfasst, im Mittelalter hingegen meist in Versform. Diese relativ kurzen epischen Formen, die sich besonders im Mittelalter großer Beliebtheit erfreuten, werden in der Germanistik auch als höfische Epik (engl. *courtly romance*), im englischen Sprachraum als Romanze (engl. *romance*) bezeichnet. Bekannte Beispiele sind die französischen Artusepen (ca. 1170) von Chrétien de Troyes (ca. 1140–ca. 1190) sowie deren Adaptionen in anderen Sprachen wie Hartmann von Aues (ca. 1165–1215) *Erec* (spätes 12. Jh.) und *Iwein* (ca. 1205) oder das anonyme englische *Sir Gawain and the Green Knight* (ca. 1375). Aufgrund zielgerichteter Handlung, innovativer Erzählperspektive und differenzierter Figurendarstellung gilt das höfische Epos trotz seiner Versform als direkter Wegbereiter des Romans.

Das traditionelle Epos war in der Regel weit ausholend (epische Breite), während das höfische Epos neue Wege geht, indem die Handlung gestrafft und auf ein Ziel hin gerichtet ist. Auch wird die Hauptperson, der Protagonist (engl. *main character* oder *protagonist*), genauer und differenzierter gezeichnet. Die Helden des klassischen Epos wie Äneas in Vergils *Aeneis* (ca. 31–19 v. Chr.) waren großteils flache Charaktere, die zur Verkörperung heroischer Ideale dienten. Im höfischen Epos treten individuelle Züge wie Unsicherheit, Schwächen und andere Charaktereigenschaften verstärkt in den Vordergrund und nehmen damit ein Merkmal des Romans vorweg. Die Individualisierung des Protagonisten, die oft bewusst perspektivische Erzählweise und vor allem der lineare, auf einen Höhepunkt hin orientierte Handlungsverlauf, der nicht mehr um nationale oder kosmische Probleme, sondern um realistische Themen kreist, unterscheiden die jüngere höfische Epik vom älteren Epos.

Individualisierung des Protagonisten

Ausgeprägter und konzentrierter kommen diese Elemente schließlich im Roman (engl. *novel*) zur Anwendung, der sich in Spanien und Deutschland im 17. und in England im 18. Jahrhundert zu etablieren beginnt. Der frühe Roman war noch sehr dem Epos verpflichtet. So bereitet Miguel de Cervantes' (1547–1616) *Don Quixote* (1605–1615) dem Epos und der ritterlichen Romanze durch die Profanisierung und Parodisierung ihrer traditionellen Elemente (angebetete Dame, edler Ritter, heroische Abenteuer) ein Ende und setzt zugleich die epische Tradition in modifizierter Weise fort. Auch im Handlungsverlauf des frühen Romans, der oft ins Episodische abschweift, scheinen noch Elemente des Epos durch. Im deutschsprachigen Raum ist Hans Jacob Christoph von Grimmelshausens (ca. 1621–1676) *Simplicissimus* (1669) das bekannteste frühe Beispiel dieses Genres. In England leitet Daniel Defoes (1660–1731) *Robinson Crusoe* (1719) eine Trendwende in der Erzählprosa ein, die der Gattung Roman im 18. Jahrhundert zu einer ersten Blüte verhilft. In Struktur und Inhalt übernimmt der Roman damit die Stellung des Epos und wird zu einer der produktivsten Gattungen der modernen Literatur.

Anfänge des Romans

Allegorie und Symbolismus als epischer Ausdruck des kollektiven Geistes des Mittelalters werden im neuzeitlichen Genre des Romans durch die Begriffe Realismus und Individualismus ersetzt. Haftet dem traditionellen Epos eine kosmisch-allegorische Dimension an, zeichnet sich der moderne Roman durch eine Fixierung der Handlung in einer historischen und geografischen Wirklichkeit aus. Waren die Personen des Epos allegorische Typen, wird der Protagonist im Roman zu einem individuellen Charakter.

Realismus und Individualismus im Roman

Diese Merkmale des Romans, die die Hinwendung zu Individualismus und Realismus als geistesgeschichtliche Grundtendenzen des 17. und 18.

sozio-politische Voraussetzungen

Jahrhunderts widerspiegeln, verhalfen ihm schnell zu einer Blüte. Der Aufstieg einer gebildeten Mittelschicht, die Verbreitung der Druckerpresse und eine veränderte wirtschaftliche Grundlage, die es Autoren erlaubte, dem Schreiben als Lebensunterhalt nachzugehen, bewirkten diese Umbrüche in der Literatur des 17. und 18. Jahrhunderts. Der Roman hat bis heute nichts von seiner dominanten Stellung als *der* Vertreter der Gattung Prosa eingebüßt und wird als jenes Genre betrachtet, von dem wichtige literarische Innovationen während der letzten drei Jahrhunderte ausgingen.

Untergattungen: Picaro- bzw. Schelmenroman

Zu den Subgenres oder Untergattungen des Romans zählen Picaro- bzw. Schelmenroman (engl. *picaresque novel*), der von den Erfahrungen eines umherziehenden Schelms (spanisch *pícaro*) erzählt. Dieser gerät meist mit den sozialen Normen seiner Gesellschaft in Konflikt. In einer episodischen Erzählstruktur versucht der Schelmenroman, gesellschaftliche Ungerechtigkeiten auf satirische Weise bloßzustellen. Eines der frühesten Beispiele ist der anonyme spanische Text *Lazarillo de Tormes* (1554), mit dem die Gattung gleichsam begründet wird. Auch Henry Fieldings (1707–1754) episodenreicher englischer Roman *Tom Jones* (1749) oder Heinrich Bölls (1917–1985) *Ansichten eines Clowns* (1963) weisen Züge dieser Gattung auf.

Bildungs- oder Entwicklungsroman

Eine weitere Untergattung ist der Bildungsroman (engl. *novel of education*), der meist die Entwicklung des Protagonisten von seiner Kindheit bis ins Alter zeigt, weshalb auch oft von *Entwicklungsroman* gesprochen wird. Grimmelshausens (ca. 1621–1676) *Simplicissimus* (1669) oder Johann Wolfgang Goethes (1749–1832) *Wilhelm Meisters Lehrjahre* (1795–1796) gelten als wichtige deutschsprachige Vertreter; Jean-Jacques Rousseaus (1762–1778) *Emile oder über die Erziehung* (1762) als eines der bekanntesten französischen Beispiele dieses Genres. Auch Italo Calvinos (1923–1985) italienischer Roman *Der Baron auf den Bäumen* (1957) entspricht in seinem Handlungsverlauf dem Schema des Bildungs- oder Entwicklungsromans, da hier die Lebensgeschichte eines Barons von seinem Entschluss als Kind auf Bäumen zu leben bis zu seinem Greisentod in den Baumwipfeln erzählt wird.

Briefroman

Eine weitere Form des frühen Romans ist der Briefroman (engl. *epistolary novel*), in dem der Brief als Ausdrucksmedium einer Ich-Erzählung verwendet wird. Samuel Richardsons (1689–1761) *Pamela* (1740–1741) gilt als Begründer dieser Richtung, die im deutschsprachigen Raum mit Johann Wolfgang Goethes (1749–1832) *Die Leiden des jungen Werthers* (1774) und in Frankreich mit Pierre Choderlos de Laclos (1741–1803) *Gefährliche Liebschaften* (1782) einen ersten Höhepunkt erlangte. Interessantes Detail am Rande ist, dass diese Untergattung parallel zur Entwicklung der Post im 18. Jahrhundert als einem effizient funktionierenden Kommunikationsmedium entstand.

Historischer Roman

Eine bis heute produktive Untergattung ist der Historische Roman (engl. *historical novel*), der entweder auf wahren Begebenheiten beruht, von realen historischen Personen handelt oder ein historisch getreu gezeichnetes Setting benutzt. Sir Walter Scotts (1771–1832) *Waverly* (1814) hat von England aus großen Einfluss auf andere Literaturen ausgeübt, wie z. B. auf Alexander Dumas (1802–1870) historischen Abenteuerroman *Der Graf von Monte Christo* (1845–1846). Eine Neubelebung erfuhr der historische Roman im ausgehenden 20. Jahrhundert durch den Erfolgsroman *Der Name* *der Rose* (1980) des italienischen Literaturtheoretikers Umberto Eco (*1932). Die Verwicklungen rund um mysteriöse Todesfälle in einer italienischen Abtei des 14. Jahrhunderts verdeutlichen, auf welch unterschiedlichen Ebenen diese Gattung arbeiten kann. Der Roman des Semiotikers Eco spiegelt auf vielfältige Weise literaturtheoretische Anliegen des Autors wider, die aber in eine spannende Kriminalgeschichte und Zeitgeiststudie verpackt sind.

Während Satiren gesellschaftliche Missstände durch humorvolle Überzeichnungen bloßstellen, versucht der Utopische Roman bzw. die Science Fiction (engl. *utopian novel* bzw. *science-fiction*) durch den Entwurf alternativer Welten reale sozio-politische Zustände zu kritisieren. Begründet wird diese Gattung im frühneuzeitlichen England durch Thomas Mores (1477–1535) *Utopia* (1516), das in anderen Literaturen ähnliche literarische Gesellschaftsentwürfe hervorbrachte. Zu bekannten Beispielen zählen Tommaso Campanellas (1568–1639) *Der Sonnenstaat* (1602) in Italien, *Christianopolis* (1619) des deutschen Theologen Johann Vallentin Andreae (1586–1654) oder *Wir* des Russen Evgenij Zamjatins (1881–1937), das 1924 in mehreren Sprachen erschien. In den letzten Jahrzehnten hat die literarische Utopie vor allem durch die Beiträge von Frauen eine neue Dynamik entfaltet, wie das Beispiel *The Handmaid's Tale* (1985) der kanadischen Autorin Margaret Atwood (*1939) verdeutlicht, das ein düsteres Gesellschaftsbild aus weiblicher Perspektive zeichnet.

Utopischer Roman
Science Fiction

Populäre Formen des Romans sind außerdem der Schauerroman (engl. *gothic novel*), der im englischen Sprachraum im 18. Jahrhundert mit Werken wie Horace Walpoles (1717–1797) *The Castle of Otranto* (1764) eine neue Tradition begründete, die unter anderem auch in der deutschsprachigen Literatur von E. T. A. Hoffman (1772–1822) im *Elixier des Teufels* (1816) aufgegriffen wurde. Der Schauerroman als ernstzunehmende literarische Gattung erlebt im ausgehenden 19. Jahrhundert mit Bram Stokers (1847–1912) *Dracula* (1897) einen letzten Höhepunkt und lebt dann vornehmlich in der Trivialliteratur und in Filmadaptionen weiter.

Schauerroman

Eine relativ junge Gattung des Romans ist auch der Kriminalroman (engl. *detective novel*), der im 19. Jahrhundert entsteht, dessen Vorläufer aber bereits auf Werke des 18. Jahrhunderts wie Friedrich Schillers (1759–1805) *Der Verbrecher aus verlorener Ehre* (1792) zurückgehen. Im englischen Sprachraum erreicht der Kriminalroman mit Texten wie Agatha Christies *Murder on the Orient Express* (1934) einen ersten Höhepunkt im 20. Jahrhundert. In den vergangenen Jahrzehnten haben weibliche Ermittler wie die forensische Pathologin in den Romanen Patricia Cornwells (*1956) oder Detektive mit Migrationshintergrund wie in Jakob Arjounis (*1964) Kayankaya-Kriminalromanen dem Genre neue Impulse verliehen. Welch große Verkaufszahlen mit dieser Gattung zu erzielen sind, zeigt Dan Browns (*1964) Erfolgsthriller *The Da Vinci Code* (2003) mit seiner Mischung aus Religion, Okkultismus und Detektivgeschichte. Aufgrund seiner Breitenwirkung hat der Kriminalroman bereits im frühen 20. Jahrhundert eine besondere Affinität zu Film und Fernsehen entwickelt.

Kriminalroman

Wie gerade das letzte Beispiel des Kriminalromans zeigt, sind die Grenzen der hier erwähnten Untergattungen des Romans keineswegs starr, so dass z. B. Umberto Ecos *Der Name der Rose* (1980) die Kriterien des Historischen- und des Kriminalromans erfüllt. Auch Bildungs- und Schelmenroman können oft schwer voneinander unterschieden werden. Wie bei Gattungsunterscheidungen generell wird auch bei den epischen Langformen von idealtypischen Voraussetzungen ausgegangen, die kaum ein Werk ohne Ausnahmen erfüllen kann. Selbst die Abgrenzung des Romans von kürzeren Prosagenres ist nicht immer einfach.

Kurzgeschichte Begriff und Vorläufer

Die epischen Kurzformen, die unter den Begriffen Erzählung (engl. *tale*) und Kurzgeschichte (engl. *short story*) zusammengefasst werden, stehen weitgehend im Schatten des Romans. Ähnlich dem Roman reichen die Wurzeln der Kurzgeschichte in die Antike und das Mittelalter zurück. Erzählung, Sage und Märchen gehören zu den ältesten Textsorten und gehen bis in vorschriftliche Zeiten zurück, als „Texte" großteils mündlich überliefert und weitergegeben wurden. Auch die deutschen Begriffe Sage und Erzählung oder das englische *tale* (von „to tell") verweisen auf diese orale Komponente. Bereits in der Bibel finden sich viele Erzählungen wie „Hiob" oder die „Josephsgeschichte", die in Struktur und Aufbau der modernen Kurzgeschichte nahestehen. Auch die antike Satire (engl. *satire*) eines Juvenal (ca. 60–127 n. Chr.) und die bereits erwähnte mittelalterliche Romanze gelten als Vorformen dieses Genres.

Sammlungen von Erzählungen

Indirekte Vorläufer der Kurzgeschichte sind die großen mittelalterlichen und frühneuzeitlichen Sammlungen von Erzählungen. Der bekannte arabische Zyklus *Geschichten aus tausend und einer Nacht*, der im 13. Jahrhundert zusammengestellt wurde, hat ähnlich wie Giovanni Boccaccios (1313–1375) *Decamerone* (1349–1351) in Italien, Geoffrey Chaucers (ca. 1343–400) *Canterbury Tales* (ca.1387) in England und Marguerite de Navarres (1492–1549) *Heptameron* (publ. 1558) in Frankreich die Grundmerkmale dieser epischen Kurzform vorweggenommen. Die genannten Geschichtenzyklen zeichnen sich durch eine Rahmenerzählung aus, die eine Reihe von unabhängigen Geschichten zusammenhält. Giovanni Boccaccio benützt als Rahmen für die Erzählungen des *Decamerone* eine Gruppe von Florentinern, die vor der wütenden Pest aufs Land fliehen und sich dort zehn Tage lang (daher *Decamerone* von griech. *deka* – „zehn" + *hemerai* – „Tage") Geschichten zum Zeitvertreib erzählen. Das bedeutendste mittelenglische Werk, Geoffrey Chaucers *Canterbury Tales*, bedient sich des Motivs der Pilgerfahrt zum Grab des Heiligen Thomas Becket in Canterbury als Rahmenhandlung. Auf der Fahrt werden von den Pilgern unterschiedliche Geschichten erzählt. Durch die Technik der Rahmenerzählung versuchen die Autoren, dem Werk Geschlossenheit zu verleihen, obwohl die einzelnen Elemente inhaltlich kaum Berührungspunkte aufweisen.

Zeitschriften als Medium für Kurzgeschichten

Als mehr oder weniger eigenständige Textsorte taucht die Kurzgeschichte erst Ende des 18. Jahrhunderts, also deutlich später als der Roman auf. Das Genre der Kurzgeschichte ist wie der Roman ein internationales Phänomen, das sich in den unterschiedlichen Nationalliteraturen mehr oder weniger parallel zu regelmäßig erscheinenden Zeitungen oder Zeitschriften entwickelte. Mit den Journalen wurde der Erzählung als einer Gattung von geringem Umfang ein ideales Publikationsmedium zur Verfügung gestellt. Eine große Zahl der frühen amerikanischen *short stories* von E.A. Poe (1809–1849) oder Nathaniel Hawthorne (1804–1864) wurden als Zeitschriftengeschichten konzipiert. Auch heute noch ist das Magazin (z.B. *The*

New Yorker) im anglo-amerikanischen Raum der bevorzugte Rahmen für die Erstveröffentlichung von Kurzgeschichten. Viele der frühen Romane sind als Seriengeschichten in Magazinen erschienen, bevor sie als eigenständige Romane publiziert wurden (z. B. Charles Dickens' *The Pickwick Papers*, 1836–1837).

Neben den amerikanischen Kurzgeschichten haben auch die Erzählungen des Russen Anton P. Tschechow (1860–1904) wie *Die Dame mit dem Hündchen* (1899) großen internationalen Einfluss ausgeübt. Im deutschsprachigen Raum zählen die Texte E. T. A. Hoffmanns (1772–1822) zu den frühen Vertretern des Genres, das auch im 20. Jahrhundert mit Autoren wie Heinrich Böll (1917–1985) wichtige Beiträge leistete.

Während der Roman das Interesse von Literaturtheoretikern auf sich zog, wurde der Kurzgeschichte, die immer im Schatten des „großen Bruders" stand, weniger Beachtung geschenkt. Die Kurzgeschichte findet meist in vergleichenden Definitionen zu anderen Prosagattungen wie Roman und Novelle Erwähnung. Ein Hauptmerkmal der Kurzgeschichte ist der Eindruck von Geschlossenheit, da sie im Gegensatz zum Roman in einem Zug gelesen werden kann. Aufgrund des begrenzten Umfangs der Erzählung ist auch die Handlung (engl. *plot*) sehr selektiv sowie die Zeit auf einen zentralen Moment des Geschehens komprimiert. Der langsame, schrittweise Aufbau der Spannung im Roman muss in der Erzählung durch spezielle Techniken beschleunigt werden. Die Handlung der Kurzgeschichte setzt oft am Höhepunkt *(in medias res)* ein, wobei vor allem Rückblenden (engl. *flashback*) die vorausgegangenen Ereignisse bzw. den Kontext erläutern. Auch der Ort (engl. *setting*) und die Figuren der Handlung (engl. *characters*) sind in der Regel weniger detailliert gezeichnet als im Roman und konzentrieren sich meist auf eine Person bzw. einen Ort. Der Stil der Kurzgeschichte wird daher oft als suggestiv (andeutend), der des Romans als deskriptiv (beschreibend) bezeichnet. Wird im Roman mit unterschiedlichen Erzählperspektiven (engl. *point of view* oder *narrative perspective*) experimentiert, behält die Erzählung meist eine Perspektive bei, indem die Handlung aus der Sicht *einer* Person oder *eines* Erzählers wiedergegeben wird.

Unterschiede zwischen Roman und Kurzgeschichte

Eine Zwischenstellung zwischen Roman und Kurzgeschichte nimmt die Novelle (engl. *novella* oder *novelette*) ein, die aufgrund ihres Umfangs und erzähltechnischer Elemente keiner der beiden Prosaformen eindeutig zuordenbar ist. Zu klassischen Beispielen dieser Gattung zählen in Frankreich Stendhals (1783–1842) *Die Äbtissin von Castro* (1832) oder Guy de Maupassants (1850–1893) *Le Horla* (1887), in Deutschland Theodor Storms (1817–1888) *Aquis Submersus* (1876) und in England Joseph Conrads (1857–1924) *Heart of Darkness* (1902).

Novelle

Wie die Gegenüberstellung der wichtigsten Merkmale des Romans und der Kurzgeschichte zeigt, umfassen die Erklärungen unterschiedliche Ansätze: rezeptionsästhetische Gesichtspunkte, wenn es um das Lesen ohne Unterbrechung geht; formale Aspekte in der Gestaltung des Plots und kontextuelle Herangehensweisen in der Abgrenzung gegenüber anderen vergleichbaren Genres. Begriffe wie Plot, Zeit, Charakter, Setting, Erzählperspektive und Stil tauchen nicht nur in den Definitions- und Erklärungsversuchen des Genres Roman auf. Sie stellen auch die wichtigsten Bereiche in der Textanalyse der Kurzgeschichte dar und werden in der Auseinandersetzung mit an-

Dimensionen narrativer Texte

deren Genres wie Film und Drama angewendet. Da sie in der Prosa am offensichtlichsten und leichtesten nachzuweisen sind, werden diese Aspekte anhand von Beispielen aus Kurzgeschichte und Roman näher erläutert. Zu den wichtigsten Elementen zählen:

Handlung	(Was geschieht?)
Figur	(Wer handelt?)
Erzählperspektive	(Wer sieht was?)
Setting	(Wo und Wann geschieht etwas?)

Handlung

traditioneller Plot

Unter Handlung (engl. *plot*) versteht man das logische Ineinanderwirken von unterschiedlichen inhaltlichen Elementen eines Textes, die eine Veränderung der Ausgangssituation bewirken. Im Idealfall läßt sich der Handlungsverlauf in vier aufeinanderfolgende Bereiche einteilen:

Exposition → Komplikation → Höhe- oder Wendepunkt → Auflösung

linearer Handlungsverlauf: Ausgangssituation Komplikation Höhepunkt Auflösung

Entspricht die Handlung diesem Schema, nennt man dies einen linearen Handlungsverlauf (engl. *linear plot*), da die verschiedenen Elemente des Plots chronologisch aufeinanderfolgen. Die Exposition oder Erläuterung der Ausgangssituation (engl. *exposition*) wird durch eine Komplikation (engl. *complication* oder *conflict*) gestört, wodurch Spannung (engl. *suspense*) erzeugt wird, die zu einem Höhe- oder Wendepunkt (engl. *climax, crisis* oder *turning point*) führt. Mit dem Höhepunkt erfolgt die Auflösung der Komplikation (engl. *resolution;* franz. *denouement*) und meist auch das Ende des Textes. Die traditionelle Prosa sowie das Drama als auch der Film bedienen sich grundsätzlich dieser Plot-Struktur.

alinearer Plot

Experimenteller Roman, absurdes Drama oder neuerer Film brechen bewusst mit der linearen Erzählstruktur, wobei die Grundelemente des traditionellen Plots nicht fehlen müssen, sondern in verschlüsselter Form vorliegen können. In sehr vielen Fällen – zum Teil auch in linearen Plots – wird durch Rückblenden (engl. *flashback*) und Vorwegnahmen (engl. *foreshadowing*) Information aus der Vergangenheit bzw. Zukunft eingebracht.

Rückblenden Vorwegnahme

Rückblenden werden bereits in Homers *Odyssee* (ca. 7. Jh. v. Chr.) als Stilmittel eingesetzt. Obwohl das Epos die zehnjährigen Irrfahrten des Odysseus beinhaltet, setzt die Handlung erst kurz vor der Heimkehr des Helden ein. In mehreren großen Ich-Erzählungen werden die wichtigsten Abenteuer des Odysseus in Form von Rückblenden wiedergegeben.

Die Eingangsszene in Billy Wilders (1906–2002) Film *Sunset Boulevard* (1950) ist ein Beispiel des *foreshadowing*-Effekts im Film. Der Ich-Erzähler, ein Drehbuchautor, treibt tot in einem Schwimmbecken und erzählt posthum in chronologischer Abfolge die Ereignisse, die zu seinem Tod geführt haben. Der einzige Bruch mit einem linearen Plot ist die Vorwegnahme des Filmendes (Tod des Hauptdarstellers), wodurch wichtige Elemente der Handlung wie die Spannung eliminiert werden. Die Aufmerksamkeit des Publikums kann nun verstärkt auf andere Aspekte des Films gelenkt werden.

experimentelle Plotstruktur

Viele zeitgenössische Romane versuchen, die lineare Struktur zu verändern und Elemente des Plots in gemischter Reihenfolge im Text zu präsentieren. *Das chasarische Wörterbuch* (1984) des Serben Milorad Pavić

(1929–2009) durchbricht einen linearen Handlungsverlauf, indem es die einzelnen Teile des Romans als Einträge eines Lexikons präsentiert, die in beliebiger Reihenfolge von Querverweis zu Querverweis gelesen werden können. Auf ähnliche Weise arbeitet auch der Roman *Rayuela* (1963), des argentinischen Autors Julio Cortazar (1914–1984), der in einem vorausgestellten „Wegweiser" verschiedene Kombinationsmöglichkeiten einzelner Romankapitel vorschlägt und so die Präsentation der Handlung alinear und variabel gestaltet.

Ein anderes Beispiel für eine experimentelle Plot-Struktur ist Kurt Vonneguts (1922–2007) postmoderner Roman *Slaughterhouse-Five* (1969), in dem der amerikanische Autor mehrere Handlungs- und Zeitebenen vermischt: die Erlebnisse eines jungen Soldaten im Zweiten Weltkrieg, sein Leben in Amerika nach dem Krieg sowie eine Science-Fiction-artige Traumebene, in der der Protagonist auf einen Planeten entführt wird. Alle drei Ebenen sind im Roman bruchstückhaft vermischt, wobei sowohl die Handlungsebenen versetzt erscheinen als auch die zeitliche Abfolge innerhalb dieser Ebenen nicht chronologisch geordnet ist. Durch diese Technik des durchbrochenen Handlungsverlaufs, die traditionelle Plot-Elemente auf unkonventionelle Art einbaut, vermittelt der Autor das gespaltene Bewusstsein des Protagonisten durch gleichzeitiges Aufzeigen seiner verschiedenen Erlebniswelten.

Diese Erzählweise macht Anleihen bei der Malerei, die eine von der traditionellen Literatur verschiedene Struktur besitzt. Literatur wird oft als Zeitkunst (engl. *temporal art*) bezeichnet, da sich Handlung in zeitlicher Aufeinanderfolge von Ereignissen entwickelt. Im Gegensatz dazu gilt die bildende Kunst als Raumkunst (engl. *spatial art*), da ein Gemälde meist einen Augenblick eines Geschehens darstellt und in *einem* Augenblick wahrgenommen werden kann. Vonnegut und mit ihm viele experimentelle Autoren versuchen, diese Struktur der Malerei auf literarische Texte zu übertragen. Die vielperspektivische Erzählweise, die einem linearen Plot entgehen will, lässt sich in verschiedenen Genres wie Film und Drama, aber auch anhand anderer Elemente wie Erzählperspektive oder Charakterisierung der Personen in modernen Texten nachzeichnen.

Literatur als Zeitkunst

Malerei als Raumkunst

Figuren

Die formalistisch-strukturalistischen Ansätze der Literaturwissenschaft orientieren sich vor allem an Handlungsverlauf (Plot) und Fragen der erzählerischen Vermittlung, während in den von der Psychoanalyse beeinflussten Richtungen die handelnden Personen im Zentrum des Interesses stehen. Es lassen sich allerdings nicht nur psychologisierend inhaltliche Aussagen über Figuren oder Charaktere (engl. *character*) eines Textes machen, sondern es können auch erzähltechnische Aspekte anhand der Charakterpräsentation (engl. *character presentation*) analysiert werden. Die Charakterpräsentation in verschiedenen Genres bewegt sich zwischen den Extremen von Typisierung und Individualisierung. Der typenhaft skizzierte Charakter, der durch *eine* dominante Eigenschaft bestimmt ist, wird als *flat character* bezeichnet. Werden komplexe Eigenschaften oder differenzierte Wesenszüge dargestellt, spricht man von einem *round character*. Diese Unterscheidung geht auf die literaturtheoretischen Überlegungen des englischen Schriftstellers E. M. Forster (1879–1970) zurück.

Charakterpräsentation

Typisierung — Die Typisierung arbeitet allgemeine Charakterzüge heraus, die stellvertretend für eine Gruppe von Personen stehen können. In der mittelalterlichen Literatur wurde diese Art der allegorischen Personencharakterisierung gern verwendet, wobei Laster, Tugenden oder philosophisch-religiöse Positionen personifiziert wurden. Ein geläufiges Beispiel unter einer Vielzahl analoger Erscheinungen ist die Jedermann-Figur als Symbol für den sündigen Christen. Bereits in der antiken Komödie gab es wiederkehrende Figuren (engl. *stock character*) wie z. B. den *miles gloriosus*, den prahlerischen Soldaten. In der Gegenwart wird eine typisierende Charakterisierung vor allem in der Werbung angewendet. Sowohl in Zeitschriftenanzeigen oder Plakaten als auch in filmischen Medien wie TV-Werbespots erlangt der Typ eine Wiederbelebung. Die zeitliche und räumliche Begrenzung von Werbeträgern führt zu dieser im Mittelalter so geläufigen allegorischen und symbolträchtigen Charakterisierungsart zurück.

Individualisierung — Der Gegenpol zu dieser Praxis ist die Individualisierung der Figur, die sich als Grundzug des Romans erweist. Moderne Texte zeichnen sich durch eine Spannung zwischen diesen beiden Personendarstellungen aus, indem sie beide Elemente gleichzeitig einsetzen, um der Handlung eine über das Individuum hinausreichende Dimension zu verleihen.

Präsentationsmethoden
Erklären — Sowohl typifizierte als auch individualisierte Figuren müssen in einem Text durch Erklären oder Zeigen als Präsentationsmethoden vermittelt werden. In der erklärenden Methode (engl. *telling*) wird eine Person oder das setting durch einen Erzähler beschrieben wie z. B. ein Landhaus in E. T. A. Hoffmanns (1772–1822) Geschichte „Das steinerne Herz" (1817):

> Jedem Reisenden, der bei guter Tageszeit sich dem Städtchen G. von der südlichen Seite bis auf eine halbe Stunde Weges genähert, fällt der Landstraße rechts ein stattliches Landhaus in die Augen, welches mit seinen wunderlichen bunten Zinnen aus finsterm Gebüsch blickend, emporsteigt. Dieses Gebüsch umkränzte den weitläufigen Garten, der sich in weiter Strecke talabwärts hinzieht. Kommst du einmal, vielgeliebter Leser! des Weges, so scheue weder den kleinen Aufenthalt deiner Reise, noch das kleine Trinkgeld, das du etwa dem Gärtner geben dürstest, sondern steige fein aus dem Wagen, und laß dir Haus und Garten aufschließen [...]. (Hoffmann, 271)

Das Geschehen wird durch den Filter eines auswählenden und interpretierenden Erzählers geschildert, wie dieses Beispiel aus der deutschen Romantik verdeutlicht. Durch diese Technik tritt der Erzähler augenscheinlich in den Vordergrund und stellt sich als wertende Instanz zwischen Handlung und Leser, wobei zwischen mehreren Erzählperspektiven gewählt werden kann.

Zeigen — Soll diese Beeinflussung durch den Erzähler vermieden werden oder weniger deutlich in den Vordergrund treten, verwenden Autoren eine dramatische oder zeigende Charakterisierung (engl. *showing*). Diese szenische Präsentationsmethode erzeugt den Eindruck, als ob der Leser ähnlich wie im Drama die agierenden Personen direkt beobachten könnte. Das Bild der Figuren wird durch ihre Handlungen und Aussagen im Text ohne zwischengeschalteten Kommentator präsentiert, wie im folgenden Beispiel aus dem Roman *Der*

Kuß der Spinnenfrau (1976) des argentinischen Autors Manuel Puig (1932–1990):

– Aber zum Abschied möchte ich dich um etwas bitten ...
– Was denn?
– Etwas, was du nie getan hast, obwohl wir viel Schlimmeres getan haben.
– Was?
– Einen Kuß.
– Stimmt.
– Aber morgen, eh ich gehe. Erschrick nicht, ich bitte dich nicht, daß du es jetzt gleich tust. (Puig, 276)

Puigs gesamter Roman ist in direkter Rede verfasst und erinnert an ein Filmdrehbuch. Da auch der Inhalt des Romans eng mit Hollywoodfilmen verwoben ist, Puig selbst an einer Filmhochschule studierte und der Roman erfolgreich verfilmt wurde, ist diese Ähnlichkeit sicher beabsichtigt. Die „dramenartige" Präsentation der Dialoge der Figuren erzeugt einen „objektiven" Effekt, der nur die Fassade der Charaktere mit ihren äußerlichen Aspekten (Handlung und Dialog) wiedergibt. Damit wird eine scheinbare Objektivität erzeugt, die Interpretation und Beurteilung der Figur dem Leser überlässt. Die dramatische Charakterisierung kann natürlich nur den Eindruck einer objektiveren Schilderung vermitteln und muss notgedrungen perspektivisch bleiben.

Wie die Ausführungen gezeigt haben, kann zwischen zwei grundlegenden Arten von Figuren (rund – flach) und zwischen zwei generellen Präsentationsformen (zeigend – erklärend) unterschieden werden:

Arten von Figuren

typifizierter Charakter	**individualisierter Charakter**
flach	rund

Präsentationsformen

erklärende Methode	**zeigende Methode**
Erzählung	Dialog – Monolog

Ähnlich wie die Typifizierung meist in Verbindung mit Individualisierung auftritt, kommt es in der Praxis fast immer zu Überlagerungen zwischen erklärender und zeigender Präsentationsform. Da der Erzähler oft selbst eine handelnde Person im Text darstellt, ist das Problem der Charakterpräsentation indirekt mit der Frage nach der Erzählperspektive verbunden. Aus diesem Grund kommt es in der folgenden Besprechung der Erzählperspektive zu Überschneidungen mit bereits erwähnten Aspekten.

Erzählperspektive
Unter Erzählperspektive (engl. *point of view* oder *narrative perspective*) versteht man die Art und Weise, wie Personen, Ereignisse oder Schauplätze – also die zentralen Elemente der Handlung – in einem Text präsentiert werden. Die vielfältigen Erzählhaltungen, die sich mit dem Aufkommen des Romans entwickelten, können vereinfacht auf drei grundlegende Positionen

Erzählperspektive

reduziert werden: je nachdem, ob die Handlung dem Leser durch eine außenstehende, nicht spezifizierte Erzählinstanz (auktorial), durch eine beteiligte Person (Ich-Erzählung) oder völlig kommentarlos (personal) vermittelt wird. Diese Dreiteilung kann nur wichtige extreme Ausformungen andeuten, die im Regelfall kaum in den hier vorgestellten Reinformen, sondern meist in Überlagerungen verschiedener Erzählsituationen auftreten. Auch darf diese Übersicht nicht darüber hinwegtäuschen, dass eine umfassende Systematik eine Reihe von Faktoren berücksichtigen müsste, die hier aus Platzgründen ungenannt bleiben. Die wichtigsten Erzählsituationen in der Prosa können folgendermaßen schematisch geordnet werden:

<small>drei wichtige Erzählsituationen</small>

Auktoriale Erzählsituation
durch außenstehenden Erzähler, der auf Protagonisten in der dritten Person verweist

Ich-Erzählsituation
durch Protagonisten oder durch Nebenfigur

Personale Erzählsituation
durch handelnde Person

<small>auktoriale Erzählsituation</small>

Die auktoriale Erzählsituation (engl. *omniscient point of view*) kennzeichnet Texte, in denen auf die handelnden Personen ausschließlich in der dritten Person verwiesen wird und deren Handlung aus einer allwissenden Perspektive wiedergegeben ist. Vielfach findet sich auch der ungenaue Terminus Erzählung in der dritten Person (engl. *third person narration*). In der auktorialen Erzählsituation können Ort, Zeit und Geschehen beliebig gewechselt bzw. unterschiedliche Informationen, die außerhalb des Wissens der handelnden Personen liegen, dem Leser durch die vermittelnde Instanz des Erzählers mitgeteilt werden. So verwendet Thomas Mann (1875–1955) einen solchen allwissenden Erzähler im Roman *Der Zauberberg* (1924):

> Die Geschichte Hans Castorps, die wir erzählen wollen, – nicht um seinetwillen (denn der Leser wird einen einfachen, wenn auch ansprechenden jungen Menschen in ihm kennenlernen), sondern um der Geschichte willen, die uns in hohem Grade erzählenswert scheint (wobei zu Hans Castorps Gunsten denn doch erinnert werden sollte, dass es seine Geschichte ist, und daß nicht jedem jede Geschichte passiert): diese Geschichte ist sehr lange her, sie ist sozusagen schon ganz mit historischem Edelrost überzogen und unbedingt in der Zeitform der tiefsten Vergangenheit vorzutragen. (Mann, 9)

Wie dieses Beispiel zeigt, kann der auktoriale Erzähler in der Zeit zurückgehen („diese Geschichte ist sehr lange her") oder vorausblicken („der Leser wird einen einfachen […] Menschen in ihm kennenlernen") und besitzt genaue Informationen über den Protagonisten des Romans („einen einfachen, wenn auch ansprechenden jungen Menschen"). Diese auktoriale Erzählhaltung fand vor allem im traditionellen Epos Anwendung, wurde aber auch im frühen Roman häufig eingesetzt.

<small>Ich-Erzählsituation</small>

Von einer Ich-Erzählsituation (engl. *first person narration*) oder Erzählung in der ersten Person spricht man, wenn das Geschehen von einer handelnden Figur erzählt wird, die auf sich selbst in der ersten Person verweist, wobei die Handlung dieser Ich-Erzählung entweder aus der Sicht des Protagonisten oder einer Nebenfigur vermittelt werden kann.

Der Großteil der Romane in Ich-Erzählung setzt den Protagonisten (engl. *protagonist* oder *main character*) als Erzähler ein, wie z. B. Gottfried Kellers (1819–1890) *Der Grüne Heinrich* (1854–1855) oder Charles Dickens' (1812–1870) *David Copperfield* (1849–1850). Das Ziel der meisten Ich-Erzählungen durch den Protagonisten ist eine möglichst getreue Wiedergabe der Erlebnisse und Gefühle des Erzählers aus einer subjektiven Perspektive wie z. B. im ersten Teil des Romanzyklus *Auf der Suche nach der verlorenen Zeit* (1913–1927) des Franzosen Marcel Proust (1871–1922):

Protagonisten

> Lange Zeit bin ich früh schlafen gegangen. Manchmal fielen mir die Augen, wenn kaum die Kerze ausgelöscht war, so schnell zu, daß ich keine Zeit mehr hatte zu denken: „Jetzt schlafe ich ein." Und eine halbe Stunde später wachte ich über dem Gedanken auf, daß es nun Zeit sei, den Schlaf zu suchen. (Proust, 9)

Diese unmittelbare Nähe zum Protagonisten kann durch Einsatz einer Nebenfigur (engl. *minor character*) als Ich-Erzähler bewusst vermieden werden. Viele Romane, die um eine zentrale Figur angelegt sind wie Herman Melvilles (1819–1891) *Moby Dick* (1851) oder F. Scott Fitzgeralds (1896–1940) *The Great Gatsby* (1925), erreichen mit Hilfe dieser Technik eine Mystifizierung des Protagonisten. Die Eingangsworte von *Moby Dick* „Nenne mich Ishmael" [„Call me Ishmael"] kommen von der Nebenfigur Ishmael, der in der Folge Ahab, den Kapitän und mysteriösen Protagonisten des Romans, beschreibt. In *The Great Gatsby* erzählt Nick, der nur an der Peripherie des Geschehens steht, die Ereignisse um den großen Unbekannten Gatsby. Der Autor nimmt also durch den gezielten strukturellen Einsatz der Erzählperspektive inhaltliche Aspekte vorweg.

Nebenfigur

Tritt der Erzähler (engl. *narrator*) gänzlich in den Hintergrund, so dass die Handlung scheinbar durch die agierenden Personen des Textes wiedergegeben wird, spricht man von einer personalen Erzählsituation (engl. *figural narrative situation*). Diese Technik, die sich erst relativ spät im modernen Roman entwickelt hat, wird von Autoren häufig eingesetzt, wenn der Leser dazu angehalten werden soll, sich selbst ein Urteil zu bilden. Das folgende Beispiel aus Franz Kafkas (1883–1924) *Der Prozeß* (1914/15; publ. 1925) gibt das Geschehen aus der personalen Perspektive des Protagonisten wieder.

personale Erzählsituation

> Jemand musste Josef K. verleumdet haben, denn ohne daß er etwas Böses getan hätte, wurde er eines Morgens verhaftet. Die Köchin der Frau Grubach, seiner Zimmervermieterin, die ihm jeden Tag gegen acht Uhr früh das Frühstück brachte, kam diesmal nicht. Das war noch niemals geschehen. K. wartete noch ein Weilchen, sah von seinem Kopfkissen aus die alte Frau, die ihm gegenüber wohnte und die ihn mit einer an ihr ganz ungewöhnlichen Neugierde beobachtete, dann aber, gleichzeitig befremdet und hungrig, läutete er. Sofort klopfte es und ein Mann, den er in dieser Wohnung noch niemals gesehen hatte, trat ein […] „Wer sind Sie?" fragte K. und saß gleich halb aufrecht im Bett. Der Mann aber ging über die Frage hinweg, als müsse man seine Erscheinung hinnehmen, und sagte bloß seinerseits: „Sie haben geläutet?" (Kafka, 7)

Wie dieses Zitat zeigt, kann auch die personale Erzählsituation durch verschiedene Präsentationsformen vermittelt werden. Hier werden z. B. direkte Rede und gedankliche Reflexion dazu eingesetzt, die Handlung aus dem persönlichen Blickwinkel des Protagonisten darzustellen. Im Vergleich zur auktorialen Erzählsituation ist diese Form der Erzählung in der dritten Person perspektivisch an eine Figur der Handlung gebunden.

stream of consciousness technique

Werden nicht die äußerlichen Aspekte der Handlung, sondern fast ausschließlich die Gedanken einer Figur wiedergegeben, spricht man von *stream of consciousness technique,* zu der auch der innere Monolog (engl. *interior monologue*) und die erlebte Rede (engl. *free indirect discourse*) gezählt werden. Auch hier tritt der Erzähler in den Hintergrund, läßt scheinbar die Gedanken einer Figur sprechen und vermittelt das Geschehen durch die psychischen Reaktionen einer handelnden Person. Diese Präsentationsform, die Assoziationsketten im Unterbewussten einer fiktiven Person wiedergibt, steht für eine tiefgreifende geistesgeschichtliche Veränderung in den ersten Jahrzehnten des 20. Jahrhunderts. Unter dem Einfluss der Psychoanalyse Sigmund Freuds (1856–1939) verlagerte sich die Aufmerksamkeit in der Literatur von soziologisch beschreibenden Anliegen des 19. Jahrhunderts auf die psychischen Phänomene einer Figur.

Ansätze dieser Technik finden sich bereits in Alfred Döblins (1878–1957) *Berlin Alexanderplatz* (1918). James Joyce (1882–1941) gilt jedoch als einer der Erfinder der *stream of consciousness technique,* die am Ende seines Romans *Ulysses* (1922) in einer viele Seiten umfassenden assoziativen Aneinanderreihung von Gedanken der Figur Molly Bloom ihren Höhepunkt erreicht. In der amerikanischen Literatur ist William Faulkners (1897–1962) Roman *The Sound and the Fury* (1929) ein bekanntes Beispiel für den Einsatz der *stream of consciousness technique.* Dort werden unter anderem Eindrücke und Ereignisse aus der inneren Perspektive einer geistig behinderten Figur wiedergegeben. Am Beginn des 20. Jahrhunderts wurde in der literarischen Strömung des Modernismus mit diesen Erzähl- und Charakterisierungstechniken experimentiert, so dass sie als wichtigste Strukturmerkmale der Texte dieser Epoche gelten.

vielperspektivische Erzählsituation

Ein gutes Beispiel für die Privilegierung der Innenperspektive ist Virginia Woolfs (1882–1941) Roman *Mrs. Dalloway* (1925), der das Geschehen nicht nur durch die Gedanken *einer* Person wiedergibt, sondern mehrere Charaktere dazu heranzieht. Wie der Titel andeutet, steht zwar Clarissa Dalloway im Mittelpunkt, jedoch beschreibt Virginia Woolf das Romangeschehen auch durch die Perspektiven verschiedener anderer Personen. Die meisten Figuren treffen irgendwann mit Clarissa Dalloway zusammen, reagieren auf sie und geben dadurch über einen neuen Charakterzug der Protagonistin Aufschluss. Im Ineinanderwirken der verschiedenen Gedanken und einer Reihe anderer struktureller Elemente erhält der Roman eine in sich geschlossene Form. Damit ist der Text ein Beispiel für einen sich gegenseitig bedingenden Einsatz von Erzählperspektive, Charakterpräsentation, Setting und Handlungsgestaltung.

Wechsel der Erzählsituation

Im modernen oder postmodernen Roman werden diese Techniken vordergründig eingesetzt, so dass es innerhalb *eines* Textes zu einem Wechsel der Erzählsituation kommt, um inhaltliche Veränderungen unterschiedlicher Art hervorzuheben. So beginnt die kanadische Schriftstellerin Margaret Atwood

(*1939) den ersten Teil ihres Romans *The Edible Woman* (1969) als Ich-Erzählung der Protagonistin. Der zweite Abschnitt des Romans wird dann in personaler Erzählsituation wiedergegeben, um so die Entfremdung der Protagonistin von sich selbst zu unterstreichen. „Marian saß lustlos an ihrem Schreibtisch. Sie kritzelte auf ihrem Block für Telefonnotizen herum. Sie zeichnete einen Pfeil mit vielen komplizierten Federn, dann ein Gitternetz von sich kreuzenden Linien. Sie sollte eigentlich an einem Fragebogen arbeiten […]" (Atwood, 139). Als Marian am Ende des Romans ihre Identität wiederentdeckt, wechselt Atwood zur ursprünglichen Ich-Erzählweise zurück. „Ich machte die Wohnung sauber. Es hatte zwei Tage gedauert, bis ich die Kraft dazu aufbrachte, aber jetzt hatte ich endlich angefangen. Ich musste das Schicht für Schicht angehen" (361). Etwas später lässt Atwood die Protagonistin über diesen Wechsel der Erzählhaltung reflektieren, wenn Marian meint: „Jetzt, wo ich von mir wieder in der ersten Person Singular dachte, fand ich meine eigene Situation wesentlich interessanter als seine" (362). Atwoods Roman ist ein gutes Beispiel dafür, wie inhaltliche Aspekte eines Textes (Identitätsverlust der Ich-Erzählerin) durch erzähltechnische Mittel verstärkt und auf einer strukturellen Ebene eingebracht werden können.

Setting
Der Schauplatz (engl. *setting*) ist ein weiterer Aspekt, der traditionellerweise in der Besprechung von Prosa behandelt wird, jedoch in unterschiedlicher Intensität auch für andere Genres Bedeutung hat. Der Begriff Setting bezeichnet Örtlichkeit, historische Zeit und soziale Umstände, in denen die Handlung eines Textes spielt. In James Joyces *Ulysses* (1922) ist das Setting genau definiert (Dublin, am 16. Juni 1904), in anderen Fällen wie in Shakespeares (1564–1616) *Hamlet* (ca. 1601) weiß man nur, dass sich das Geschehen im mittelalterlichen Dänemark ereignet. Das Setting wird normalerweise vom Autor bewusst gewählt, um Handlung, Charakter und Erzählperspektive zu unterstützen. In den seltensten Fällen wird das Setting um seiner selbst willen eingesetzt.

    Italo Calvinos (1923–1985) italienischer Roman *Der Baron auf den Bäumen* (1957) spielt auf den Ästen und Wipfeln von Bäumen, da der Protagonist als Kind beschließt, sein Leben lang keinen Fuß mehr auf die Erde zu setzen. Calvino schafft damit eine Art „Luftschloss" als Herrschaftsgebiet des Barons, das sich von traditionellen Romansettings grundlegend unterscheidet.

    Dante Alighieri (1265–1321) verwendet für die verschiedenen Höllenqualen im ersten Teil der *Göttlichen Komödie* (*Divina Commedia*) ca. 1307–1321) das Setting eines Labyrinths. Das Inferno ist in Dantes Epos ein sich nach unten verjüngender Trichter, der aus konzentrischen Terrassen aufgebaut ist. Der Erzähler wandert auf diesen Ringen spiralförmig von oben nach unten in den Schlund der Hölle. Je tiefer er kommt, desto schlimmer werden die Sünden und desto härter die Strafen für die Sünder. Mit diesem labyrinthischen Schauplatz, der einen verschlungenen aber zielgerichteten Weg vorgibt, knüpft Dante an sein großes Vorbild Vergil an, der ebenfalls in seinem römischen Nationalepos *Aeneis* (ca. 31–19 v. Chr.) eine labyrinthische Struktur für die Fahrten des Aeneas verwendet hat.

    Auch der modernistische Roman *Mrs. Dalloway* (1925) von Virginia Woolf benützt das Setting, um die fragmentierte Erzählperspektive durch einen Rahmen zu einigen. Wie bereits erwähnt, verwendet Woolf die gedanklichen Reflexionen mehrerer Figuren des Romans, um die Protagonistin Clarissa Dalloway zu charakterisieren. Bemerkenswert ist hierbei, dass Woolf in der Präsentation der verschiedenen Perspektiven den Eindruck von Gleichzeitigkeit vermitteln will. Durch eine Reihe von Indikatoren im Text wird der Leser über Ort und Zeit jedes bestimmten Ereignisses genau informiert. Die Handlung spielt in der Stadt London, wo die verschiedenen inneren Monologe der Personen örtlich durch Straßennamen und Sehenswürdigkeiten gebunden sind. Zeitliche Verweise sind z. B. das Schlagen des Big Ben und ein Flugzeug, das Kunststücke am Himmel ausführt.

Virginia Woolf macht hier Anleihen bei der bildenden Kunst, indem sie versucht, formale Elemente des Kubismus in die literarische Praxis umzusetzen. Der gleichzeitige Einsatz verschiedener Perspektiven zur Charakterisierung ist ein zentrales Anliegen der kubistischen Kunsttheorie, die ebenfalls ein Objekt aus verschiedenen simultanen Blickwinkeln darstellen will. Dieses Beispiel zeigt noch einmal, dass sich die einzelnen Ebenen eines Prosatextes wie Plot, Setting, Erzählperspektive und Charaktere meist gegenseitig bedingen und nur in Relation zueinander ihre eigentliche Aussagekraft erhalten.

2. Lyrik

Lyrikbegriff

Lyrik (engl. *poetry*) gehört zu den ältesten Genres der Literaturgeschichte und hat bereits in der Antike einen Großteil ihrer heutigen Formen hervorgebracht. Trotz der langen Tradition entzieht sich Lyrik wie keine andere Gattung Definitions- und Eingrenzungsversuchen. Etymologisch geht der Begriff Lyrik auf das griechische Musikinstrument „Lyra" zurück und verweist damit auf einen Ursprung im Umfeld der Musik. In der Antike und teilweise auch im Mittelalter trug ein Sänger begleitet von der Lyra oder einem anderen Musikinstrument Gedichte vor. Der Begriff Poesie geht hingegen auf das griechische Wort „poieo" – „machen" zurück. Der Poet ist derjenige, der Verse „macht". Die Etymologien geben zwar über einige Aspekte des Lyrischen bzw. Poetischen Aufschluss, können aber keine umfassende Erklärung des Phänomens bieten.

Poesiebegriff

poetische Sprache

Fast alle wichtigen Dichter der Neuzeit haben Lyrik oder „poetische Sprache" der Prosa gegenübergestellt oder sich an Definitionen von Lyrik versucht. Der Großteil dieser Eingrenzungsvorschläge geht davon aus, dass Lyrik traditionellerweise Charakteristika wie Vers, Reim und Metrum aufweist und sich dadurch von der Prosa unterscheidet. Diese Kriterien treffen weitgehend auf klassische Formen zu, können aber nur begrenzt auf moderne Prosagedichte oder experimentelle Lyrik angewendet werden. Sinnvoller erscheinen jene Ansätze, die poetische Sprache mit linguistischen Merkmalen in Verbindung zu bringen, die außerhalb von Reim und Metrum liegen. Dabei werden die Wortwahl sowie der bewusste Einsatz von syntaktischen Strukturen und rhetorischen Figuren als lyrische Phänomene untersucht. Die Tatsache, dass diese Elemente in bestimmten Arten von Lyrik dominieren, darf nicht darüber hinwegtäuschen, dass sich dieselben stilistischen Eigenschaften zum Teil auch im Drama oder in der Prosa finden. Lässt sich auch keine allgemein gültige Definition von Lyrik erarbeiten, vermitteln die oben genannten Kriterien doch ein ungefähres Bild jener Eigenheiten, die Lyrik zugeschrieben werden.

Generell wird zwischen erzählender Lyrik und Erlebnislyrik unterschieden. Als erzählende Lyrik (engl. *narrative poetry*) werden Gattungen wie Epos, Romanze und Ballade bezeichnet, die eine Geschichte mit klar ersichtlicher *Handlung* erzählen. In diesen langen Gedichten steht vor allem der Plot im Mittelpunkt des Textes. In der kürzeren Erlebnislyrik (engl. *lyric poetry*), auf die sich die folgenden Ausführungen konzentrieren, liegt das Hauptaugenmerk meist auf *einem* Erlebnis, *einem* Eindruck oder *einer* Idee.

erzählende Lyrik

Erlebnislyrik

Lyrische Formen finden sich bereits in der althochdeutschen und altenglischen Literatur in Form von Zaubersprüchen (engl. *charms*). Zaubersprüche, wie ein Reim für die Heilung von Verrenkungen aus den althochdeutschen *Merseburger Zaubersprüchen* (aufgez. 10. Jh. n. Chr.) erscheinen aus heutiger Perspektive fremdartig:

Zaubersprüche

> Phol und Wodan ritten in den Wald. Da verrenkte sich Balders Fohlen einen Fuß. Da besprach ihn Sindgund (und) Sunna, ihre Schwester, da besprach ihn Frija (und) Volla, ihre Schwester, da besprach ihn Wodan, so gut wie (nur) er es konnte: wie die Verrenkung des Knochens, so die des Blutes, so die des ganzen Gliedes! Knochen an Knochen, Blut zu Blut, Glied an Glied, als ob sie zusammengeleimt wären! (*Deutsche Dichtung*, 21)

Nach einer kurzen narrativen Passage, in der wir von der Verletzung eines Pferdes erfahren, versuchen sich einige Beteiligte an der Beschwörung, die jedoch erst mit der vom Gott Wodan selbst gesprochenen Formel („Knochen an Knochen […] als ob sie zusammengeleimt wären!") erfolgreich verläuft. Religiös magische Zaubersprüche stehen in vielen Ländern am Beginn der nationalsprachlichen Literaturen. Historisch gesehen hat besonders der magisch-kultische Bereich in hohem Maß zur Fixierung, Verschriftung und Interpretation von Texten beigetragen.

Im Mittelalter finden sich aber auch kurze lyrische Formen, die von einem Instrument begleitet als Liedtexte gesungen werden konnten. Diese Gattung ist eng mit der provenzalischen Troubadourlyrik (11.–14. Jh.) verknüpft, die einen großen Einfluss auf die Lyrik des übrigen Europa ausübte, wie z. B. den Minnesang im deutschsprachigen Raum. Walther von der Vogelweides (ca. 1170–ca. 1230) mittelhochdeutsches Gedicht „Unter der Linde" ist ein Beispiel für Minnelyrik in ihrer Wechselwirkung zur Musik. Man spricht im Zusammenhang mit diesem Gedicht von niederer Minne, da eine vordergründig sexuelle Handlung nicht mit der idealisierten hohen Minne vereinbar ist.

Minnesang

Under der linden	Unter der Linde
an der heide,	auf der Heide,
dâ unser zweier bette was,	wo unser beider Lager war,
dâ mugt ir vinden schône beide	da könnt ihr finden beides:
gebrochen bluomen unde gras.	geknickte Blumen und Gräser.
vor dem walde in einem tal,	Vor dem Wald im Tal,
tandaradei,	tandaradei,
schône sanc diu nahtegal.	sang schön die Nachtigall.

Ich kam gegangen	Ich kam
zuo der ouwe:	zu der Aue.
dô was mîn friedel komen ê.	Dorthin war mein Liebster schon vorher gekommen.
dâ wart ich enpfangen,	Da wurde ich empfangen
hêre frouwe,	wie eine vornehme Dame,
daz ich bin saelic iemer mê.	daß ich davon immer glücklich sein werde.
kuster mich? wol tûsentstunt:	Ob er mich küsste? Wohl tausendmal,
tandaradei,	tandaradei,
seht wie rôt mir ist der munt. [...]	seht wie rot mein Mund ist [...]

(*Deutsche Dichtung*, 612–613)

Wir hören hier aus dem Mund einer Frau, wie sie sich mit ihrem Liebsten unter der Linde zu einem Stelldichein getroffen hat. Interessanterweise erfahren wir als Zuhörer nur indirekt vom körperlichen Kontakt zwischen den beiden Liebenden; nämlich über die Spuren, die dieser Kontakt hinterlassen hat. Das niedergedrückte Gras, die abgebrochenen Blumen und der von Küssen rot gefärbte Mund lassen Rückschlüsse auf das Geschehene zu.

Lautmalerei Im Refrain „tandaradei" versucht Walther von der Vogelweide, mit Lautmalerei (engl. *onomatopoeia*) den Ruf der Nachtigall nachzuahmen. Die lautliche Komponente ist wie der Einsatz von Bildern (engl. *imagery*) ein typisch lyrisches Element. In modernen Liedtexten lebt diese lyrische Einheit des Musikalischen und Sprachlichen weiter. Sänger wie Bob Dylan zählt man oft zu den Lyrikern der späten fünfziger und sechziger Jahre, da sich ihre Liedtexte mit Gedichten vergleichen lassen.

Elegie Bereits im Mittelalter wurden antike lyrische Formen wie die Elegie (engl. *elegy*), die oft eine Klage um einen Verstorbenen oder Verlust im Allgemeinen thematisiert, wieder aufgegriffen und neu adaptiert. Bekannte Beispiele sind Pierre de Ronsards (1524–1585) *Élégies* (1556), der die antike Gattung für die französische Renaissance adaptierte, oder Johann Wolfgang von Goethes *Römische Elegien* (1795), die erotische Verlustphantasien lateinischer Dichter für die deutsche Romantik salonfähig machten. In England gilt Thomas Grays (1716–1771) „Elegy Written in a Country Churchyard" (1753) als wichtigstes Beispiel des Genres. Im Modernismus entfernt sich mit Rainer Maria Rilkes (1875–1926) *Duineser Elegien* (1923) die Gattung der Elegie zunehmend von ihrer ursprünglichen Form.

Ode Neben der Elegie wurde auch die in der Antike geläufige Ode (engl. *ode*) seit der Renaissance neu belebt. Diese mehrstrophige Gedichtgattung stellt meist ein Objekt der Bewunderung in den Mittelpunkt. Im deutschen Sprachraum ist das Genre direkt mit Friedrich Gottlieb Klopstocks (1724–1803) *Oden-Buch* (1771) verknüpft, das maßgeblich für die Popularität dieser Gattung verantwortlich zeichnet. Im Englischen zählt John Keats' (1795–1821) „Ode on a Grecian Urn" (1820) zu den wichtigsten Beispielen.

Sonett Als neue Gedichtform taucht in der italienischen Renaissance das Sonett (engl. *sonnet*) auf, das bevorzugt zur Behandlung des Themas „weltliche Liebe" verwendet wird. Das Sonett ist ursächlich mit dem Namen Franceso Petrarca (1304–1374) verbunden, dessen Gedichtsammlung *Canzoniere* (1370) eine Flut von Adaptionen in anderen Sprachen hervorrief und als wirkungsgeschichtlich wichtigstes Werk der italienischen Renaissance gilt. Besonders beliebt waren in der Renaissance Sonettzyklen, die aus einer Reihe von inhaltlich zusammenhängenden Gedichten bestanden und dem Dichter die Möglichkeit gaben, ein bestimmtes Thema ausführlicher zu behandeln. Zu den wichtigsten Vertretern der Sonettdichtung außerhalb Italiens zählen William Shakespeare (1564–1616) in England und der Barocklyriker Luis de Góngora (1561–1627) in Spanien.

Die Ballade (engl. *ballad*) nimmt eine Art Zwitterstellung zwischen epischen Langformen und lyrischen Kurzformen ein, da sie trotz gut entwickelten Plots und differenzierter Erzählperspektive an Umfang und Komplexität nicht an Epos oder Romanze heranreicht. Es wird generell zwischen Volksballaden und Kunstballaden unterschieden. Volksballaden wurden meist von anonymen Spielleuten des Spätmittelalters verfasst, während die stilisierten Kunstballaden namhafter Autoren im 18. Jahrhundert einsetzten. Die Trennung der beiden Gattungen ist jedoch nur schwer aufrecht zu erhalten, da Kunstballaden auch von Autoren absichtlich als Volksballaden getarnt wurden. Bekanntestes Beispiel für diese Irreführung des Lesers sind die von James Macpherson (1736–1796) herausgegebenen *Lieder Ossians* (1776). Laut Macpherson handelte es sich hierbei um die Balladen eines schottischen Barden, wobei sich aber etwa hundert Jahre nach Erscheinen der Texte herausstellte, dass Macpherson selbst der Autor der meisten Gedichte war. Trotzdem haben diese von geisterhaften Zügen gekennzeichneten englischsprachigen Balladen insbesondere auf die Dichtung des deutschen Strum und Drang (ca. 1767–1785) großen Einfluss ausgeübt.

Ähnlich wie in der Prosa lassen sich in der Besprechung von Lyrik einige Elemente oder Aspekte isolieren, die bei der Analyse immer wieder nützlich sind. Die folgenden Bereiche sind nicht auf Lyrik beschränkt, sie stehen jedoch hier im Zentrum der Aufmerksamkeit.

Ballade

Volksballade

Dimensionen der Lyrik

sprachlich-inhaltliche Ebene
Diktion
Rhetorische Figuren
Ton

visuell-optische Ebene   **rhythmisch-akustische Ebene**
Konkrete Poesie   Reim und Metrum
                                                        Lautmalerei

sprachlich-inhaltliche Ebene
Die Frage nach der Erzählinstanz, die in der Besprechung von Prosa unter Erzählperspektive behandelt wurde, wird in der Lyrik meist unter dem Begriff Sprecher (engl. *voice* oder *speaker*) erfasst. Da Lyrik als Ausdrucksmedium subjektiver Erlebnisse betrachtet wird – eine Annahme, die nicht immer den Tatsachen entspricht –, stellt sich in der Analyse von Gedichten die Frage nach dem lyrischen Ich (engl. *lyrical I*). Hier wird untersucht, ob der Sprecher im Gedicht mit dem Autor gleichgesetzt werden kann. Auch in der Behandlung von Prosa findet diese Frage Beachtung, jedoch wird in Roman und Kurzgeschichte durch einen differenzierten und bewussten Einsatz der Erzählperspektiven eine Distanz zwischen Erzähler und Autor geschaffen.

sprachlich-inhaltliche Ebene
Sprecher
lyrisches Ich

In lyrischen Langformen kann die Erzählsituation ebenso komplex sein wie in einem Roman oder einer Kurzgeschichte. Man denke nur an Johann Wolfgang Goethes (1749–1832) Ballade der „Erlkönig" (1782), die mit einer auktorialen Strophe beginnt und die von direkter Rede gefolgt wird.

> Wer reitet so spät durch Nacht und Wind?
> Es ist der Vater mit seinem Kind;
> Er hat den Knaben wohl in dem Arm.
> Er faßt ihn sicher, er hält ihn warm.
>
> Mein Sohn, was birgst du so bang dein Gesicht? –
> Siehst, Vater, du den Erlkönig nicht?
> Den Erlenkönig mit Kron' und Schweif? –
> Mein Sohn es ist ein Nebelstreif. – […] (Goethe, 74–75)

Ein bekanntes englisches Beispiel ist S. T. Coleridges (1772–1834) Ballade „The Rime of the Ancient Mariner" (1798). Hier wird in einer Rahmenhandlung (engl. *frame narrative*), die das Geschehen in personaler Erzählsituation vermittelt, davon berichtet, wie ein Hochzeitsgast von einem unheimlichen Seemann angesprochen wird. Der Seemann gibt daraufhin seine Erlebnisse auf See in einer ausführlicheren Ich-Erzählung wieder. Durch Einbettung der Geschichte des „Mariners" in eine Rahmenerzählung wird die Handlung der Ballade auf zwei Ebenen (Rahmenhandlung und eigentliche Handlung) sowie in zwei unterschiedlichen Erzählperspektiven (personale und Ich-Erzählsituation) vermittelt.

„dinghafte" Sprache

Noch deutlicher als der Einsatz einer differenzierten Erzählinstanz vermittelt die Verwendung poetischer Sprache einen eigenständigen Charakter der Lyrik. Eine verbreitete Praxis ist hier der Einsatz konkreter Substantiva und Szenen, um einen „dinghaften" Charakter des Textes zu erreichen. So benützt Friedrich Hebbel (1813–1868) in „Herbstbild" sehr konkrete Bilder wie „Früchte", „Bäumen", „Zweige" oder „Lese", um das abstrakte und emotional beladene Thema der Vergänglichkeit des Menschen symbolisch durch Herbstbilder umzusetzen.

> Dies ist ein Herbsttag, wie ich keinen sah!
> Die Luft ist still, als athmete man kaum,
> Und dennoch fallen raschelnd, fern und nah,
> Die schönsten Früchte ab von jedem Baum.
>
> O stört sie nicht, die Feier der Natur!
> Dies ist die Lese, die sie selber hält,
> Denn heute lös't sich von den Zweigen nur,
> Was vorn dem milden Strahl der Sonne fällt. (Hebbel, 232)

Auf ähnliche Weise benützt auch Thomas Gray in seiner „Elegy Written in a Country Churchyard" (1751) konkrete Bilder wie einen Friedhof, das Läuten einer Glocke, einen vom Pflügen heimkehrenden Bauern, Dunkelheit und Grabsteine, um das Thema Vergänglichkeit umzusetzen. Ausdrucksstarke Objekte oder Szenen werden beschrieben, um dem Gedicht Konkretheit zu verleihen, obwohl das eigentliche Thema abstrakt ist. Der Zuhörer wird dadurch auf einer ihm vertrauten und daher emotional behafteten Ebene angesprochen. Während philosophische Texte auch in ihrem Ausdruck abstrakt bleiben, will die Lyrik ihre Themen durch eine „dinghafte" Sprache vermitteln, so dass Objekte und Szenen des Gedichtes im Geist des Lesers konkrete Formen annehmen. Im Idealfall stellt das Gedicht selbst ein solches kompaktes Bild dar.

Bildhafte Sprache oder konkrete Objekte haben oft noch die zusätzliche Funktion eines Symbols (engl. *symbol*), wenn sie auf eine Bedeutung verweisen, die über das Materielle hinausgeht. Ein Kreuz bedeutet in der christlichen Vorstellungswelt weit mehr als zwei gekreuzte Holzbalken. Der Dichter kann entweder auf ein konventionelles, allgemein anerkanntes Symbol (engl. *conventional symbol*) wie das Kreuz zurückgreifen oder ein eigenes (engl. *private symbol*) erzeugen, das innerhalb des Textes eine symbolische Funktion erhält. Ein Beispiel für ein persönliches Symbol ist der Albatros in S. T. Coleridges „The Rime of the Ancient Mariner" (1798). Im Laufe des Gedichts wird dieser getötete Vogel immer deutlicher zu einem Symbol der natürlichen Ordnung, die durch den Menschen verletzt wurde. Der Albatros erhält erst durch den Kontext in Coleridges Ballade den Status eines weiterreichenden Symbols.

Symbol

Ein weiteres stilistisches Merkmal ist der Einsatz von rhetorischen Figuren (engl. *rhetorical figures* bzw. *figures of speech*). Es handelt sich dabei um eine Vielzahl von klassifizierten stilistischen Formen, die sich dadurch auszeichnen, dass Sprache in ihrer „nicht-wörtlichen" Bedeutung verwendet wird. Die Rhetorik unterscheidet zwischen mehr als 200 Stilfiguren. Die zwei in der Lyrik gebräuchlichsten sind davon das Simile und die Metapher. Das Simile (engl. *simile*) ist ein Vergleich zwischen zwei verschiedenen Dingen, die meist durch „wie" oder „als ob" verbunden sind wie in der Aussage „er kämpft wie ein Löwe". Auch in dem ältesten erhaltenen Epos, dem mesopotamischen *Gilgamesch Epos* aus dem 2. Jahrtausend vor Christus, verwendet der anonyme Autor ein Simile, um die Willkür des Todes zu illustrieren:

rhetorische Figuren

Simile

> Der Mensch wird wie ein Schilfrohr im Ried abgeschnitten,
> egal wer er ist!
> Ob ein hübscher junger Mann oder ein hübsches Mädchen –
> nur allzu bald trägt sie der Tod in der Blüte der Jahre davon!
> (*Gilgamesch*, 255)

Besonders in den homerischen Epen wie der *Ilias* (ca. 7. Jh. v. Chr.) werden lange Gleichnisketten zu einem Stilmerkmal des Dichters.

Wird jedoch ein Ding mit einem anderen gleichgesetzt und nicht verglichen, so spricht man von einer Metapher (engl. *metaphor*). Wenn man statt „er kämpft wie ein Löwe" sagte: „er ist ein Löwe", dann würde sich das Simile in eine Metapher verwandeln. Der Schweizer Dichter Gottfried Keller (1819–1890) verwendet am Beginn seines Gedichts „Abendlied" eine Metapher, indem er Augen mit Fenstern gleichsetzt:

Metapher

> Augen, meine lieben Fensterlein.
> Gebt mir schon so lange holden Schein.
> Lasset freundlich Bild um Bild herein
> Einmal werdet ihr verdunkelt sein! (Keller, 40)

In der Metapher und auch im Simile stehen sich immer zwei Elemente gegenüber: der sogenannte Tenor (die Person, das Objekt oder die Idee), mit dem das Vehikel (oder Bild) gleichgesetzt bzw. verglichen wird. In „er kämpft wie ein Löwe" fungiert „er" als Tenor und „Löwe" als Vehikel. Rhetorische Figuren werden in der Lyrik verstärkt eingesetzt, weil sie eine nichtwörtliche Bedeutung erzeugen bzw. einen abstrakten und komplexen Tenor auf ein konkretes, dinghaftes Vehikel reduzieren können. Damit unterstützen rhetorische Figuren den konkreten Charakter der Lyrik in Sinne eines „sprachlichen Bildes".

Imagismus — In den ersten zwei Jahrzehnten des 20. Jahrhunderts hat sich die Strömung des Imagismus (engl. *imagism*) jenes bildhaften Ausdrucks in der Lyrik verstärkt angenommen. Das literaturtheoretische Programm dieser „Schule", deren schillerndste Figur der Amerikaner Ezra Pound (1885–1975) ist, bestand darin, Lyrik auf wesentliche Bilder zu reduzieren. Das deutsche Wort „dichten" wurde als „verdichten" (lat. *condensare*) aufgefasst, um Lyrik auf essentielle „Bilder" bzw. *imagines* – daher auch der Name Imagismus – zurückzuführen. Lyrik hat nach Pound ohne ornamentales Beiwerk größtmögliche Aussagekraft zu erzielen. Am besten bringt Pound dieses Anliegen in einem seiner Manifeste (1913) zum Ausdruck, wo er die *imago* folgendermaßen definiert: „Eine Imago ist das was einen intellektuellen und emotionalen Komplex in einem Augenblick darstellt […] Es ist besser eine Imago im Leben zu produzieren als vielbändige Werke" (Pound, 4; meine Übers.). Eine praktische Umsetzung des Imagismus ist das folgende Gedicht Pounds aus dem Jahr 1916:

IN A STATION OF THE METRO
The apparition of these faces in the crowd;
Petals on a wet, black bough.

[IN EINER STATION DER METRO
Die Erscheinung dieser Gesichter in der Menge;
Blüten auf einem nassen, schwarzen Ast]

Diesem Gedicht gingen mehrere längere Versionen voraus, bis Pound den Text schließlich auf drei Verse reduzierte, indem er ein expressionistisches Bild zur Darstellung einer Menschenmenge in einer U-Bahnstation verwendet. Er erwähnt zuerst die Menschen im Dunkel der Metro-Station, um sie dann mit den Blüten auf einem dunklen, nassen Ast zu vergleichen. Pound greift auf ein bildhaftes Element zurück, das gleichzeitig ein verbreitetes Thema der chinesischen Naturmalerei darstellt, wodurch die bildhafte Qualität des Ausdrucks noch einmal unterstrichen wird.

japanisches Haiku — Direkte Vorbilder dieser „kondensierten" Art der Dichtung waren für Pound die japanischen Haikus, die aus siebzehn Silben bestehen und einen kurzen Moment einer Naturbetrachtung einfangen. Hier das bekannteste Haiku des japanischen Dichters Matsuo Bashos (1644–1694):

Der alte Weiher	古池や
Ein Frosch springt hinein;	蛙飛び込む
der Klang des Wassers.	水の音

Diese japanischen Kurzgedichte, die meist in chinesischer Bilderschrift dargestellt sind, können die bildlich-konkrete Dimension, die die Imagisten so faszinierte, um einiges besser vermitteln als unsere alphabetische Schrift. Die Bilderschrift des Chinesischen, die Schrift und Bild gleichzeitig ist, übte den größten Einfluss auf die Imagisten aus, die mit ihren Worten den Lesern reine Bilder vor Augen führen wollten. Das weitgehende Fehlen der bildlichen Dimension der alphabetischen Schrift sollte durch die gezielte Verdichtung der Sprache zu neuen *imagines* in europäischen Sprachen wettgemacht werden.

visuell-optische Ebene
Eine andere Strömung, die sich wie der Imagismus mit der bildlichen Dimension auseinandersetzt, jedoch nicht auf der rein sprachlichen Ebene stehen bleibt, ist die Konkrete Poesie (engl. *concrete poetry*). Wird in der traditionellen Lyrik Bildlichkeit als rein sprachliche Umsetzung von Objekten verstanden, geht die Konkrete Poesie durch die Betonung der optischen Gestalt einen Schritt weiter in Richtung visuelle Kunst. Diese Strömung, die im 20. Jahrhundert einen Aufschwung erlebte, hat eine lange Tradition von der Antike über das lateinische Mittelalter bis ins Barock. Bildgedichte haben sich besonders im England des 17. Jahrhunderts großer Beliebtheit erfreut, zu deren wichtigsten Beispielen George Herberts (1593–1633) „Easter Wings" (1633) und „The Altar" (1633) zählen. Aber auch im deutschsprachigen Raum gehören Bildgedichte seit dem Mittelalter zu einer beliebten Form, wie z. B. Gottfried Kleiners (1691–1767) Figurengedicht aus dem Jahr 1732 in Form eines Baumes.

visuell-optische Ebene

Konkrete Poesie

Figurengedicht

Besonders bekannt sind die lateinischen Figurengedichte (lat. *carmina figurata*) des karolingischen Abtes Hrabanus Maurus (780–856). Jede Seite seines *De laudibus sanctae crucis* besteht aus Hexameterversen, die traditionell von rechts nach links zu lesen sind. In diese Textoberfläche sind Figuren – meist Kreuze – eingezeichnet, die wiederum Teile des Textes hervorheben, welche nun auch von oben nach unten oder von rechts nach links gelesen werden können. Das ganze Unterfangen, das den modernen Leser ein wenig an ein Kreuzworträtsel erinnert, war als Lobgesang auf das Kreuz gedacht. Die Bausteine dieser Bilder sind Worte, wobei Hrabanus Maurus an die christliche Tradition anknüpft, in der das *Wort* am Beginn alles Seins steht („Im Anfang war das Wort, und das Wort war bei Gott und Gott war das Wort", *Joh.* 1,1).

Einen Aufschwung erlebt die visuell-optische Ebene von Gedichten im 20. Jahrhundert. Bereits um die Jahrhundertwende haben avantgardistische Dichter wie Guillaume

Figurengedicht, *De laudibus sanctae crucis* (frühes 9. Jh. n. Chr.) *Codex Vaticanus Reginensis latinus 124*, fol. 4v

Apollinaire (1880–1918) in Frankreich mit Konkreter Poesie experimentiert. Ein eindringliches Beispiel für die Komplexität dieses Genres ist folgende visuell-sprachliche Anordnung aus dem Jahr 1958 des amerikanischen Lyrikers e. e. cummings (1894–1962), der als einer der bedeutendsten Vertreter dieser Richtung zählt:

e. e. cummings

```
l(a

le
af
fa

ll

s)
one
l

iness
```

Der Text dieses Gedichtes kann folgendermaßen rekonstruiert werden: „a leaf falls loneliness" bzw. „l(a leaf falls)oneliness" [ein(Blatt fällt)samkeit]. e. e. cummings verwendet ein einzelnes vom Baum fallendes Blatt als konventionelles Motiv für Einsamkeit, ordnet den Vers jedoch nicht horizontal, sondern vertikal an, um das Fallen des Blattes von oben nach unten optisch umzusetzen. Im Akt des Lesens kann das Auge den Weg des Blattes von oben nach unten, aber auch seine Hin-und-Her-Bewegung von links nach rechts verfolgen. Innerhalb gewisser „Verse" ist diese Bewegung noch durch Kreuzstellungen hervorgehoben. Unter Kreuzstellung oder Chiasmus (engl. *chiasmus;* vom griechischen Buchstaben „X") versteht man eine kreuzartige Anordnung von Worten in einem Gedicht. Hier wird ein Chiasmus durch die Buchstabenfolge

Kreuzstellung, Chiasmus

```
af
fa
```

und durch zwei Klammern erreicht, von denen eine nach rechts und eine nach links offen ist. Dieses Gedicht besitzt noch weitere optische Elemente, die die inhaltliche Ebene ergänzen. So stehen in der Mitte des Gedichtes die zwei „ll" des Wortes „falls". Diese beiden Buchstaben können leicht als zwei „I" für die erste Person Singular gelesen werden und damit den Fall aus der Zweisamkeit in die Einsamkeit verdeutlichen. In der Ein-samkeit oder l-one-liness steht dann nur mehr ein „I" oder:

```
one
l
```

Wie dieses Gedicht von cummings zeigt, wird gerade in der experimentellen Lyrik mit der bildlichen Komponente von Sprache und Schrift experimentiert und eine Wechselwirkung beider Dimensionen angestrebt. Durch möglichst „konkrete" Gestaltung poetischer Sprache wird das Gedicht selbst in ein „Objekt" verwandelt.

rhythmisch-akustische Ebene
Zur Erlangung jener Konkretheit oder Dinghaftigkeit der Sprache wird in der Lyrik auch Klang und Ton als bedeutungstragendes Element eingesetzt. Durch Wortwahl wird ein Klang oder Ton erzeugt, der in direkter Wechselwirkung zur Bedeutung der Aussage steht. Ähnlich wie das visuelle Erscheinungsbild in der Konkreten Poesie, die inhaltliche Dimension des Gedichts widerspiegelt, kann in Gedichten das klangliche Element die inhaltliche Aussage unterstreichen, wie die folgenden Verse aus Anette von Droste-Hülshoffs (1797–1848) Gedicht „Die Jagd" verdeutlichen:

> Der schwankende Wacholder flüstert,
> Die Binse rauscht, die Heide knistert […]
> Sie jappen, klaffen nach der Beute […]
> Die Meute, mit geschwollnen Kehlen
> Ihm nach, wie rasselnd Winterlaub.
> Man höret ihre Kiefern knacken,
> Wenn fletschend in die Luft sie hacken. (Droste-Hülshoff p. 37, 30–46)

Mit Verben wie „flüstern", „rauschen", „knistern", „jappen", „klaffen", „rasseln", „knacken", „fletschen" und „hacken" versucht die Autorin, den Inhalt des jeweiligen Verses auch auf einer lautmalerischen Ebene zu unterstreichen, d. h. die Laute der im Text verwendeten Wörter ahmen die Laute, die im Inhalt des Gedichts beschrieben werden, akustisch nach. Diese hier spielerisch angewandte Technik ist nur eine von vielen Möglichkeiten des Dichters die akustische Ebene eines Gedichtes zu beeinflussen.

Zur akustischen Dimension von Lyrik zählen neben Lautmalerei auch Metrum (engl. *meter*) und Reim (engl. *rhyme* oder *rime*), die in der Literaturwissenschaft als relativ leicht objektivierbare, messbare Größen einen sehr hohen Stellenwert besitzen. Die kleinsten Elemente des Metrums sind Silben (engl. *syllable*), die entweder betont oder unbetont sein können. Je nach Abfolge von betonten und unbetonten Silben spricht man von verschiedenen Versfüßen (engl. *foot* bzw. *feet*), deren Anzahl Aufschluss über das Versmaß oder Metrum gibt. Zur Analyse des Metrums werden Verszeilen eines Gedichtes zuerst in Silben eingeteilt. Als Beispiel dient hier der Vers „Es steht ein Baum im Odenwald":

Es – steht – ein – Baum – im – O – den – wald

Nach der Einteilung in Silben wird bestimmt, welche betonte Silben ´ (engl. *stressed syllable*) und welche unbetonte Silben ˘ (engl. *unstressed syllable*) sind.

Ĕs – stéht – eĭn – Baúm – ĭm – Ó – dĕn – wáld

Je nach Abfolge von betonten und unbetonten Silben kann zwischen mehreren Versfüßen unterschieden werden:

Ĕs stéht | eĭn Baúm | ĭm Ó | dĕnwáld

Die vier wichtigsten Versfüße sind:

Jambus 1. Jambus (engl. *iambus* oder *iambic foot*): auf eine unbetonte Silbe folgt eine betonte Silbe (˘ ´)

Ĕs stéht | eĭn Baúm | ĭm Ó | dĕnwáld

Anapäst 2. Anapäst *(anapest* oder *anapestic foot)*: auf zwei unbetonte Silben folgt eine betonte Silbe (˘ ˘ ´)

Wĕnn dĭe Grás | blŭtĕ stäúbt | vŏn dĕr wín | zĭgĕn Spín | dĕl

Trochäus 3. Trochäus *(trochee* oder *trochaic foot)*: auf eine betonte Silbe folgt eine unbetonte Silbe (´ ˘)

Sáh eĭn | Knáb' eĭn | Rős leĭn | stéhn ...

Daktylus 4. Daktylus *(dactyl* oder *dactylic foot)*: auf eine betonte Silbe folgen zwei unbetonte Silben (´ ˘ ˘)

Reích mĭr dĭe | vóllĕ, dĭe | fúnkĕlndĕ | Scháĕ ...

Metrum In der traditionellen Metrik wird je nach Anzahl der Versfüße zwischen Monometer (1), Dimeter (2), Trimeter (3), Tetrameter (4), Pentameter (5), Hexameter (6) etc. unterschieden. Will man das Metrum eines Verses beschreiben, wird der Name des Versfußes und die Anzahl der Versfüße angegeben. So bezeichnet man den Anfangsvers in Gotthold Ephraim Lessings *Nathan der Weise* („Ĕr íst ĕs ! Náthăn – Gótt seĭ éwĭg Dánk"), der aus fünf **Blankvers** Jamben aufgebaut ist, als jambischen Pentameter oder fünfhebigen Jambus. Dieses Versmaß, das auch als Blankvers (engl. *blank verse*) bezeichnet wird, ist dem Rhythmus der natürlichen Sprache ähnlich und daher in Lyrik **Alexandriner** und Drama sehr beliebt. Ebenfalls weit verbreitet ist der sechshebige Jambus, der auch Alexandriner (engl. *Alexandrine*) nach den in diesem Versmaß verfassten altfranzösischen Alexanderepen genannt wird (z. B. „Dŭ síehst, wŏhín dŭ síehst // nŭr Eítĕlkeít äúf Érdĕn"). Dieser Eingangsvers von **Zäsur** „Es ist alles eitel" des deutschen Barockdichters Andreas Gryphius (1616–1664) besitzt eine sogenannte Zäsur (lat. *caesura*) nach der sechsten Silbe, wodurch der Vers durch einen Sinneinschnitt in der Mitte in zwei Teile getrennt wird. In der Antike kommt dem Hexameter besondere Bedeutung zu, weil die großen griechischen und lateinischen Nationalepen wie die *Ilias* (ca. 7. Jh. v. Chr.) oder *Aeneis* (ca. 31–19 v. Chr.) in diesem Versmaß verfasst sind.

Reim Neben dem Metrum trägt vor allem der Reim (engl. *rime* oder *rhyme*) zur klanglich-rhythmischen Dimension eines Gedichtes bei. Man unterscheidet **Alliteration** generell zwischen Alliteration und Endreim. Unter Stabreim bzw. Alliteration (engl. *alliteration*) versteht man das Wiederholen eines anlautenden **Assonanz** Konsonanten (*K*ind und *K*egel). Wird statt des Konsonanten ein Vokal (entweder als Anlaut oder innerhalb von Worten) wiederholt, spricht man von Assonanz (engl. *assonance*).

Alliteration oder Stabreim war das gebräuchlichste Reimschema in der altgermanischen und auch altenglischen Dichtung, wie das Beispiel von Vers 49 des Hildebrandslied verdeutlicht „*w*elaga nu, *w*altant got, quad Hiltibrant, *w*ewurt skihit" („O waltender Gott, fuhr Hildebrant fort, das Schicksal will seinen Lauf").

Das häufigere Reimschema in den romanischen Sprachen und in modernen Gedichten ist der Endreim (engl. *end rhyme*), der sich dadurch auszeichnet, dass die Silben am Ende bestimmter Verszeilen identisch sind. Für die Beschreibung und Darstellung dieses Reimschemas werden gleiche Endsilben mit gleichen Buchstaben des Alphabets gekennzeichnet, wie in diesem Teil eines Reichsspruchs Walther von der Vogelweides (ca. 1170–ca. 1230), der auch gut den Bruch mit der altgermanischen Stabreimdichtung im Mittelhochdeutschen zeigt:

Endreim

Ich horte ein wazzer diezen	a
sach die vische fliezen,	a
ich sach swaz in der welte was,	b
velt walt loup ror unde gras.	b
(Deutsche Dichtung, 16)	

Diese Kennzeichnung ermöglicht es, bei komplex aufgebauten Gedichten die Struktur in einem formelhaften Überblick darzustellen.

Die Vielzahl von Strophen (engl. *stanzas*) in der Lyrik lässt sich auf einige Grundformen reduzieren. Durch die Kombination von 2 Versen (engl. *couplet*), Terzett (engl. *tercet*) mit 3 Versen und Quartett (engl. *quatrain*) mit 4 Versen werden die meisten Gedichtformen gebildet. Ein Beispiel für den bausteinartigen Aufbau ist das Sonett (engl. *sonnet*). Je nach Reimschema und Stanzenart wird zwischen Shakespeare-Sonett (engl. *English* bzw. *Shakespearean Sonnet*) oder dem italienischen Sonett (engl. *Italian* bzw. *Petrarchan Sonnet*) unterschieden. Das italienisches Sonett, wie wir es z. B. in Franceso Petrarcas (1304–1374) *Canzoniere* (ersch. 1470) finden, besteht traditionellerweise aus 14 Versen, die in Form von zwei Quartetten (mit Reimschema abba abba) und zwei Terzetten (mit variablem Reimschema) angeordnet sind.

Strophe

Sonett

italienisches Sonett

Im Gegensatz dazu besteht das Shakespeare-Sonett (engl. *English* oder *Shakespearean Sonnet*) aus drei Quartetten und einem Reimpaar (engl. *couplet*). Als Metrum der 14 Verszeilen dienen jambische Pentameter, die dem Reimschema *abab cdcd efef gg* folgen. Shakespeares (1564–1616) Sonett 73 „That time of year thou may'st in me behold" (1609) erfüllt diese Kriterien:

Shakespeare-Sonett

That time of year thou may'st in me behold	a
When yellow leaves, or none, or few, do hang	b
Upon those boughs which shake against the cold,	a
Bared ruined choirs, where late the sweet birds sang.	b
In me thou see'st the twilight of such day	c
As after sunset fadeth in the west;	d
Which by-and-by black night doth take away,	c
Death's second self that seals up all in rest.	d

In me thou see'st the glowing of such fire	e
That on the ashes of his youth doth lie,	f
As the deathbed whereon it must expire,	e
Consumed with that which it was norished by.	f
This thou perceiv'st, which makes thy love more strong,	g
To love that well which thou must leave ere long.	g

[In mir magst du die Zeit des Jahres sehn, / Da wenig Blätter oder keine hangen / An Bäumen, die vor Frost erschauernd stehn, / Zerfallne Münster, drin einst Stimmen sangen. / In mir siehst Dämmrung du von bleichen Tagen, / Da trüb im West verschimmert letztes Rot, / Von schwarzer Nacht allmählich weggetragen, / Die alles fest umschließt, ein andrer Tod. / In mir siehst du des Feuers letztes Sprühen, / Das, wie auf einer kalten Totenbahr, / Auf seiner Jugend Asche muss verglühen, / Verzehrt durch das, was seine Nahrung war. / Siehst du mich so, dann wächst in deiner Brust / Die Lieb zu mir, den bald du lassen mußt.] (Shakespeare, 81)

Jedes einzelne Segment (die drei Quartette und das Reimpaar) dieses Sonetts besteht aus je einem zusammenhängenden Satz. Die vier Sätze werden durch Wortwiederholungen inhaltlich verbunden: So heißt es im ersten Vers „in me behold" („In mir […] sehn"), im fünften und neunten „In me thou see'st" („In mir siehst") und im dreizehnten „This thou perceiv'st" („Siehst du"). In jedem Quartett wird ein *Bild* vorgestellt, das sich in das Thema des gesamten Gedichtes einfügt und auf das abschließende Reimpaar hinarbeitet. So wird in der ersten Stanze von blattlosen Ästen gesprochen, in der zweiten von der untergehenden Sonne bzw. Dunkelheit und in der dritten vom ausgehenden Feuer. Damit verwendet Shakespeare Bilder aus unterschiedlichen Erfahrungsbereichen, die die Zeichen der Sterblichkeit des Menschen begreifbar machen. Im Reimpaar werden diese Zeichen, die im Gesicht des Sprechers sichtbar sind, mit Liebe in Verbindung gebracht. Shakespeare sieht also in der Todgeweihtheit des Menschen indirekt den Grund für die Liebe zwischen den Menschen. Dieses Sonett demonstriert deutlich die enge Beziehung zwischen formalen und inhaltlichen Elementen. Eine so direkte Verbindung der verschiedenen Ebenen wie beim Sonett liegt nicht in allen Arten von Gedichten vor. Gerade in der experimentellen Lyrik werden diese starr anmutenden Strukturen meist verlassen und zugunsten neuer, „offener Formen" wie z. B. Prosagedichte aufgegeben.

Dennoch setzt der Großteil von traditionellen Gedichten die sprachlich-inhaltlichen, visuell-optischen und rhythmisch-akustischen Bereiche, die hier zur Beschreibung des Phänomens Lyrik behandelt wurden, als sich gegenseitig bedingende Ebenen ein. Die Idee eines Gedichtes wird so auf mehreren Ebenen verstärkt, wodurch wie in kaum einem anderen Genre eine Geschlossenheit (engl. *unity*) des Textes erzeugt werden kann.

3. Drama

Dramabegriff Im Gegensatz zum Epos, das im Griechischen das „Gesprochene" bzw. „Erzählte" bedeutet oder zur Lyrik, die in ihrem Namen das musikalische Element hervorhebt, steht im Drama (engl. *drama*) die „Handlung" als „Aufführung" auf der Bühne im Mittelpunkt. Das Wort Drama geht auf das griechische Verb „drao" (tun, handeln) zurück und verweist auf die Aufführung oder Repräsentation durch handelnde Personen. Während die beiden anderen Genres das geschriebene oder gesprochene Wort als primäres Ausdrucksmedium einsetzen, bedienen sich die Darstellenden Künste (engl. *performing arts*) neben Sprache auch einer Reihe nonverbaler, vorwiegend optisch-visueller Mittel wie Bühne, Bühnenbild, Szenenfolge, Mimik, Gestik, Schminke, Requisiten und Beleuchtung.

Die Ursprünge des Dramas liegen im rituell-kultischen Bereich, der noch im klassisch-griechischen Drama (5. Jh. v. Chr.) in stilisierter Form präsent war. Tragödien und Komödien wurden im Rahmen von Festspielen zu Ehren des Weingottes Dionysos aufgeführt. Während in der Antike das Drama zu den wichtigsten literarischen Gattungen zählte, trat es im Mittelalter weitgehend in den Hintergrund. Im Spätmittelalter wurden einfache Formen wie die Mysterienspiele (engl. *mystery* und *miracle play*) entwickelt, die religiös-allegorische oder biblische Themen aus dem Umfeld der christlichen Liturgie in Form von Theaterspielen im Freien adaptierten. *(Ursprünge im Dionysoskult)* *(Mysterienspiele)*

Im deutschsprachigen Raum gibt es im Spätmittelalter und der frühen Neuzeit eine ähnliche Entwicklung in Form des Fastnachtspiels (engl. *carnival play*). Im Gegensatz zu den religiös motivierten Mysterienspielen sind die Fastnachtsspiele säkularer Natur, da sie sich nicht aus der Liturgie, sondern aus den Karnevalsumzügen entwickelten. Als wichtigster Verfasser von deutschen Fastnachtsspielen gilt Hans Sachs (1494–1576) mit über achtzig überlieferten Stücken. Zu seinen bekanntesten Spielen zählt *Der Farendt Schueler im Paradeiss* (1550), in dem ein umherziehender Schüler einer einfältigen Bäuerin einredet, im Paradies gewesen zu sein und dort ihren verstorbenen, ersten Mann völlig mittellos getroffen zu haben. Daraufhin gibt ihm die Frau Geld und Kleider, die der Schüler bei seinem nächsten Besuch im Paradies dem Verstorbenen Ehemann übergeben soll. Als der jetzige Ehemann der Bäuerin davon erfährt, will er dem Burschen die Dinge wieder abnehmen, wird aber ebenfalls vom Schüler übertölpelt, als dieser ihm mit einer List sein Pferd abnimmt. Trotz der Derbheit der Stücke transportiert ihre Handlung oft auch moralische Anliegen, ohne diese jedoch in den Vordergrund zu stellen. *(Fastnachtspiel)*

Offensichtlicher stehen moralisch-religiöse Gesichtspunkte im Jesuitendrama des Barocks im Vordergrund, das von katholischen Ordensschulen ausging. Ähnlich den Mysterienspielen bediente sich auch das Jesuitendrama religiöser Stoffe aus dem Alten Testament oder aus Heiligen- und Märtyrerlegenden. Trotz seiner stereotypen Formen hatte das Jesuitendrama aufgrund der effektvollen Aufführungstechniken mit eindrucksvollem Bühnenbild und ausgefeilter Bühnenmaschinerie einen nicht zu unterschätzenden Einfluss auf die spätere Theaterentwicklung ausgeübt. *(Jesuitendrama)*

Diese mittelalterlichen und frühneuzeitlichen Schauspiele wirkten zusammen mit den römischen Dramen der Antike von Plautus (ca. 254–184 v. Chr.) und Seneca (ca. 4 v. Chr.–65 n. Chr.) auf das spätere Drama ein, das in England mit Shakespeare seinen ersten Höhepunkt in der Neuzeit erreichte. Die Dramen der griechischen Klassik wurden erst später rezipiert, haben dann aber maßgeblich z. B. auf die deutsche Klassik des späten 18. Jahrhunderts Einfluss genommen.

Tragödie Während über die Komödie in der antiken Literaturtheorie nichts überliefert ist, thematisiert Aristoteles (384–322 v. Chr.) in seiner *Poetik* Wesen und Elemente der Tragödie (engl. *tragedy*). Im sechsten Buch der *Poetik* bezeichnet er die Tragödie als „Nachahmung einer edlen und abgeschlossenen Handlung", die „mit Hilfe von Furcht und Mitleid eine Reinigung" **Katharsis** (Aristoteles, 398) bewirkt. Diese Vorfälle erzeugen seiner Meinung nach das Phänomen der Katharsis oder Reinigung (engl. *catharsis*), die das Publikum durch die Betrachtung der tragischen Vorgänge auf der Bühne „seelisch" läutert.

Ständeklausel In der frühen Neuzeit steht ebenfalls die Tragödie im Mittelpunkt literaturtheoretischer Überlegungen. Neben den drei Einheiten auf die noch gesondert eingegangen wird, nimmt in der Dramentheorie die sogenannte Ständeklausel einen zentralen Stellenwert ein. Gemäß dieser Regel aus den theoretischen Traktaten der Renaissance und des Barock sollen in der Tragödie nur Personen gehobenen Standes wie Fürsten oder Könige auftreten. Dieses besonders von Martin Opitz (1597–1639) propagierte Konzept behielt im Großen und Ganzen im deutschen Sprachraum bis ins späte 18. Jahrhundert seine Gültigkeit.

Bürgerliches Trauerspiel Zu einer tiefgreifenden Umwandlung des Dramas kommt es im 18. Jahrhundert, als das Bürgertum in ganz Europa unter dem Einfluss der Aufklärung an Selbstbewusstsein gewinnt. In dieser Zeit entsteht das Bürgerliche Trauerspiel (engl. *domestic tragedy*), das sich nicht mehr an die rigiden Ständeklauseln hält und den Bürger ins Zentrum einer tragischen Handlung rückt. Zu den wichtigsten Vertretern in Deutschland zählt Gotthold Ephraim Lessings (1729–1781) *Emilia Galotti* (1772) und Friedrich Schillers (1759–1805) *Kabale und Liebe* (1784).

Historisches Drama Eine weitere wichtige Gattung, das Historische Drama (engl. *history play*), wird erst in der Renaissance mit Shakespeares Aufarbeitung der antiken und englischen Geschichte in Form von Schauspielen – z. B. *Richard II* (ca. 1595), *Henry IV* (ca. 1597) – entwickelt. Diese Dramenform bearbeitet eine historische Begebenheit oder Persönlichkeit, geht aber durch Gegenwartsbezüge über das eigentlich Geschichtliche hinaus, um den historischen Stoff zur Darstellung allgemein menschlicher Schwächen und Tugenden zu benützen. Oft wird ein vordergründig historischer Kontext gewählt, um unter dem Deckmantel der Geschichte sozio-politische Missstände ohne Gefahr der Zensur thematisieren zu können.

Im spanischen goldenen Zeitalter (span. *siglo de oro*) benützt z. B. Pedro Calderón (1600–1681) in *Der Richter von Zalamea* (1640) eine historisch belegte Vergewaltigung durch einen Hauptmann während eines Portugalfeldzuges im 16. Jahrhundert als Handlung seines Dramas. Jean Racines (1639–1699) *Britannicus* (1669), das auf den in der römischen Geschichtsschreibung überlieferten Machtstreit um Kaiser Nero basiert, ist ein Beispiel für die Adaptierung historischer Themen in der sogenannten *klassischen Tragödie* in Frankreich. Im deutschen Sprachraum gewinnt das Geschichtsdrama besonders im Sturm und Drang mit Johann Wolfgang Goethes *Götz von Berlichingen* (1773) wichtige Bedeutung, die es bis in die Gegenwart behalten hat, wie die dramatische Adaption des historischen Frankfurter Auschwitz-Prozesses durch Peter Weiss (1916–1982) in *Die Ermittlung* (1965) verdeutlicht.

Während die Tragödie und das Geschichtsdrama mit ernsten Themen und Personen gehobenen Standes eine Läuterung des Publikums bewirken will, zielen die heiteren Inhalte und die Figuren niederen Standes in der Komödie (engl. *comedy*) vornehmlich auf Unterhaltung. Aus diesem Grund ist in der frühen Neuzeit Komödie nie im Zentrum theoretischer Überlegungen, sondern meist nur im Kontext der Tragödie erwähnt. Neuere Ansätze sehen die Komödie oft als stilisierte Weiterführung primitiver Regenerationskulte wie die symbolische Ablösung des Winters durch den Frühling, da die Komödie normalerweise in „fruchtbarer" Symbolik mit einer Hochzeit endet. Gerade Shakespeares Komödien wie *Much Ado About Nothing* (ca. 1598) stehen ganz unter diesen Vorzeichen. Im Zeitalter der Restauration Ende des 17. Jahrhunderts bringt England mit der Sittenkomödie (engl. *comedy of manners*) wie William Congreves (1670–1729) *The Way of the World* (1700), die hauptsächlich Bürger der gehobenen Schicht in witzigen Dialogen darstellt, eine Form des Lustspiels mit großer internationaler Wirkung hervor.

In Frankreich gehören die Lustspiele Molières (1622–1673) wie *Der Menschenfeind* (1666) zu den herausragendsten frühen Beispielen, die sich durch ausgefeilte Charakterzeichnungen von den stereotypen Figuren possenhafter Komödien abheben. In Deutschland hat Gotthold Ephraim Lessing (1729–1781) mit *Minna von Barnhelm* (1767) einen neuen Typus des Lustspiels eingeführt, das beim Zuschauer einen emotionalen und kognitiven Erkenntnisgewinn über die eigene Person bewirken soll. Die Komödie erlebt im 19. Jahrhundert mit den musikalisch durchsetzten Zeitgeistsatiren des Österreichers Johann Nestroy (1801–1862) einen neuerlichen Aufschwung, während im 20. Jahrhundert das Genre primär vom Film aufgenommen wird.

Neben Tragödie, Komödie und Historischem Drama als den drei Grundformen des klassischen Dramas entstehen nach dem 18. Jahrhundert neue Formen, die sich nicht mehr leicht den genannten Grundtypen zuordnen lassen. In der Romantik bzw. im frühen 19. Jahrhundert findet sich in England die Sonderform des Lesedramas (engl. *closet drama*), das nicht zur Aufführung, sondern zur individuellen Lektüre bestimmt war. Bekanntes Beispiel dieser ungewöhnlichen Dramenform ist Percy Bysshe Shelleys (1792–1822) *Prometheus Unbound* (1820). Ebenfalls im 19. Jahrhundert erfreute sich das Melodrama (engl. *melodrama*) besonderer Beliebtheit, das in vieler Hinsicht als ein Vorläufer der TV-Seifenopern mit ihren stereotypen schwarz-weiß gezeichneten Figuren und linearen Handlungssträngen gilt. Für die allgemeine Entwicklung des Theaters ist das Melodrama aber besonders wegen der wirksamen Bühneneffekte ein nicht zu unterschätzender Faktor.

Bedingt durch die Aufführung geht das Drama generell über den textlichen Charakter der Gattungen Prosa und Lyrik hinaus. Das geschriebene Wort als textliche Grundlage des Dramas steht zwar ebenfalls im Mittelpunkt dieses Genres, ist jedoch dazu bestimmt, in eine Aufführung vor Publikum umgewandelt zu werden. Um diesem genrespezifischen Medienwechsel gerecht zu werden, müssen in der Analyse des Dramas Text, Transformation und Aufführung als drei ineinanderwirkende Ebenen berücksichtigt werden.

Marginalien: Komödie; Lesedrama; Melodrama

Dimensionen des Dramas	**Text**
	Dialog
	Monolog
	Handlung
	Setting
	Regieanweisungen

Transformation	**Aufführung**
Regie	Interne Methode
Bühne	Externe Methode
Requisiten	Gestik
Beleuchtung	Mimik
	Sprache

Text

Text

Dialog

Monolog
Beiseitesprechen

Viele textliche Bereiche des Dramas überschneiden sich mit bereits besprochenen Aspekten der Prosa wie Figuren, Plot und Setting, weshalb hier nur jene Elemente behandelt werden, die gattungsspezifische Relevanz für das Drama haben. Von zentraler Bedeutung im Rahmen der textlichen Dimension des Dramas ist das gesprochene Wort in Form von Dialogen (engl. *dialogue*) zwischen Figuren, aber auch Monologen (engl. *monologue* oder *soliloquy*). Eine Sonderform der Kommunikation ist das Beiseitesprechen (engl. *aside*), in dem ein Schauspieler Informationen an das Publikum weitergibt, die den anderen Figuren des Stückes vorenthalten bleiben.

drei Einheiten:
Ort, Zeit, Handlung

Die grundlegenden Elemente des Plots (Ausgangssituation, Komplikation, Höhepunkt, Auflösung), die bereits in der Besprechung der Prosa behandelt wurden, gehen ursprünglich auf antike Beschreibungen des idealen Handlungsverlaufs im Drama zurück und wurden erst später auf andere Gattungen übertragen. Im Zusammenhang mit der Handlungsstruktur des Dramas werden immer wieder die drei Einheiten (engl. *three unities*) von Zeit, Ort und Handlung (engl. *time, place and action*) erwähnt. Gemeint ist damit, dass die Zeit der Handlung eines Stücks etwa der Dauer des Theaterstücks oder zumindest eines Tages zu entsprechen hat und der Ort der Handlung immer derselbe sein muss. Die Handlung soll in sich geschlossen sein und einen linearen Plot verfolgen.

Die als *aristotelische Einheiten* bezeichneten Regeln über den Aufbau eines „guten" Dramas stammen jedoch nicht von Aristoteles (384–322 v. Chr.) selbst, sondern gehen großteils auf französische und italienische Adaptionen seiner *Poetik* im 16. und 17. Jahrhundert zurück. Diese starren Regeln wollen den dargestellten Raum und die Zeit der Dramenhandlung möglichst realistisch erscheinen lassen. Shakespeares Dramen, die immer einen hohen Stellenwert in der englischen Literatur innehatten, entsprachen nur selten diesen Regeln. Aus diesem Grund wurden die drei Einheiten im englischen Sprachraum nie so strikt respektiert wie in anderen Ländern. Eine filmische Parodie der drei Einheiten ist der Film *Groundhog Day* (*Und täglich grüßt das Murmeltier*, Harold Ramis, 1993), in dem der Protagonist auf wundersame Weise den selben Tag von Sonnenaufgang bis Sonnenuntergang immer wieder aufs Neue durchlebt, wobei aber Ort, Zeit und Handlung unverändert bleiben.

In direkter Wechselwirkung zur Handlung steht die Einteilung in Akte (engl. *act*) und Szenen (engl. *scene*). Das neuzeitliche Drama übernahm im Allgemeinen die in der Antike übliche Gliederung der Handlung des Dramas in fünf Akte. Im Idealfall konnte so der klassische Handlungsverlauf von Exposition, Komplikation, Höhepunkt, Umschwung und Auflösung mit jeweils einem Akt zur Deckung gebracht werden. Im 19. Jahrhundert wurde die Zahl der Akte eines Stückes generell auf vier, im 20. Jahrhundert auf meist drei Akte reduziert. Durch Akt- und Szenenwechsel können im Drama Setting, Zeit und Handlung verändert werden. Die traditionelle Einheit von Ort, Zeit und Handlung kann so innerhalb einer Szene oder eines Aktes weitgehend gewahrt bleiben.

<small>Akt
Szene</small>

Das absurde Theater (engl. *theater of the absurd*) bricht wie sein Gegenstück in der Prosa bewusst mit traditionellen Plot-Strukturen und führt den Zuschauer in oft absurd oder unlogisch anmutende Komplikationen. Diese zielen nicht wie erwartet auf einen Höhepunkt oder logischen Schluss hin, sondern enden in einer unaufgelösten Situation. Damit versucht das absurde Theater ebenso wie viele postmoderne Romane oder Filme, die allgemeine kulturelle Unsicherheit der Nachkriegsära künstlerisch umzusetzen. Der bekannteste Vertreter dieser Richtung ist der Ire Samuel Beckett (1906–1989), dessen in französischer Sprache erschienenes Stück *Warten auf Godot* (1953) viel zur Bekanntheit des absurden Theaters beigetragen hat. Wie bereits der Dramentitel Becketts andeutet, warten seine Hauptfiguren Vladimir und Estragon auf einen nicht weiter spezifizierten Godot. Das Auftreten anderer Personen schafft nur kurze Abwechslung und bringt keine Veränderung der Ausgangssituation, so dass sich die Figuren am Ende in unveränderter Position befinden, ohne die Elemente des klassischen Plots durchlaufen zu haben. Becketts Drama bricht mit den Erwartungen des Publikums an ein Theaterstück, in welchem sich Handlung oder Dialog auf einen konventionellen Höhepunkt hin entwickeln oder vordergründig logische Inhalte vermitteln. Neben Beckett zählt der aus Rumänien stammende französisch schreibende Eugène Ionesco (1909–94) mit Stücken wie *Die Nashörner* (*Rhinocéros*, 1959) zu den wichtigsten Vertretern des absurden Theaters.

<small>absurdes Theater</small>

Im 20. Jahrhundert treten mit den Innovationen des experimentellen und absurden Theaters auch nicht-textliche Aspekte des Theaters in den Vordergrund. Nonverbale und räumliche Dimensionen der eigentlichen Produktion, die ein Bindeglied zwischen Text und Aufführung herstellen und traditionellerweise marginalen Charakter besaßen, erhalten einen dem Text ähnlich hohen künstlerischen Stellenwert.

Transformation

Eine stärker betonte Ebene des Dramas im 20. Jahrhundert ist die verbindende Phase zwischen Text und Aufführung, die hier als Transformation (engl. *transformation*) bezeichnet wird. Gemeint sind damit alle logistischen und konzeptuellen Schritte, die als Regie (engl. *directing*) zusammengefasst werden und der eigentlichen Aufführung vorausgehen. Diese Transformation ist dem Publikum nicht direkt zugänglich, durchdringt aber indirekt fast alle Elemente der Aufführung. Die Arbeit des zeitgenössischen Regisseurs (engl. *director*) reicht von der Auswahl des Skripts oder Textes

<small>Transformation

Regie</small>

über ein interpretatives Gesamtkonzept, Besetzung, Bühnenwahl und -gestaltung, Requisiten, Kostüme und Schminke bis hin zur Führung der Schauspieler. Damit liegt die gesamte künstlerische Koordination der Umformung des Textes in Richtung Aufführung in den Händen des Regisseurs.

Geschichte der Regie

Historisch gesehen existiert das Berufsbild des Regisseurs erst seit Ende des 19. Jahrhunderts und stellt ein junges Phänomen im Umfeld des Dramas dar. Regie als koordinatives Instrument ist zwar so alt wie das Drama selbst, jedoch waren bis ins 19. Jahrhundert die Grenzen zwischen Schauspieler, Dramenautor und Koordinator der Aufführung sehr durchlässig. So kam es oft vor, dass der Autor selbst die Produktion eines Stückes leitete oder ein erfahrener Schauspieler mit dieser Funktion betraut wurde. Erst in der zweiten Hälfte des 19. Jahrhunderts, als unter dem Einfluss des Realismus die Anforderungen an die Inszenierung immer größer wurden, entwickelte sich die Regie als eigenständige Ebene, die vermittelnd zwischen Autoren und Schauspielern agiert. Zu den bekanntesten frühen Regisseuren

Konstantin Stanislawski

zählt der Russe Konstantin Stanislawski (1863–1938), dessen Ideen und Methoden über die bekannte Lee Strasberg-Schule in New York großen Einfluss auf die Theatertradition ausübten. Auch der österreichische Regisseur Max Reinhardt (1873–1943) erregte kurz vor dem Ersten Weltkrieg mit einigen spektakulären Dramenaufführungen auch in Amerika große Aufmerksamkeit.

Regietheater

Seit der Entstehung der Regie im heutigen Sinn steht dieses Phänomen in unmittelbarer Wechselwirkung zur herrschenden Form des Theaters in den jeweiligen Strömungen. Hand in Hand mit innovativen Formen des expressionistischen, absurden und experimentellen Theaters und der Betonung individueller Produktionen werden die Anforderungen an die Regie größer und zugleich künstlerisch höher bewertet. Diese Hervorhebung der Produktion im modernen Drama wird auch als Regietheater bezeichnet, da die Regie nicht mehr wie im 19. Jahrhundert eine marginale Rolle spielt, sondern nun in den Vordergrund tritt und bewusst in die eigentliche Aufführung einfließt. Ein anschauliches Beispiel dafür ist Samuel Becketts (1906–1989) Kurzdrama *Catastrophe* (1982), das einerseits zu großen Teilen aus Regieanweisungen besteht, andererseits sich in seiner Handlung ebenfalls um die Einstudierung eines Theaterstückes dreht. Wie für postmoderne Kunstwerke typisch, werden Ebenen des Stückes wie hier die Transformation bewusst in den Vordergrund gestellt, um Wesenszüge des Dramatischen freizulegen.

Regie als Interpretation

Alle Stufen der Transformation eines Textes – angefangen von der Auswahl des Skripts, der Akzentuierung des Stückes, der Besetzung, des Requisiten- bzw. Bühnendesigns und der Einübung der Rollen – müssen auf das Publikum abgestimmt sein. Besonders wichtig ist hier die konzeptionelle Idee des Regisseurs. Sie kommt der Interpretation einer Partitur durch den Dirigenten gleich, der bestimmte Aspekte des „Textes" hervorhebt, um einen individuellen Gesamteindruck des Werkes zu vermitteln. Gerade diese interpretatorische Schwerpunktsetzung einer Produktion steht in direkter Auseinandersetzung mit den jeweils herrschenden Zeittrends. Produktionen wie Ellis Rabbs (1930–1998) homoerotische Interpretation (1970) von Shakespeares *The Merchant of Venice* (ca. 1596–1598), oder die verschiedenen feministischen Adaptionen von *The Taming of the Shrew* (*Der Widerspenstigen Zähmung* ca. 1592) setzen ein spezifisches kulturelles Bewusstsein einer Epoche voraus, um die gewünschte Publikumsreaktion zu erreichen. Produktionen erzielen ihre Erfolge nicht nur, indem sie herrschenden Trends entsprechen, sondern auch durch einen offensichtlichen Bruch mit bestehenden Konventionen, wie schon die von Architektur und Malerei beeinflussten Inszenierungen des Amerikaners Robert Wilson (*1941) zeigen. In beiden Fällen muss der Regisseur abwägen, welche Zielgruppe er mit welchen Mitteln ansprechen will. Die weiteren Schritte der Transformation – also alle verbalen und non-verbalen Ausdrucksmittel – unterliegen im Idealfall dieser konzeptuellen Idee, die sich wie ein roter Faden durch die gesamte Produktion ziehen soll.

Dazu gehört ganz besonders die räumliche Ebene, die die Prosa durch beschreibende Elemente vermittelt. Sie wird im Drama mittels Dialogen, Monologen und Körpersprache, vor allem aber durch Wahl und Gestaltung von Bühne (engl. *stage*), Bühnenbild (engl. *scenery*), Requisiten (engl. *properties* oder *props*) und Beleuchtung (engl. *lighting*) erzeugt. Viele dieser räumlichen Elemente sind zwar historischen Bedingungen unterworfen, werden aber von Regisseuren in modifizierter Form immer wieder für moderne Produktionen adaptiert. So kommen z. B. ältere Bühnenformen wie die kreisförmige Struktur des antiken Theaters zur Erzeugung einer speziellen Interaktion zwischen Zuschauern und Schauspielern auch in modernen Inszenierungen zur Anwendung. [räumliche Dimension des Dramas]

Der Aufbau des antiken griechischen Theaters, das als Amphitheater (engl. *amphitheater*) unter freiem Himmel lag, umfasste eine Orchestra in der Mitte des Theaters und eine Skene oder ein Bühnenhaus. Die Sitzplätze für das Publikum waren in halbkreisförmigen Sitzreihen um die Orchestra angeordnet. Während die Schauspieler sich zwischen Skene und Orchestra bewegten, nahm der Chor in der Orchestra zwischen Publikum und Schauspielern Aufstellung. Hervorzuheben ist hierbei, dass im klassischen Drama alle auftretenden Personen eine Maske trugen und dass der Begriff Person auf das lateinische Wort „persona" (Maske) zurückgeht. [Griechisches Amphitheater]

Das Elisabethanische Theater (engl. *Elizabethan Theater*) unterscheidet sich stark von seinen antiken Vorläufern. Die griechischen Theater konnten bis zu 15.000 Zuschauer aufnehmen, während Elisabethanische Theater wie das *Globe Theater* höchstens 2.000 Personen Platz boten. Das Globe in London war ein achteckiger Bau mit einem ungedeckten Innenhof, in dem sich billige Zuschauerplätze befanden. Die teuren Sitze auf den überdachten Galerien waren rund um den Innenhof in drei Stockwerken angeordnet. Die auf den Innenhof gerichtete Bühne schloss an diese Galerien an und erstreckte sich über mehrere Stockwerke, wodurch Balkonszenen wie in *Romeo and Juliet* (1595) möglich wurden. Durch die räumliche Trennung der Bühnenbereiche konnten inhaltliche Aspekte eines Dramas zusätzlich auf einer räumlichen Ebene verstärkt werden. [Elisabethanische Theaterbauten]

Das Elisabethanische Theater kam wie das antike ohne aufwendige Bühnenarchitektur aus. Viele Aspekte, die im modernen realistischen Drama durch Bühnenbild und andere Hilfsmittel erzielt werden, blieben oft der Phantasie des Publikums überlassen. Bereiche des Settings, die ab dem Barock durch Bühnenbild und Requisiten auf einer nonverbalen Ebene vermit- [Wortkulisse] telt wurden, mussten im Renaissancetheater durch das gesprochene Wort in Form von *Wortkulissen* suggeriert werden.

Parodie von „Wortkulisse"

Ein parodistisches Beispiel für die verbale Darstellung fehlender Requisiten ist die kurze „Theateraufführung" in Shakespeares *A Midsummer Night's Dream* (1595). Eine schlechte Laienschauspielergruppe kreiert eine Bühne auf der Bühne bzw. ein Spiel im Spiel, wobei auch das Setting einer Mauer im Mondschein im wahrsten Sinn des Wortes von zwei Schauspielern „verkörpert" wird. Trotz des parodistischen Elements verdeutlicht Shakespeare die Illusion jener Theaterwelt, die durch das Handeln der Schauspieler auf der Bühne in Wechselwirkung mit der Imagination des Publikums hervorgerufen wird.

Guckkastenbühne

Im Gegensatz dazu zeichnet sich das „moderne" Theater durch ein realistisches Bühnenbild aus. Wichtig war in diesem Zusammenhang eine neue Gestaltung der Bühne, des Bühnenbildes und der Requisiten. Die Bühne erhält die Form einer „Schachtel" mit drei Wänden und einer Decke, die mehr als in den vorhergehenden Theaterformen das Publikum von den Schauspielern trennt und den Eindruck einer eigenen, abgeschlossenen Welt bzw. eines in sich geschlossenen Settings vermittelt. Das Publikum beobachtet das Geschehen auf der Bühne wie durch eine unsichtbare vierte Wand. Man nennt diese Bühnenform, die sich im 18. und 19. Jahrhundert durchsetzte und bis heute in Verwendung ist, Guckkastenbühne (engl. *proscenium stage*). Die neue Form des Theaters ist Teil der Strömung des Realismus und Naturalismus in der Literatur, die versucht, Realität so wirklichkeitsgetreu wie möglich darzustellen. George Bernard Shaw (1856–1950), Gerhart Hauptmann (1862–1946) und der Norweger Henrik Ibsen (1828–1906) zählen zu den wichtigsten Vertretern dieser weltweiten Entwicklung. Die Handlung, die oft in einer wirklichkeitsgetreuen Bühnenrekonstruktion eines Salons aufgeführt wird und sich dabei weitgehend an die drei Einheiten von Ort, Zeit und Handlung hält, verdeutlicht auf anschauliche Weise die Verbindung von Guckkastenbühne und realistischem Drama des späten 19. Jahrhunderts.

expressionistisches Theater

Eine Reaktion auf diese realistischen Strömungen sind eine Reihe moderner Entwicklungen, die ähnlich wie in Lyrik und Prosa versuchen, neue Schwerpunkte zu setzen. Ein Beispiel ist das expressionistische Theater (engl. *expressionist theater*), das sich in Wechselwirkung zu Bildender Kunst und Film in den 1920er und 1930er Jahren etablierte. Der Expressionismus zeichnet sich im Drama durch ausdrucksstarke, oft übersteigerte Schminke, Kostüme oder Bühnenbilder aus. Ein gutes Beispiel für diese Abkehr vom realistisch-naturalistischen Theater des späten 19. Jahrhunderts ist Elmer Rices (1892–1967) amerikanisches Stück *The Adding Machine* (1923), das durch expressionistische Elemente die Entfremdung eines Großstadtbewohners in einer immer stärker mechanisierten Umwelt nachzeichnet. Ein späteres deutschsprachiges Beispiel ist Wolfgang Borcherts (1921–1947) *Draußen vor der Tür* (1947), das durch typisierte Figuren und repetitive Sprache eine expressionistische Wirkung erzeugt.

absurdes Theater

Interessant am expressionistischen und absurden Theater (engl. *theater of the absurd*) ist eine bewusste Rückkehr zu einfachen, abstrakten Bühnenbildern und Requisiten. Expressionistische Schminke, die dem Effekt einer Maske gleichkommt, und die oft leere Bühne des absurden Theaters lenken wie in älteren Dramenformen die Aufmerksamkeit verstärkt auf das gesprochene Wort und den Schauspieler. In Samuel Becketts *Warten auf Godot* (1955) ist das Bühnenbild auf eine Parkbank und einen stilisierten Baum reduziert, um die Leere des Dialogs auf der Ebene der Bühnengestaltung zu unterstreichen. Anders ist der Einsatz des Bühnenbildes und der Requisiten in Tom Stoppards (*1937) *After Magritte* (1971), das auf der nonverbalen Ebene des Theaterstückes surreale, sprachphilosophisch-motivierte Bilder des Malers René Magritte (1898–1967) umsetzt.

Im modernen Drama entsteht daher in vielen Fällen eine vordergründige Wechselwirkung zwischen Bühnengestaltung und Stück bzw. Transformation und Text. Theaterstücke, die für eine unkonventionelle Bühne bestimmt sind, unterscheiden sich von traditionellen meist auch in Form und Inhalt. Dies wirkt sich indirekt auch auf die Aufführung aus und bringt besondere Anforderungen an die Schauspieler mit sich.

Aufführung
In der letzten Phase der Aufführung (engl. *performance*) liegt der Schwerpunkt auf dem Schauspieler (engl. *actor*), der als Medium die kombinierten Anliegen des Autors und Regisseurs vermittelt. Erst in den letzten hundert Jahren hat sich die methodische Schauspielausbildung neben der Regie als weiteres eigenständiges Phänomen im Umfeld des Theaters etabliert. Bis zum Ende des 19. Jahrhunderts lag die Transformation des Textes fast ausschließlich beim Schauspieler selbst. Aufgrund der stark schwankenden Qualität der Leistungen der Schauspieler zwischen einzelnen Aufführungen ein und desselben Stückes wurden Methoden zur Gewährleistung gleichbleibender Ergebnisse entwickelt. Durch gezieltes Training von Atmung, Haltung, Körperbeherrschung und psychologischer Mechanismen wurde versucht, gewünschte Gefühlszustände auf der Bühne reproduzierbar zu machen.

In der modernen Schauspieltheorie stehen sich zwei grundlegende theoretische Positionen gegenüber: die sogenannte externe oder technische Methode und die interne oder wahrheitsgetreue Auffassung. In der externen Methode wird angenommen, dass der Schauspieler durch verschiedene Techniken in der Lage ist, beliebige Bewusstseinszustände ohne emotionales Hineinversetzen in seine Rolle zu imitieren. Die interne Methode hingegen baut auf eine individuelle Identifikation des Schauspielers mit seiner Rolle. Grundvoraussetzung ist das persönliche Durchleben und die Verinnerlichung von Gefühlen und Situationen, die die Rolle erfordert. Die Verinnerlichung als interne Identifikation mit der zu spielenden Rolle wurde durch den bereits erwähnten Russen Konstantin Stanislawski (1863–1938) und seinen Schüler Lee Strasberg (1901–1982) in den USA zur anerkannten Lehrmethode. Diese als *The Method* bezeichnete Richtung sieht als Ziel einer schauspielerischen Leistung nicht das „Zeigen", sondern das „Sein" auf der Bühne. Berühmte Schüler dieser Schauspielschule sind James Dean (1931–1955), Paul Newman (1925–2008), Marlon Brando (1924–2004) und Julie Harris (*1925). Die in Europa weitverbreitete Auffassung der externen Methode hingegen betont das emotionsfreie, technisch versierte „Zeigen" als Ideal guter Darstellung. Keine Schauspielausbildung kommt heute ohne Anleihen an beide Positionen aus. In der Regel werden Elemente der exter-

Aufführung

Schauspielausbildung

externe Methode

interne Methode

Stanislawski und Strasberg

method acting

handelnde Personen
Viele Aspekte, die in der Besprechung der Figuren in der Prosa bereits behandelt wurden, können auf das Drama übertragen werden. Das Drama stützt sich jedoch mehr als andere Genres auf handelnde Personen (engl. *dramatis personae*), wodurch sich gattungsspezifische Aspekte ergeben. Nicht selbstverständlich ist, dass im Drama mehrere handelnde Personen zusammenwirken. Ursprünglich bildete der Chor (engl. *chorus*) den Kern des antiken Dramas, dem in der klassischen Zeit weitere Figuren hinzugefügt wurden, wodurch ein Dialog zwischen den neuen Figuren und dem Chorus möglich wurde. Aufgabe des Chors war eigentlich, lyrische Gedichte vorzutragen, die zum Teil die Handlung des Dramas kommentierten, aber auch teilweise an die Schauspieler gerichtet waren, um diesen Ratschläge zu erteilen. Der Chor kommt vereinzelt auch im neuzeitlichen Theater zum Einsatz mit der Aufgabe, Zeitsprünge zu überbrücken oder das Publikum über neue Situationen zu informieren, wie in Shakespeares *Henry V* (ca. 1600). Auch Friedrich Schiller (1759–1805) in *Die Braut von Messina* (1803) oder neuerdings Elfriede Jelineks *Ein Sportstück* (1998) verwenden den Chor als selbstreflexives Stilprinzip.

Chor im antiken Drama

Figuren Charaktertypen
Ähnlich wie in der Prosa kann man auch im Drama je nach Zeichnung von flachen bzw. runden Figuren sprechen. Einige Dramengattungen wie die Komödie zeichnen sich durch den Einsatz von wiederkehrenden Charaktertypen (engl. *stock characters*) wie den prahlerischen Soldaten, den jähzornigen alten Mann oder schlauen Diener aus.

cross dressing
Bemerkenswert in bezug auf das Geschlecht der Schauspieler ist, dass sowohl in der Antike als auch im englischen Theater der frühen Neuzeit keine Frauen in den Aufführungen mitwirkten und alle weiblichen Rollen von jungen Männern dargestellt wurden. Deshalb kommt es in Komödien wie in Shakespeares *As You Like It* (ca. 1599) zu sehr komplizierten Situationen, wenn sich die von Männern gespielten Frauenfiguren im Stück als Männer verkleiden. Die weibliche Figur Rosalind, die gemäß den Konventionen der Elisabethanischen Zeit von einem jungen Mann dargestellt wird, verkleidet sich im Laufe der Handlung als Mann. Am Ende des Stückes enthüllt die Figur ihre „wahre" weibliche Identität und heiratet Orlando. Diese Tradition, Frauenrollen von Männern darzustellen, hielt sich bis ins späte 17. Jahrhundert und wurde erst im Restaurationsdrama aufgegeben. Mit Hosenrollen (engl. *breeches role)*, in denen Frauen in Männerkleidung auftreten, erlangt dann das umgekehrte Phänomen große Beliebtheit.

Drama und Film
Text, Transformation und Aufführung sind nicht nur zentrale Ebenen der Theaterproduktion, sondern finden sich mit genrespezifischen Schwerpunkten in analoger Weise im Medium Film. Drehbücher unterscheiden sich von Dramentexten, indem sie die jeweiligen optischen, akustischen und räumlichen Möglichkeiten des Mediums berücksichtigen. Die Gesamtheit der Transformation ist im Drama anders als im Film, da im Drama eine durchgehende Aufführung ohne Unterbrechung erarbeitet wird. Im Film hingegen werden immer nur kleine Sequenzen für die Aufnahme vorbereitet. Auch bezüglich der Aufführung stellen beide Medien sehr spezielle Anforderungen an die Schauspieler. Im Theater muss durch ausdrucksstarke,

oft übersteigerte Mimik, Gestik, Schminke und Sprache das Publikum bis in die letzten Sitzreihen erreicht werden. Man spricht in diesem Zusammenhang von großer Projektion. Im Film hingegen können solche Effekte großteils durch Kamera- und Tontechnik erzeugt werden, die diesem Medium einen spezifischen Charakter verleihen und es zu einem eigenständigen Genre machen.

4. Film

Aus der Perspektive des frühen 21. Jahrhunderts darf der Film als artverwandte Gattung der Textwissenschaft nicht mehr vernachlässigt werden. Ebenso wie der Roman im 18. Jahrhundert durch den Einsatz innovativer Erzähltechniken das Epos ablöste, konnte sich der Film durch neue und differenzierte Präsentationsformen wie Kamerabewegung, Kamerawinkel sowie Schnitt bzw. Montage als dem Drama zwar verwandtes, aber eigenständiges Genre etablieren. Viele Richtungen des Dramas im 20. Jahrhundert haben sich in Wechselwirkung zum Film entwickelt, der durch die Möglichkeit der wirklichkeitsgetreuen photographischen Abbildung jegliche Formen des realistischen Theaters übertraf. Ähnlich wie die bildende Kunst unter Einfluss der Photographie sich neuen abstrakten Richtungen zuwandte, gewann das Theater durch die Entwicklung des Films neue Wirkungsbereiche.

Trotz spezifischer Charakteristika und einer eigenen Fachterminologie lässt sich Film mit literaturwissenschaftlichen Methoden analysieren, da er in Wechselwirkung zu den klassischen literarischen Genres steht. Die moderne Filmwissenschaft kennt wie die Literaturwissenschaft unterschiedliche Analyseansätze, wobei wichtige literaturtheoretische Strömungen auch von der Filmwissenschaft rezipiert und adaptiert wurden. So finden sich Richtungen, die sich analog zur textorientierten Literaturwissenschaft mit materiellen Aspekten des Films befassen (Filmmaterial, Montage, Schnitt, Ton) oder Strömungen, die Rezeption und Wirkung untersuchen. Andere Ansätze wie psychoanalytische oder feministische Filmtheorie stellen den Film in einen größeren Kontext. *Wechselwirkung Film- und Textwissenschaft*

Trotz ihrer unterschiedlichen Erscheinungsformen werden Drama und Film aufgrund ihres Einsatzes von Schauspielern als Ausdrucksmedium gerne unter dem Begriff Darstellende Künste (engl. *performing arts*) zusammengefasst. Das Bild des Geschehens entsteht nicht erst durch den Leseprozess in der Vorstellungswelt des Rezipienten, sondern nimmt in der Aufführung außerhalb des Zuschauers Gestalt an. In beiden Genres steht die *performance* als visuelle Repräsentation durch Personen im Mittelpunkt. Die Behandlung des Films im Umfeld des Dramas als Darstellende Kunst ist irreführend, da man so dieser jüngsten Gattung nicht uneingeschränkt gerecht wird. Längst hat sich Filmwissenschaft zu einer eigenständigen Disziplin entwickelt, die an vielen Universitäten und Hochschulen als Studienrichtung belegt werden kann. Auch hat der Film seit seiner Entstehung vor über einem Jahrhundert eine Vielzahl von Gattungen und Formen hervorgebracht, so dass es unzureichend ist, dieses Phänomen als Nebenerscheinung des Dramas abzutun. Aufgrund der Dominanz des Visuellen, das in *Darstellende Künste* *performance narratologische Aspekte*

der Prosa eher zweitrangigen Charakter hat, wird der Film vorschnell als dramatisches Genre klassifiziert. Betrachtet man das Medium jedoch aus einer formal-strukturalistischen Perspektive, erscheint der Film in vielen Aspekten dem Roman verwandter als dem Drama. Typische Elemente des Romans wie Einsatz von differenzierten Erzählperspektiven, experimentelle Plotgestaltung, Vor- und Rückblenden sowie Wechsel des Settings und der Zeitstruktur sind im Film gängige Praktiken, die auf einer Bühne nur äußerst begrenzt oder in Ausnahmefällen umsetzbar sind.

technisch reproduzierbares Kunstwerk

Der größte Unterschied zum Drama liegt sicher in der „Fixiertheit" des Films. Während die Aufführung des Theaterstückes Einmaligkeitscharakter aufweist, gleicht ein Film einem Roman, der theoretisch ständig wiederholt (gelesen oder abgespielt) werden kann. In diesem Sinn ist das Theater ein archaisches Kunstwerk, das das Ideal der Einmaligkeit zelebriert. Jede Theateraufführung unter einem bestimmten Regisseur, mit individuellen Schauspielern, Bühnenbildern und vor einem wechselnden Publikum stellt ein einmaliges Ereignis dar, das sich einer exakten Wiederholung entzieht. Ein Film kann hingegen in verschiedenen Orten gleichzeitig gezeigt werden, wobei keine Vorführung als besser oder schlechter klassifizierbar ist, da es sich um denselben Film bzw. hunderte von identischen Kopien handelt. Obwohl im Drama wie im Film eine *performance* im Mittelpunkt steht, nimmt sie durch die Verschiedenheit der Medien einen völlig anderen Charakter an.

physiologische Grundlagen

Die Geschichte des Films ist direkt mit der Entwicklung der Photographie im 19. Jahrhundert verbunden. Durch schnelle Abfolge von Einzelaufnahmen im Film entsteht in der menschlichen Wahrnehmung der Eindruck von Bewegung. Um diese Illusion zu erzeugen, müssen pro Sekunde 24 Bilder aneinandergereiht werden. In jeder Sekunde eines Films wird der Lauf des Projektionsapparates 24-mal unterbrochen, so dass jedes einzelne Bild für einen Sekundenbruchteil auf der Leinwand erscheint. Die Projektionen der Bilder auf der Leinwand sind zu kurz, als dass sie vom menschlichen Auge als Einzelbilder erfasst werden können und werden daher als kontinuierliche Bewegung empfunden. Bereits im ausgehenden 19. Jahrhundert wurden mit Hilfe dieses physiologischen Prinzips erste erfolgreiche filmische Experimente durchgeführt.

Anfänge des Films

Um die Jahrhundertwende entstanden filmische Umsetzungen von erzählender Literatur. Zu den ersten sogenannten narrativen (erzählenden) Filmen zählen Kindergeschichten wie Georges Méliès' (1861–1938) *Cinderella* (1899) aber auch Romanadaptionen wie Edwin S. Porters (1870–1941) *Uncle Tom's Cabin* (1903) oder J. Stuart Blacktons (1874–1941) *Adventures of Sherlock Holmes* (1905). Während diese frühen Filme die unflexible Perspektive der Guckkastenbühne filmisch umsetzten, löste sich das Genre des Films vor und während des Ersten Weltkrieges durch neue Techniken wie bewegter Kameraführung und Filmschnitt immer deutlicher vom Vorbild des Dramas. Ein frühes amerikanisches Beispiel des episch-narrativen Films, das sich dieser neuen Techniken bedient, ist D.W. Griffiths (1875–1948) Filmepos *The Birth of a Nation* (1915) über den Amerikanischen Bürgerkrieg. Wichtige Genres wie Western, Slapstick-Komödien und Liebesgeschichten bildeten sich bereits im frühen amerikanischen Stummfilm heraus. Während des Ersten Weltkrieges setzte sich Hollywood als Zen-

Kamerabewegung und Filmschnitt

Hollywood

trum der sich etablierenden Filmstudios mit einem weitverbreiteten Netzwerk von Kinos in Amerika durch.

Außerhalb der Vereinigten Staaten erzielten russische Filmemacher wie Sergej Eisenstein (1898–1948) nach der russischen Revolution unter Einfluss Griffiths große Leistungen auf dem Gebiet des Filmschnitts. Im Deutschland der Zwischenkriegsjahre trugen Arbeiten wie Robert Wienes (1881–1938) *Das Cabinett des Dr. Caligari* (1919) und Fritz Langs (1890–1976) *Metropolis* (1925) zur Entwicklung des expressionistischen Films bei. Die stark von der Psychoanalyse beeinflusste Richtung, die sich auch im Drama niederschlägt, brachte durch die visuelle Umsetzung von Traum- und Gefühlsebenen eine neue Dimension in das Genre Film ein.

Mit dem Aufkommen des Tonfilms Mitte der zwanziger Jahre wurden fortschrittliche visuelle Techniken zugunsten von Ton und Musik für kurze Zeit wieder aufgegeben. Mobile Kameraführung war aufgrund der schwerfälligen Tonausrüstung am Anfang nicht möglich, wodurch der Film bis zur Entwicklung leichterer Ausrüstung wieder einen fast dramenartigen Charakter annahm. Durch die akustische Dimension mit Dialog, Musik und Geräuschen gelang es, wie im Drama die Handlung nicht mehr rein visuell oder durch geschriebene Zwischentitel voranzutreiben. In den dreißiger Jahren finden sich unter den Genres des Hollywood-Films Western, Musicals, Gangster- und Abenteuerfilme, Science Fiction, Horrorfilme und Kostümepen. Während des Zweiten Weltkriegs entstand in Amerika das neue Genre des *film noir* (schwarzer Film), welches die Korruption in der desillusionierten Welt amerikanischer Großstädte thematisiert. Bekannte Beispiele sind Billy Wilders (1906–2002) *Double Indemnity* (1944) oder Howard Hawks' (1896–1977) *The Big Sleep* (1946).

Tonfilm

Filmgenres

Internationale Bedeutung im Europa der Nachkriegsjahre erlangte der Italienische Neorealistische Film mit Regisseuren wie Roberto Rossellini (1906–1977), der realistische Themen in authentischer Umgebung filmisch umsetzte. Diese Arbeiten versuchen, das Alltagsleben im Nachkriegsitalien einzufangen und zeichnen sich durch eine eigenwillige Form aus, die nicht mehr das artifizielle Bühnenstück als Vorbild nimmt.

internationaler Film

In den frühen 1960er Jahren erhielten Regisseure wie Jean-Luc Godard (*1930) und François Truffaut (1932–1984) über die Grenzen Frankreichs hinaus durch innovative Werke internationalen Ruf. Auch der *Neue Deutsche Film,* zu dessen wichtigsten Vertretern Rainer Werner Fassbinder (1946–1982), Werner Herzog (*1942) und Wim Wenders (*1945) zählen, verhalf dem international schlecht vertretenen deutschen Film zu neuer Anerkennung. In den USA der 1980er Jahre gelingt es jungen Filmemachern ethnischer Minderheiten, sich neben dem traditionellen Hollywood-Kino zu etablieren. Filme wie Spike Lees (*1957) *Malcolm X* (1992) sind Teil einer Bewegung, die sich in der Literatur in Form unterschiedlicher *„minority" literatures* (African-American, Chicano, Postcolonial, Gay und Lesbian) schon früher entwickelt hat.

Im Film tragen wie in anderen Genres eine Reihe von unterschiedlichen Ebenen zum Gesamteindruck bei. Gerade in diesem Medium, das stark von der Technik abhängt, treten spezifisch filmische Dimensionen mit eigener Fachterminologie in den Vordergrund. Die wichtigsten Elemente des Films lassen sich in räumliche, zeitliche und akustische Dimensionen einteilen.

Dimensionen des Films

räumliche Dimension	zeitliche Dimension
Filmmaterial	Zeitlupe
Beleuchtung	Zeitraffer
Kamerawinkel	Erzählte Zeit
Kamerabewegung	Filmlänge
point of view	*flashback*
Schnitt	*foreshadowing*
Montage	

akustische Dimension
Dialog
Musik
Geräusche

räumliche Dimension

räumliche Dimension

Filmmaterial

Zur räumlichen Dimension zählt das Filmmaterial (engl. *film stock*). Durch einen gezielten Einsatz von schwarz-weißem, farbigem, kontrastreichem oder kontrastarmen, hoch- oder wenig empfindlichem Filmmaterial werden Effekte erzielt, die auf den Inhalt indirekt Einfluss nehmen. So kann das Einfügen von Schwarz-Weiß-Material in einen zeitgenössischen Farbfilm den Eindruck historischer Rückblenden in Form alter Wochenschauberichte aus einer früheren Filmära erzeugen. Auf ähnliche Weise reduziert Steven Spielberg (*1946) in *Saving Private Ryan* (1998) gezielt die Farbintensität des Films, um so den ästhetischen Endruck früher Filme aus dem Zweiten Weltkrieg zu vermitteln. Auch die Vermittlung von Bewusstseinszuständen bestimmter Figuren oder die Erzeugung spezifischer Settings können durch unterschiedlichen Einsatz des Filmmaterials erreicht werden. 1939 verwendete Victor Fleming (1883–1949) in *The Wizard of Oz* bereits Farbfilm-Passagen als Kontrast zum restlichen Schwarz-Weiß-Material. Spike Lee setzte in seinem Film *She's Gotta Have It* (1986) eine kurze Farbfilmpassage ein, um so die differenzierten Gefühle der Protagonistin in dieser Einstellung von den anderen in schwarz-weiß gehaltenen abzuheben.

Beleuchtung

Indirekt mit der Auswahl des Materials ist auch die Beleuchtung (engl. *lighting*) verbunden, da je nach Filmempfindlichkeit bestimmte Lichtverhältnisse herrschen müssen. Beleuchtung kann aber vor allem zur Erreichung optischer Effekte eingesetzt werden. In *Citizen Kane* (1941) verändert der Regisseur Orson Welles (1915–1985) Beleuchtungseffekte parallel zur persönlichen Entwicklung des Protagonisten Charles F. Kane. Während der junge idealistische Kane ohne Schatten dargestellt ist, werden später Teile seines Gesichts oft von Schatten verdeckt gezeigt, um die Entwicklung dunkler Seiten seines Charakters hervorzuheben. Dieses *low-key lighting* ist auch ein typisches Merkmal des *film noir*.

Einstellung

mise-en-scène

Zur räumlichen Dimension des Films gehört auch die Komposition des Bildes bzw. Einstellung (engl. *frame*), deren Elemente auch unter dem französischen Begriff *mise-en-scène* zusammengefasst werden. *Mise-en-scène* bedeutet ursprünglich „auf der Bühne platzieren" und bezeichnet das Arrangement aller visuellen Elemente in einer Theaterproduktion. Im Film wird dieser Terminus als Oberbegriff für die unterschiedlichen Elemente des Bildaufbaus verwendet, die unter anderem Kameraentfernung und -winkel, Objektivwahl, Beleuchtung, Bildausschnitt und Bildebenen, sowie die Positionierung von Personen und Objekten innerhalb des Bildes umfassen können.

Begriffe wie Großaufnahme (engl. *close-up*), Medium shot (engl. *medium shot*) und Totale (engl. *long shot*) bezeichnen den auf der Leinwand gezeigten Ausschnitt oder die Entfernung der Kamera vom gefilmten Objekt, wobei durch Einsatz von Weitwinkel- oder Teleobjektiven ähnliche Effekte können erzielt werden. Mit Hilfe eines *long* oder *establishing shots* z. B. in einem Western-Klassiker verschwindet die Person fast völlig in der Landschaft. Die Wahl dieses Blickwinkels suggeriert Weite und Übermacht der Wildnis, in welcher sich die Figuren zu behaupten haben, macht aber gleichzeitig den Zuschauer mit dem Ort der Handlung vertraut. *Kameraeinstellung*

Ein wichtiger Aspekt ist hier auch die Wahl des Kamerawinkels (engl. *camera angle*), von dem aus eine bestimmte Szene gefilmt wird. Soll eine Figur groß erscheinen, wird die Kamera vom Boden aus nach oben gehalten. Damit können stilisierte Größenverzerrungen erreicht oder Korrekturen vorgenommen werden. In Peter Jacksons (*1961) *Lord of the Rings* (2001–2003) werden z. B. bestimmte Kamerawinkel eingesetzt, um den Größenunterschied zwischen Hobbits und Menschen zu simulieren. Zu diesem Aspekt gehört auch die Kamerabewegung (engl. *camera movement*), mit der die Perspektive beliebig gewechselt werden kann. Am Anfang war die Kamera noch zu schwerfällig, um ihren Standort innerhalb einer Szene zu verändern. Es wurden jedoch bald mobile Ausrüstungen entwickelt, die eine „freie" Kameraführung ermöglichen. Die Eingangssequenz von Robert Zemeckis' (*1952) *Forrest Gump* (1994) zelebriert die freie Kamerabewegung anhand einer scheinbar willkürlich vom Wind durch die Luft gewirbelten, computeranimierten Feder, der die Kamera minutiös folgt. *Kamerawinkel*

Kamerabewegung

Direkt mit der Wahl des Kamerawinkels ist das Problem des *point of view* verbunden, der ähnliche Fragen wie in der Literatur aufwirft. Der Großteil der Filme bedient sich einer auktorialen Perspektive mit eingestreuten subjektiven *points of view* handelnder Personen. In Ausnahmefällen versuchen Filme auch, *eine* subjektive Erzählperspektive oder Sichtweise beizubehalten. In Robert Montgomerys (1904–1981) *Lady in the Lake* (1946) wird bis auf wenige Ausnahmen die gesamte Handlung aus der Sicht des Protagonisten gefilmt. Das führt soweit, dass der Zuschauer die Hauptfigur nur zu Gesicht bekommt, wenn dieser in einen Spiegel blickt. Diese Technik bewirkt im Zuschauer eine Identifikation mit dem Protagonisten, da das Geschehen wie durch seine Augen wahrgenommen wird. *point of view*

Eine filmische Technik, die zur Flexibilität dieses Mediums beigetragen hat, ist der Schnitt (engl. *editing*). Bereits in den Anfängen des Stummfilms wie in Edwin S. Porters (1870–1941) *The Great Train Robbery* (1903) wurde Filmmaterial nach der Aufnahme geschnitten und neu zusammengestellt. Der frühe russische Film hat diese Technik der Montage (engl. *montage*) ausgiebig verwendet. Durch die Montage können ähnliche Effekte erzielt werden wie in der Literatur durch den Einsatz der rhetorischen Figuren Metapher und Simile. Zwei Bilder oder Objekte, die in keiner direkten Verbindung zueinander stehen, können in übertragener Bedeutung verknüpft werden. Ein Beispiel ist Sergej Eisensteins (1898–1948) Film *Strike* (1924), der ein Massaker von Arbeitern durch einen Schnitt mit Szenen eines Schlachthofs verbindet, um so das Töten der Tiere mit dem Geschehen des Films gleichzusetzen. *Schnitt*

Montage

Durch Einsatz von mobiler Kamera, Filmschnitt und Montage löste sich das Medium Film immer deutlicher von seinen Wurzeln im Theater. Wurde in den Anfängen des Films praktisch das Setting der Guckkastenbühne durch einen starren Blickwinkel filmisch umgesetzt, ermöglichten technische Innovationen bald eine vom Theater unabhängige Entwicklung dieses Mediums, die zu eigenen Formen des künstlerischen Ausdrucks führte.

zeitliche Dimension

zeitliche Dimension

Wie die Literatur kann auch der Film mit der Dimension Zeit differenziert umgehen. Die bereits erwähnten Aspekte wie Plotgestaltung mit *foreshadowing* und *flashback* oder verschachtelte Handlungs- und Zeitebenen lassen sich filmisch umsetzen. Durch seine spezifischen Eigenheiten kann das Medium Film das Phänomen Zeit in einer Art und Weise verwenden, die anderen Gattungen in dieser Form nicht zugänglich ist. Einfache Beispiele sind Zeitraffer (engl. *fast motion*) und Zeitlupe (engl. *slow motion*), wodurch Geschehnisse verfremdet werden. Godfrey Reggios (*1940) Film *Koyaanisqatsi* (1982) bedient sich der Technik von Zeitraffer und Zeitlupe, um alltägliche Vorgänge wie Stadtverkehr und jahreszeitliche Veränderungen auf der ökologisch gefährdeten Erde bewusst zu machen.

Ungewöhnlich sind Filme wie Fred Zinnemanns (1907–1997) Western *High Noon* (1952), dessen Handlungszeit mit der tatsächlichen Filmdauer von ca. 90 Minuten weitgehend übereinstimmt. Auch ohne Einsatz spezieller Filmgeschwindigkeit wird die zeitliche Dimension meist ausgedehnt oder verkürzt, so dass die Filmzeit mit der Zeit im Kino nicht identisch ist. In Filmen wie Stanley Kubricks (1928–1999) *2001: A Space Odyssey* (1968) wird ein Zeitraum von mehreren Millionen Jahren in der menschlichen Evolution in wenigen Sekunden abgedeckt. In Marc Forsters (*1969) *Stay* (2005) hingegen entpuppt sich fast der gesamte Film als ein nur wenige Augenblicke dauernder Traum eines Unfallopfers kurz vor dessen Tod.

Die Verwendung von diversen Zeitindikatoren ist besonders wichtig bei Filmen, die eine diskontinuierliche Erzählstruktur aufweisen. Dem Film stehen viele Möglichkeiten offen, um trotz fehlender Linearität auf zeitliche sowie kausale Zusammenhänge hinzuweisen. Die häufigste weil auch einfachste Methode sind schriftliche Inserts, die Zeit und (meist auch Ort) angeben. Auch eine Erzählerstimme kann diese Informationen liefern. Andere Filmemacher bemühen sich um künstlerischere Praktiken. Quentin Tarantino (*1963) verwendet in *Pulp Fiction* (1994) zwar auch Inserts, diese funktionieren aber eher als Kapitelüberschriften, die jeweils die Anfänge dreier Episoden kennzeichnen. Die eigentlichen Zusammenhänge und zeitlichen Überlappungen dieser Erzählstränge werden allerdings durch die Wiederholung von Handlungen und Szenen meist aus einer unterschiedlichen Perspektive sichtbar gemacht. In *Traffic* (2000) verwendet Steven Soderbergh (*1963) drei unterschiedliche Farbfilter für drei anfangs unabhängige Episoden, deren Beziehung erst graduell erkennbar wird. Im Film *The Hours* (2002), der einen Tag im Leben dreier Frauen in unterschiedlichen Städten sowie Dekaden beschreibt, illustriert Stephen Daldry (*1961) die Ähnlichkeiten und Parallelismen der Charaktere durch immer wiederkehrende *match cuts* und Montagesequenzen. *Memento* (2000), von Christopher Nolan (*1970), hilft dem Zuseher bei der Rekonstruktion der teilweise rückwärtslaufenden Erzählstruktur, indem die Anknüpfungspunkte der einzelnen Segmente sich jeweils wiederholen, d.h. zweimal gezeigt werden. In *I'm Not There* (2007) lässt Todd Haynes (*1961) unterschiedliche Lebensabschnitte des Sängers Bob Dylan durch verschiedene Schauspieler darstellen, was zusätzlich die zeitliche Orientierung der Zuseher unterstützt.

Besonders seit den 1990er Jahren erfreuen sich solche nichtlineare Erzählstrukturen in Mainstreamfilmen großer Beliebtheit. Damit einhergehend werden neuerdings verstärkt erzähltheoretische Ansätze aus der Romananalyse für die Filmwissenschaft adaptiert.

akustische Dimension
Der akustische Aspekt des Films erfährt in den 1920er Jahren eine ungeheure Entwicklung und bringt eine radikale Veränderung des Mediums mit sich. Information ist nun nicht mehr ausschließlich an optische Effekte wie Mimik, Gestik oder eingeblendete Schrift gebunden, sondern kann mittels Tonspur in Form von Sprache bzw. Dialog, *voice over*, Musik oder Geräuschen vermittelt werden.

Ein Film, der den Übergang von Stumm- zu Tonfilm verarbeitet, ist Billy Wilders (1906–2002) *Sunset Boulevard* (1950). Wilder spielt mit verbalem und nonverbalem Ausdruck als den beiden grundlegenden Dimensionen des Films. Die beiden Hauptfiguren, ein Drehbuchautor der neuen Tonfilmindustrie und eine Diva der Stummfilmzeit, verkörpern dieses Spannungsfeld von „Wort und Bild". Während die bildliche Dimension des Mediums Film durch die Stummfilmdiva verkörpert wird, ist die akustische Ebene durch den Skriptschreiber vertreten, der Dialoge zu Tonfilmen verfasst. Wilders *Sunset Boulevard* ist ein Beispiel für einen selbstreflektiven Film, der das eigene Medium und dessen mediale Dimensionen problematisiert.

Ein weiterer akustischer Aspekt, der normalerweise in direkter Beziehung zur Handlung steht, ist die Filmmusik. Lautstärke, Klang, Rhythmus und Geschwindigkeit der Musik verändern sich je nach Situation und untermauern so inhaltliche Ebenen durch akustische Stilmittel. Ein Beispiel für den bewusst gewählten Einsatz von diegetischer (d.h. in die Handlung integrierte) Filmmusik ist George Lucas' (*1944) *American Graffiti* (1973). In dieser Darstellung des amerikanischen Kleinstadtlebens aus der Perspektive von Jugendlichen, die am Abend gelangweilt durch die Straßen der Stadt fahren, ertönt ständig Musik aus den Autoradios. Die Songs erzielen mit ihren typischen Themen des amerikanischen Traums von Freiheit, Erfüllung und Liebe einen fast komischen Effekt im Kontrast zu den desillusionierten Jugendlichen. Ihre Realität beschränkt sich auf monotone, täglich wiederkehrende Erlebnisse, die parallel zum kreisförmigen Herumfahren in den Straßen der Stadt stehen.

Der Großteil der Hollywoodfilme setzt jedoch Musik nichtdiegetisch (d.h. nicht als Teil der Handlung) ein. Romantische Szenen werden mit harmonischer Musik aus dem *off* unterstrichen, Gefahr oder Gewalt durch Disharmonie betont. So ertönt z.B. beim Auftauchen des weißen Hais in *Jaws* (1975) die gleiche auf den beiden Noten E und F basierende unheimliche Melodie von John Williams, wodurch rein akustisch herannahende Gefahr und damit Spannung suggeriert wird. Besonders das Horrorgenre bedient sich durch Musik oder Geräusche, wie z.B. einem unerwarteten Paukenschlag für Schockmomente, einer Dramatik, die ohne schauspielerische Leistung erzeut werden kann.

Dieser Einsatz von Musik im klassischen Hollywoodfilm ist nicht unumstritten. Bereits von Anbeginn der Tonfilmära wurden Stimmen gegen offensichtlich handlungstragende Filmmusik laut. Ein neuestes Beispiel für den konsequenten Verzicht auf nichtdiegetische Filmmusik ist Michael Hanekes (*1942) *Das Weiße Band* (2009), das damit Bildkomposition und Sprache im Film bewusst in den Vordergrund stellt.

Die akustische Dimension fügt sich als integraler Bestandteil in das Zusammenspiel filmischer Elemente ein. Entweder wird die Handlung durch konventionellen Einsatz von Musik und Geräuschen auf unbemerkte Weise unterstützt, oder das Geschehen wird durch einen Kontrast von akustischer und inhaltlicher Ebene verfremdet.

IV. Epochen der Literatur- und Kulturgeschichte

Literaturgeschichte (engl. *literary history*) versucht, unterschiedliche Texte aufgrund ähnlicher struktureller, inhaltlicher oder historischer Merkmale zusammenzufassen und einer geschichtlichen Periode zuzuordnen. Im folgenden Überblick können nur jene Epochen herausgegriffen werden, die überregionale Bedeutung besitzen und daher auch die Grundlage der gängigen Periodisierungen in den einzelnen Nationalphilologien bilden.

Literaturgeschichte

Antike	3. Jt. v. Chr. – 5. Jh. n. Chr
Mittelalter	5.–15. Jh.
Renaissance und Humanismus	15.–16. Jh.
Barock	17. Jh.
Aufklärung	18. Jh.
Romantik	erste Hälfte des 19. Jh.
Realismus und Naturalismus	zweite Hälfte des 19. Jh.
Modernismus	Erster bis Zweiter Weltkrieg
Postmodernismus	60er und 70er Jahre
„Randgruppen" Literaturen	70er Jahre –
Postkoloniale Literaturen	70er Jahre –

Epochenübersicht

Im antiken Ägypten und Mesopotamien gehen Schrift und damit die Anfänge literarischer Produktion bis ins 3. Jahrtausend v. Chr. zurück. Zu den ältesten literarischen Denkmälern zählt das mesopotamische *Gilgamesch Epos*, das im Zeitraum von 2100–600 v. Chr. reiche Ausgestaltung erfährt. Es erzählt die Abenteurer des mythologischen Herrschers Gilgamesch und dessen vergebliche Suche nach dem ewigen Leben. Im westlichen Kulturraum setzt Schrift und Literatur erst im 7. Jahrhundert v. Chr. in Griechenland ein. Am Beginn dieser Tradition stehen die Homer zugeschriebenen Epen *Ilias* und *Odyssee* (ca. 7. Jh. v. Chr.), die die Belagerung Trojas durch die griechische Armee, den Fall der Stadt und die Irrfahrten des Odysseus erzählen. Zur frühen griechischen Literatur zählen Liebeslyrik der Dichterin Sappho (ca. 600 v. Chr.) und die Trinklieder des Anakreon (ca. 580–495 v. Chr.). Besonders die Dramen der sogenannten Klassischen Zeit wie Sophokles' (ca. 497–406 v. Chr.) Tragödie *König Ödipus* (ca. 425 v. Chr.) oder Aristophanes' (445–385 v. Chr.) Komödie *Die Frösche* (405 v. Chr.) haben großen Einfluss auf die spätere Literaturgeschichte ausgeübt. Die Zeit nach der griechischen Klassik brachte eine Reihe von Prosatexten wie Achilles Tatius' *Leukippe und Kleitophon* (spätes 2. Jh. n. Chr.) hervor. Als Mischung von Reiseabenteuer und Liebesgeschichte zählen diese Protoromane zur populären Unterhaltungsliteratur der Antike und nehmen in vieler Hinsicht die Gattung des neuzeitlichen Romans vorweg.

Antike

Der Großteil der bereits in der griechischen Antike gängigen Genres wurde auch von den Römern in lateinischer Sprache fortgesetzt, wie z.B. die Komödien des Plautus (ca. 250–184 v. Chr.) und Terenz (ca. 185–159

v. Chr.), die Liebeslyrik des Catull (84–54 v. Chr.) sowie die Satiren des Horaz (65–8. v. Chr.), die große Wirkung auf die frühe Neuzeit ausgeübt haben. Während griechische Texte im Mittelalter meist nur über den Umweg lateinischer Paraphrasen bekannt waren, stellen die großen Werke der römischen Antike die Grundlage mittelalterlichen Literaturverständnisses dar. Zu nennen sind hier vor allem Vergils (70–19 v. Chr.) *Aeneis* (ca. 31–19 v. Chr.), die wie kaum ein anderer literarischer Text Vorbildwirkung auf mittelalterliche Autoren ausgeübt hat. Neben Vergils Nationalepos zählen auch Ovids (43 v. Chr.) *Metamorphosen* (ca. 1 v. Chr.–10 n. Chr.) – eine umfangreiche Mythensammlung in Versform – zu den einflussreichsten Texten der Römischen Antike. Eine Brücke zum Mittelalter stellen die *Confessiones* (ca. 400 n. Chr.) des Kirchenvaters Augustinus (354–430 n. Chr.) dar, der damit das Genre der Autobiographie begründet.

Mittelalter   Das Mittelalter (engl. *Middle Ages*) entwickelt sich direkt aus der Kultur und Literatur des späten Weströmischen Reiches. Nach dessen Untergang im 5. Jahrhundert n. Chr. treten eine Reihe von Nationalstaaten das Erbe der Antike an. Trotz der voranschreitenden Entwicklung von Nationalsprachen nimmt das Lateinische für das gesamte Mittelalter bis in die frühe Neuzeit die Stellung einer *lingua franca* (einer überregionalen Sprache) ein, die Literatur, Verwaltung und Wissenschaft dominiert. Man spricht daher auch oft von der „europäischen Literatur des lateinischen Mittelalters" (Curtius). Trotzdem entstehen in allen Regionen neben dem Lateinischen literarische Texte in der jeweiligen Volkssprache (engl. *vernacular*). Zu den ältesten Beispielen dieser ältesten Sprachdenkmäler zählen Rätsel und Zaubersprüche wie die althochdeutschen *Merseburger Zaubersprüche* (aufgez. 10. Jh. n. Chr.). Bis auf das Drama, das sich erst am Übergang zur Neuzeit neu entwickelt, finden sich im Mittelalter bereits im Großen und Ganzen alle wichtigen literarischen Gattungen. In fast allen Nationalliteraturen entstehen epische Formen wie die frühen Heldendichtungen, zu deren wichtigsten Vertretern das althochdeutsche *Hildebrandslied* (ca. 840) oder das altenglische *Beowulf* (8. Jh.; aufgez. 10. Jh.) gehören. Weiters sind im Hochmittelalter die Romanze bzw. das Höfische Epos sehr beliebt, welche trotz Versform als Vorläufer des modernen Romans gelten. Zu den bekannten Beispielen zählen die französischen Artusepen (ca. 1170) von Chrétien de Troyes (ca. 1140–ca. 1190) sowie die vielfältigen Adaptionen in anderen Sprachen wie Hartmann von Aues (ca. 1165–1215) *Erec* (spätes 12. Jh.) und *Iwein* (ca. 1205) oder das anonyme englische *Sir Gawain and the Green Knight* (ca. 1375). Neben kurzen lyrischen Formen wie z. B. den Liedern Oswald von Wolkensteins (ca. 1377–1445) kennt das Mittelalter auch vereinzelt literarische Prosa, die aber angesichts der großen Zahl von Verserzählungen nicht im Mittelpunkt des literaturwissenschaftlichen Interesses steht. Während man im übrigen Europa noch vom Mittelalter spricht, zeichnet sich im 14. Jahrhundert in Italien mit Dante Alighieris (1265–1321) *Göttliche Komödie* (*Divina Commedia*; ca. 1307–1321) bereits ein neues literatur- und kulturgeschichtliches Zeitalter ab.

Renaissance   Die Renaissance (engl. *Renaissance*), die im 15. Jahrhundert von Italien ausgehend ganz Europa erfasste, war wie das Mittelalter stark der antiken Literatur und Kultur verpflichtet, wobei aber nun erstmals auch die griechische Antike voll rezipiert wird. Bereits der Name „Renaissance" im Sinne von „Wiedergeburt" der Antike bezeichnet das Grundanliegen dieser Epoche. Mit der Verbreitung des Altgriechischen durch byzantinische Gelehrte wurde ein lange ungenutzter Wissenszweig für die westliche Welt zugänglich gemacht. Man bezeichnet diese erste Phase der Renaissance, die sich vor allem mit den sprachlichen Aspekten des Lateinischen und Griechischen sowie mit der antiken Rhetorik beschäftigte, auch als Humanismus (engl. *Humanism*).

Neben großen Durchbrüchen in der Bildenden Kunst setzte Italien aber auch neue literarische Maßstäbe, die im restlichen Europa auf fruchtbaren Boden fielen. Ähnlich wie Giovanni Boccaccios (1313–1375) *Decamerone* (1349–1351) in Italien und vergleichbaren Werken anderer Nationalliteraturen finden sich auch in England Zyklen von Erzählungen wie Geoffrey Chaucers (ca. 1340–1400) *Canterbury Tales* (ca.1387), die besonders für die Kurzgeschichte des 19. Jahrhunderts ein wichtiges Vorbild darstellen. Auch Francesco Petrarcas (1304–1374) Gedichtsammlung *Canzoniere* (1370) bzw. seine Sonette dominierten über Generationen die europäische Liebeslyrik der frühen Neuzeit. Vor allem aber setzt die Rezeption der antiken Epen Homers und Vergils in Italien mit Lodovico Ariostos (1474–1535) *Orlando Furioso* (1532) und Torquato Tassos (1544–1595) *Gerusalemme Liberata* (1581) ein. Diese beeinflussen wiederum ähnliche Werke in anderen Ländern wie Edmund Spensers (ca. 1552–1599) *Faerie Queene* (1590; 1596) in England oder Luís Vaz de Camões' (1524–1580) portugiesisches Nationalepos *Lusiaden* (1572).

In der Renaissance tritt auch erstmals seit der Antike das Drama wieder in den Mittelpunkt des literarischen Geschehens. Die Ursprünge des Renaissancedramas, das besonders in England mit William Shakespeare (1564–1616) und Christopher Marlowe (1564–1593) einen ersten Höhepunkt erlebt, gehen aber nicht unbedingt nur auf die klassische Antike zurück, sondern auf spätmittelalterliche und frühneuzeitliche Mysterien- bzw. Fastnachtsspiele, die sich relativ eigenständig aus dem Umfeld der Osterliturgie bzw. der Karnevalsumzüge entwickelt haben.

Obwohl bereits Boccaccio im *Decamerone,* François Rabelais (ca. 1494–1553) in seinem grotesken *Gargantua und Pantagruel* (1532–1564) und Philip Sidney (1554–1586) in *Arcadia* (ca. 1580) mit erzählender Prosa arbeiteten und in verschiedenen anderen Nationalliteraturen vereinzelt mit literarischen Prosatexten experimentiert wurde, steht diese Gattung in der Renaissance etwas zu Unrecht im Schatten der anderen Genres. Auch im Umfeld des Humanismus entstehen Prosatexte, die zwischen philosophisch-theoretischer und literarischer Prosa angesiedelt sind und zu deren bedeutendsten Beispielen die Essays des Franzosen Michel de Montaigne (1533–1592) und des Engländers Francis Bacon (1561–1626) gehören. Ebenfalls eine Zwitterstellung nehmen die Reiseberichte der Renaissance ein, die für sich Authentizität beanspruchen, zum Teil aber rein fiktional sind und so in direkter Wechselwirkung zur neuen Gattung der literarischen Utopie wie z. B. Thomas Mores (ca. 1477–1535) *Utopia* (1516) in England oder Tommaso Campanellas (1568–1639) *Sonnenstaat* (1602) in Italien stehen. Trotz dieser vielfältigen Prosaformen der Renaissance kommt es erst nach Ausklang der Epoche zu einer tiefgreifenden Transformation dieses Genres.

Barock Erst in der Übergangszeit von der Spätrenaissance zum Barock (engl. *Baroque*) wird die epische Prosa bzw. der Roman zu einer neuen treibenden Kraft in der Literatur. Das Phänomen Barock kommt aus Italien, wo der Begriff für eine nicht mehr der eigentlichen Renaissance zugehörigen Richtung angewendet wurde, die sich durch ornamentalen Überschwang und Manierismus in Kunst, Architektur und Literatur auszeichnete. Gerade in Deutschland setzt die Erneuerungsbewegung, wie sie Italien und andere europäische Länder aus der Renaissance kennen, aufgrund der Reformation erst im 17. Jahrhundert ein. Das Barock wird zu einer kulturgeschichtlich bedeutenden Kraft, die unter anderem auch wichtige Beiträge zur Entwicklung des Romans gibt. Besonders wichtig ist hierfür das spanische *siglo de oro*, das goldenen Zeitalter (1550–1680), mit Miguel de Cervantes' (1547–1616) *Don Quixote* (1605–1615), der oft als erster moderner Roman bezeichnet wird. Im deutschsprachigen Raum ist Hans Jacob Christoph von Grimmelshausens (ca. 1621–1676) *Simplicissimus* (1669) das bekannteste frühe Beispiel dieses Genres. Auch das Drama erlebt im Barock einen europaweiten Höhepunkt mit Lope de Vega (1562–1635) und Pedro Calderón (1600–1681) in Spanien, Jean Racine (1639–1699) und Molière (1622–1673) in Frankreich oder durch die neulateinischen Trauerspiele des Jost van den Vondel (1587–1679) in den Niederlanden. Das Drama entwickelt sich im deutschsprachigen Raum um einiges langsamer als im restlichen Europa und wird trotz aufkommenden Berufsschauspielertums im Barock noch stark vom Jesuitendrama an den Schulen geprägt.

In der Lyrik leben alte Formen weiter, jedoch werden europaweit Emblem und Figurengedicht zu besonders populären Gattungen. Während das Figurengedicht wie z. B. George Herberts (1593–1633) „Easter Wings" mit der visuellen Gestalt und Anordnung der Buchstaben bzw. des Textes auf der Seite spielt, stellt die Gattung des Emblems bewusst Bild und Text als zwei getrennte aber sich gegenseitig bedingende Elemente nebeneinander. Ausgehend von Italien mit Andreas Alciatus' (1492–1550) *Emblembuch* (1531) hat sich diese religiös-moralisierende Gattung in ganz Europa bis ins 18. Jahrhundert großer Beliebtheit erfreut.

Aufklärung Als Reaktion auf das stark religiös-dogmatisch durchdrungene Barock ist das Zeitalter der Aufklärung (engl. *enlightenment*) zu verstehen. Unter diesem Begriff werden eine Reihe von unterschiedlichen Strömungen innerhalb der verschiedenen Nationalliteraturen während des 18. Jahrhunderts verstanden, die sich durch eine kritische Haltung gegenüber traditionellen Normen und Konzepten auszeichnen. Zentraler Begriff ist die Vernunft, womit dem Menschen als denkendem Individuum eine große Eigenverantwortlichkeit zugesprochen wird. Die Strömung ist ursächlich mit den Arbeiten des französischen Philosophen René Descartes (1596–1650) verbunden. Theoretiker wie John Locke (1632–1704) in England sowie Gottfried Wilhelm Leibniz (1646–1716) und Immanuel Kant (1724–1804) in Deutschland, aber auch Voltaire (1694–1778) und Denis Diderot (1713–1784) in Frankreich haben die Aufklärung zu einem Phänomen gemacht, das auch über Europa hinaus bis nach Nordamerika Verbreitung fand. In England steht diese Entwicklung auch in Wechselwirkung zur Entstehung von regelmäßig erscheinenden Zeitschriften als einem neuen Medium im 18. Jahrhundert. Der wichtigste literarische Beitrag Englands in dieser Zeit geht aber vom Roman aus, der hier erst im 18. Jahrhundert populär wird. Daniel Defoes (1660–1731) *Robinson Crusoe* (1719), aber vor allem Henry Fieldings (177–1754) *Tom Jones* (1749) und Samuel Richardsons (1689–1761) (1740–1741) *Pamela* (1740–1741) haben den europäischen Roman nachhaltig geprägt. Man denke nur an Johann Wolfgang Goethes (1749–1832) Briefroman *Die Leiden des jungen Werthers* (1774) oder den Bildungsroman *Wilhelm Meisters Lehrjahre* (1795–1796). In der deutschsprachigen Literatur findet sich der Geist der Vernunft und Toleranz besonders in den dramatischen Werken Gotthold Ephraim Lessings (1729–1781), der sich nicht nur in seinen theoretischen Schriften gegen die starren klassizistischen Regeln des Dramas wehrt, sondern auch in seinen eigenen Dramen neue Wege beschreitet. So begründet Lessings *Emilia Galotti* (1772) das bürgerliche Trauerspiel im deutschen Sprachraum, während das Alterswerk *Nathan der Weise* (1779) aufgrund seiner Toleranzidee ein besonders anschauliches Beispiel der Aufklärung darstellt.

In Deutschland wird das späte 18. Jahrhundert auch als *Sturm und Drang* bezeichnet und vor allem mit den Namen Johann Gottfried Herder (1744–1803), Friedrich Schiller (1759–1805) und Johann Wolfgang Goethe (1749–1832) verbunden. Trotz Anleihen an der Aufklärung gehen die Dichter des Sturm und Drang neue Wege, die einerseits durch die Beschäftigung mit der Volksliedddichtung und durch Jean-Jacques Rousseaus (1712–1778) Naturkonzepte beeinflusst sind. Beide Aspekte – die Volkslieder und die Naturbegeisterung – nehmen in vieler Hinsicht Tendenzen der Romantik als einer überregionalen Strömung vorweg.

Als Romantik (engl. *Romanticism*) bezeichnet die Literaturgeschichte den Zeitraum Ende des 18. Jahrhunderts bis zur Mitte des 19. Jahrhunderts. Wichtige Impulse sind für die europäische Romantik von England ausgegangen. Das Erscheinen der *Lyrical Ballads* (1798) der Autoren William Wordsworth (1770–1850) und Samuel Taylor Coleridge (1772–1834) gilt als Beginn einer neuen Epoche, in der vor allem Naturlyrik und individuelle, emotionale Erfahrung eine große Rolle spielen. Die Romantik ist als Reaktion zur Aufklärung und zu den politischen Umbrüchen in Europa und Amerika im ausgehenden 18. Jahrhunderts zu verstehen. In Amerika überschneidet sich die Romantik weitgehend mit der Strömung des Transzendentalismus (engl. *Transcendentalism*) in der ersten Hälfte des 19. Jahrhunderts, zu dessen bedeutendsten Vertretern der Philosoph Ralph Waldo Emerson (1803–1882) und der Dichter Walt Whitman (1819–1892) gehören. In Deutschland sind Achim von Arnims (1881–1831) Liedersammlung *Des Knaben Wunderhorn* (1805), aber auch Novalis' (1772–1801) Gedichte und Romanfragmente sowie E.T.A. Hoffmanns (1776–1822) Erzählprosa bedeutende Beiträge dieser Richtung.

Romantik

Die nächste wichtige überregionale Strömung setzt in der zweiten Hälfte des 19. Jahrhunderts mit Realismus und Naturalismus (engl. *Realism* und *Naturalism*) ein. Beide Richtungen sind um wirklichkeitsnahe Darstellungsformen in der Literatur bemüht sind. Oft wird Realismus als Strömung definiert, die „Wirklichkeit" in Sprache realistisch umsetzen will. Naturalismus hingegen gilt als Versuch, die determinierende Auswirkung sozialer und umweltbedingter Einflüsse auf literarische Figuren möglichst getreu darzustellen. Diese Strömungen ziehen sich durch alle Genres, manifestieren

Realismus und Naturalismus

sich aber vor allem in Drama und Roman. Wichtige Beispiele des europäischen Romans dieser Epoche sind Stendhals (1783–1842) *Rot und Schwarz* (1830) sowie Gustave Flauberts (1821–1880) *Madame Bovary* (1857) in Frankreich, Charles Dickens' (1812–1870) *David Copperfield* (1849–1850) in England, Gottfried Kellers (1819–1890) *Grüner Heinrich* (1854/55) im deutschen Sprachraum und Dostoevskij, Fëdor (1821–1881) *Die Brüder Karamasow* (1879/80) in Russland. Im Drama gehen wichtige Impulse von Skandinavien durch Henrik Ibsens (1828–1906) *Nora oder Ein Puppenheim* (1879) aus. Im deutschsprachigen Raum zählt Gerhart Hauptmann (1862–1946) mit Stücken wie *Die Weber* (1893) zu den wichtigsten Vertretern, während in England George Bernard Shaw (1856–1950) mit dieser Strömung in enger Verbindung steht.

Modernismus   Als Reaktion auf die realistischen Strömungen des späten 19. Jahrhunderts ist die Bewegung des Modernismus (engl. *Modernism*) zu verstehen. Waren Realismus und Naturalismus vor allem um eine naturgetreue Abbildung der Wirklichkeit in der Literatur bemüht, wendet sich der Modernismus verstärkt innovativen Erzählstrukturen wie der *stream of consciousness technique* und neuen literarischen Ausdrucksformen wie Kollagen oder dem literarischen Kubismus zu. Der Begriff Modernismus fasst umfangreiche literarische Erneuerungen in den ersten Jahrzehnten des 20. Jahrhunderts zusammen, die sich unter dem Einfluss von Psychoanalyse und anderer kulturhistorischer Phänomene manifestieren. Zu den Hauptwerken des englischsprachigen Modernismus gehören James Joyces (1882–1941) *Ulysses* (1922) und T. S. Eliots (1888–1965) *The Waste Land* (1922). Im deutschen Sprachraum zählen Rainer Maria Rilkes (1875–1926) Gedichte und Prosatexte, Robert Musils (1880–1942) *Der Mann ohne Eigenschaften* (1930–1952) und Herman Brochs (1886–1951) *Die Schlafwandler* (1931–1932) zu den wichtigsten Beispielen. In der spanischen und lateinamerikanischen Literatur wird diese Epoche als *Modernismo* bezeichnet, die mit den Spaniern Miguel de Unamuno (1864–1936) und Federico García Lorca (1898–1936) sowie dem Portugiesen Fernando Pessoa (1885–1935) internationale Bedeutung erlangte. Auch Frankreich wird ein Zentrum des Modernismus, nicht zuletzt da in den ersten Jahrzehnten des 20. Jahrhunderts eine Reihe von englischsprachigen Exilanten in Paris einen einflussreichen Zirkel von Literaten und Künstlern unterhielten, zu denen unter anderem auch Pablo Picasso (1881–1973) zählte. Innerhalb der Epoche des Modernismus finden sich in den einzelnen Ländern unterschiedliche verwandte und eigenständige Strömungen wie der internationale Dadaismus, der italienische Futurismus, aber auch der deutsche Expressionismus.

Postmodernismus   Im Postmodernismus (engl. *Postmodernism*) werden modernistische Anliegen bezüglich innovativer Erzähltechniken wieder aufgenommen und auf akademische, oft formelhafte Art umgesetzt. Dieses literarische Phänomen der zweiten Hälfte des 20. Jahrhunderts, das indirekt nationalsozialistische Verbrechen und nuklearen Holocaust des Zweiten Weltkrieges verarbeitet, führt Ansätze des Modernismus weiter. Vielperspektivische Erzählstrukturen, überlagerte und ineinander verwobene Handlungsstränge, aber auch drucktechnische Spielereien sind Leitmotive dieser Texte. Ausgehend von Amerika haben Werke wie John Barths (*1930) *Lost in the Funhouse* (1968) oder Thomas Pynchons (*1937) *The Crying of Lot 49* (1966) diesem Trend zu einer etablierten Stellung in der Literaturwissenschaft verholfen. Das absurde Drama wie Samuel Becketts (1906–1989) *Warten auf Godot* (1955) oder Tom Stoppards (*1937) Theaterstücke und der postmoderne Film adaptieren viele dieser Elemente für ihr Medium. Im lateinamerikanischen Raum erfährt der Postmodernismus mit den Arbeiten der Argentinier Jorge Luis Borges (1899–1986) und Julio Cortazar (1914–1984), dem Kolumbianer Gabriel García Márques (*1928) oder dem Mexikaner Carlos Fuentes (*1928) eine eigene Ausformung. Im deutschsprachigen Raum zählen die Dramen und Romane Peter Handkes (*1942) oder die Arbeiten Max Frischs (1911–1991) zu dieser internationalen Richtung.

Seit den 1970er Jahren sind in vielen Ländern die avantgardistischen und übertrieben anmutenden Arbeiten der Postmodernisten durch Gender und „Ethnische" Literaturen (engl. *Gender* and *„Ethnic" Literatures*) in den Hintergrund gerückt worden. Romane von Frauen, die aus sozio-politischen Beweggründen konkretere inhaltliche Anliegen vertreten, kehren in vielen Fällen zu eher traditionellen Erzählstrukturen und Gattungen zurück. Werke wie Erica Jongs (*1942) *Fear of Flying* (1973) oder Elfriede Jelineks (*1946) *Die Klavierspielerin* (1983) haben zusammen mit afro-amerikanischen Autorinnen wie Alice Walker (*1944) und Toni Morrison (*1931) Texte von geschlechtlichen und ethnischen Minoritäten zu einer einflussreichen Richtung gemacht.

Parallel dazu sind am Ende des 20. Jahrhunderts Postkoloniale Literaturen (engl. *Postcolonial Literatures*) ins Zentrum des Interesses gerückt. Werke aus ehemals britisch oder französisch dominierten Gebieten der Karibik, Afrikas, Indiens oder Australiens haben ebenfalls zu dieser Wende in der zeitgenössischen literarischen Landschaft beigetragen, die oft durch Betonung inhaltlicher Dimensionen ein Gegengewicht zu verspielten Innovationen von Modernismus und Postmodernismus darstellen. Salman Rushdies (*1947) *Satanic Verses* (1988), Derek Walcotts (*1930) *Omeros* (1990), Chinua Achebes (*1930) *Things Fall Apart* (1958) und Janet Frames (1924–2004) *An Angel at My Table* (1984) sind englischsprachige Beispiele dieses globalen Phänomens.

Postkoloniale Literaturen

Dieser grobe literaturgeschichtliche Überblick versteht sich als eine erste Orientierung zu Strömungen von überregionaler Bedeutung. Ein solches Raster ist jedoch nicht in der Lage, philologiespezifische Literaturgeschichten einzelner Nationen oder Regionen zu ersetzen. Auch werden in dieser Einteilung viele Autoren von Weltrang nicht erwähnt, da sie der hier verwendeten Epocheneinteilung nicht eindeutig zuordenbar sind.

V. Wo und wie finde ich Sekundärliteratur?

Internet als Quelle

Im Zeitalter des Internets ist es unumgänglich, Erklärungen zur Literatursuche einige grundsätzliche Überlegungen voranzustellen. Auch wenn das Internet in vielen alltäglichen Situationen Recherchen unterschiedlicher Art revolutioniert und erleichtert hat, so darf dies nicht darüber hinwegtäuschen, dass dieses neue Werkzeug in der Literaturwissenschaft nur begrenzt nutzbar ist. Bevor man das Internet als Quelle für wissenschaftliche Arbeiten verwendet, muss man sich über einige Fakten im Klaren sein: Nur ein verschwindend kleiner Prozentsatz von wissenschaftlichen Arbeiten wie Texteditionen, Monographien oder Aufsätze ist im Netz zugänglich. Der Großteil wissenschaftlicher Publikationen ist weiterhin nur in gedruckter Form erhältlich. Auch jene Zeitschriften, die neben ihrer gedruckten Ausgabe auch als Online-Publikationen existieren, sind nur dann über das Netz zugänglich, wenn die Universität eine Campuslizenz dafür besitzt. Dasselbe trifft für andere große Literaturdatenbanken mit Primärtexten zu. Dies bedeutet für den Literaturwissenschaftler, dass er weiterhin den Großteil der Quellen außerhalb des Internets, d. h. in Bibliotheken zu suchen hat.

Wenn also Professoren Arbeiten mit Quellenangaben, die überwiegend aus dem Internet stammen, als dilettantisch und unseriös beurteilen, dann liegt dies nicht unbedingt daran, dass sie sich dem Zeitgeist entgegenstellen. Eher wird in diesen Fällen die mangelnde wissenschaftliche Fundierung der Arbeit und unzureichende Sekundärliteraturrecherche für eine negative Beurteilung ausschlaggebend sein.

Forschungsstand und Themenwahl

Die wissenschaftliche Auseinandersetzung mit literarischen Werken sollte im Idealfall einen neuen Blickwinkel oder bestimmten Aspekt eines Textes herausarbeiten und in Verbindung zum jeweiligen Forschungsstand bringen. Um dieser Anforderung gerecht zu werden, ist es notwendig, sich mit der vorhandenen Sekundärliteratur vertraut zu machen. Es muss überprüft werden, welche Ergebnisse zu einem bestimmten Thema, Text oder Autor bereits veröffentlicht sind. Dadurch vermittelt Sekundärliteratur nicht nur Anregungen und Voraussetzungen für die eigene Arbeit, sondern bestimmt zugleich Grenzen der persönlichen Themenstellung, wenn sich ein Bereich als ausreichend erforscht erweist. Wie sehen nun gut recherchierte wissenschaftliche Arbeiten bzw. Seminararbeiten aus?

Wissenschaftliche Arbeiten während des Studiums sind meist thematisch klar umrissen, indem sie auf einen bestimmten Aspekt eines Textes oder Autors ausgerichtet sind. Für die Literatursuche zu Proseminar- und Seminararbeiten genügt in der Regel die im Schlagwortkatalog (engl. *subject index*) der Institutsbibliothek angeführte monographische (d.h. in Buchform erschienene) Sekundärliteratur zu einem bestimmten Thema. Diese Vorgangsweise reicht in den meisten Fällen aus, wenn keine anderen Anforderungen gestellt sind. Umfangreiche Untersuchungen wie Diplomarbeiten, Magisterarbeiten oder Dissertationen, aber auch die Abfassung von Aufsätzen zur Publikation in wissenschaftlichen Zeitschriften machen es nötig, sich intensiver über den Forschungsstand eines Gebietes zu informieren und eine möglichst vollständige Liste der Sekundärliteratur zusammenzustellen. Dies dient einerseits dazu, sich Ergebnisse anderer Wissenschaftler anzueignen, andererseits um zu überprüfen, ob eigene Resultate auch wirklich originell und nicht bereits veröffentlicht sind.

Sekundärliteratur: Aufsatz, Rezension, Miszelle

Zur Sekundärliteratur (engl. *secondary source*) werden Aufsätze (engl. *article* oder *essay*), Rezensionen bzw. Buchbesprechungen (engl. *book review*) und sogenannte Miszellen (sehr kurze Aufsätze zu einem sehr eingegrenzten Thema; engl. *note*) gezählt, die vor allem in wissenschaftlichen Zeitschriften (engl. *journal*) veröffentlicht werden. Wie in allen anderen akademischen Forschungsbereichen erscheinen auch in der Literaturwissenschaft regelmäßig Zeitschriften, in welchen neue Ergebnisse von Wissenschaftlern publiziert werden. Aufsätze erscheinen aber auch in sogenannten Sammelbänden (engl. *collection of essays* oder *anthology*), die meist von einem oder mehreren Herausgebern (engl. *editor*) zu einem bestimmten Thema zusammengestellt und publiziert werden. Wird ein solcher Sammelband zu Ehren eines bekannten Wissenschaftlers herausgegeben, spricht man von einer Festschrift (engl. meist auch *festschrift*). Wissenschaftliche Arbeiten in Buchform, die *ein* bestimmtes Thema behandeln, werden als Einzeldarstellungen oder Monographien (engl. *monograph*) bezeichnet. Der Großteil der Dissertationen und wissenschaftlichen Buchpublikationen im Umfeld der Universität gehört zu dieser Gruppe.

Sammelband

Festschrift

Monographie

MLA International Bibliography

In den Philologien, d.h. den nach Sprachen eingeteilten Literatur- und Sprachwissenschaften, gibt es bibliographische Nachschlagewerke, die zur Suche von Sekundärliteratur herangezogen werden. Für alle neusprachlichen Philologien wie Germanistik oder Romanistik, besonders aber für die anglistisch-amerikanistische Literaturwissenschaft gilt die von der *Modern Language Association (MLA)* zusammengestellte *MLA International Bibliography* als Standardreferenzwerk. Diese Bibliographie – mit jährlich mehreren tausend neuen Einträgen von Sekundärliteratur – erscheint seit dem Jahr 1921.

Online Suche in der *MLA Bibliography*

Die meisten größeren Universitäts- oder Institutsbibliotheken führen die *MLA Bibliography* in ihrer gedruckten Version und ermöglichen außerdem den Zugriff auf die Online-Version von 1963 bis zur Gegenwart. Will man z.B. herausfinden, was über den Roman *The Handmaid's Tale* (1985) der kanadischen Schriftstellerin Margaret Atwood erschienen ist, gibt man einfach den Namen der Autorin und Titel des Werkes bzw. ein Schlagwort ein, und erhält die gesamte in der *MLA Bibliography* erfasste Sekundärliteratur zu den jeweiligen Suchbegriffen. Hier zur Illustration ein Eintrag aus der genannten Online-Suche. Die Abkürzungen am linken Rand bedeuten: TI= title, AU=author(s), SO=source (Publikationsorgan), IS=International Standard Numbers, LA=language, PT=publication type, PY=publication year, DE=descriptors.

Eintrag in der *MLA Bibliography*

TI: Margaret Atwood's The Handmaid's Tale: A Contextual Dystopia
AU: Ketterer,-David
SO: Science-Fiction-Studies, Greencastle, IN (SFS). 1989 July, 16:2 (48), 209–217
IS: 0091–7729

LA: English
PT: journal-article
PY: 1989
DE: Canadian-literature; 1900–1999; Atwood, -Margaret; The Handmaid's-Tale; novel-; dystopian-novel; treatment of historicity

Die einzelnen Literaturhinweise der *MLA International Bibliography* umfassen die wichtigsten Informationen über Inhalt und Thema des Sekundärwerkes, vor allem aber alle nötigen Daten, um sich die aufgelistete Sekundärliteratur (Zeitschriften- oder Sammelbandaufsatz, Buchpublikation etc.) beschaffen zu können. Im Fall des obigen Beispiels wird zuerst der Titel des Aufsatzes („Margaret Atwood's *The Handmaid's Tale*: A Contextual Dystopia"), dann der Name des Verfassers der Sekundärliteratur genannt (Ketter, David), weiters die Zeitschrift oder der Sammelband, worin der Aufsatz erschienen ist *(Science-Fiction Studies)*, sowie Jahres-, Band- und Seitenangabe der Zeitschrift (1989 July; 16(2 [48]): 209–217) angeführt. Bei Buchpublikationen wird außerdem der Erscheinungsort und Verlag angegeben. Zusätzlich bietet die *MLA International Bibliography* unter der Rubrik Descriptors (DE) auch kurze Informationen über Inhalt und Themenstellung des Sekundärwerkes. Dies erfolgt in Stichworten und erlaubt eine erste, schnelle Orientierung über die Relevanz eines Werkes für das eigene Forschungsvorhaben.

Suche in der gedruckten MLA Bibliography

Die meisten Bibliotheken besitzen eine Lizenz für die Online-Version der *MLA Bibliography*, die jedoch nur den Zeitraum ab 1963 abdeckt. Für früher erschienene Sekundärliteratur, muss man die gedruckte Bibliographie heranziehen, die bis ins Jahr 1921 zurückgeht.

Obwohl die *MLA International Bibliography* das umfassendste bibliographische Nachschlagewerk für neuere Sprachen und Literaturen darstellt und normalerweise die Ansprüche eines Anfängers erfüllt, kann sie natürlich nie alle zu einem Thema oder Autor publizierte Sekundärliteratur beinhalten. Universitätsbibliotheken bieten daher auch die Möglichkeit auf weitere internationale, computermäßig erfasste Datenbanken bzw. Bibliographien zuzugreifen. Diese aufwendigere Suche ist aber für den Studienanfänger kaum interessant und lohnt sich erst im Rahmen einer Magisterarbeit oder eines Dissertationsprojektes.

vernetzte Online-Bibliothekskataloge

Eine einfache und schnelle Art Monographien, d.h. Buchpublikationen zu einem spezifischen Thema zu finden, die vor 1963 erschienen sind und daher in der Online-Version der *MLA International Bibliography* nicht aufscheinen, bieten die Online-Kataloge großer Forschungsbibliotheken wie der *Library of Congress* oder der *British Library*. Die meisten Universitäten ermöglichen auch den Zugriff auf vernetzte Kataloge wie den *Online Public Access Catalogue (OPAC)* oder das *Online Computer Library Center (OCLC)*, kurz *OCLC WorldCat* genannt. Diese Netzwerke erlauben mit einem Suchbefehl gleichzeitigen Zugriff auf die Daten einer großen Zahl internationaler Bibliothekskataloge, wobei das Programm selbständig die vernetzten Datenbanken auf den gewünschten Suchbefehl hin durchsucht.

Spezialbibliographien

Für größere Forschungsprojekte, die eine vollständige – oder annähernd vollständige – Liste der Sekundärliteratur zu einem Thema erfordern, ist es notwendig, Spezialkataloge und themenspezifische Bibliographien zu konsultieren. Die beste Überblicksdarstellung zu diesen Quellen ist James L. Harner, *Literary Research Guide: A Guide to Reference Sources for the Study of Literatures in English and Related Topics*, 5th ed. (New York: MLA, 2008); 826 S.

Hat man Hinweise auf Sekundärliteratur in der *MLA Bibliography* oder einem der Standardreferenzwerke gefunden, beginnt die Suche nach vorhandener Literatur am eigenen Institut und an der Universitätsbibliothek. Benötigt man Bücher bzw. Zeitschriften, die nicht an den Bibliotheken der Universität vorhanden sind, können diese über die Universitätsbibliothek mit Hilfe der sogenannten Fernleihe (engl. *interlibrary loan*) von auswärts bestellt werden. Es kann auch sein, dass bestimmte Aufsätze, die man über diese Recherche gefunden hat, als Online-Publikation erhältlich sind. Dann ist es natürlich sinnvoll, diese Quellen zu nutzen und als Online-Publikation in der Arbeit zu zitieren. Wie man Sekundärliteratur richtig in der Arbeit dokumentiert, darauf wird im nächsten Kapitel näher eingegangen.

Literaturbeschaffung und Fernleihe

VI. Wie verfasse ich eine wissenschaftliche Arbeit?

Grobstruktur der Arbeit

Beim Abfassen einer Seminararbeit gibt es neben der Regeln bezüglich der Erstellung des kritischen Apparates (vgl. unten) einige Konventionen den Aufbau und die innere Struktur der Arbeit betreffend. Wichtig ist hierbei, dass eine wissenschaftliche Arbeit einen nachvollziehbaren Aufbau mit Einleitung, Hauptteil und Schluss besitzt.

Einleitungsparagraph

Der erste Absatz bzw. Einleitungsparagraph (engl. *introductory paragraph*) einer Arbeit erfüllt mehrere Funktionen: in den ersten Sätzen muss der Leser zum Thema geführt werden, indem man z. B. mit relativ allgemein gehaltenen Aussagen zum spezifischen Anliegen der Arbeit hinleitet. Oft wird hierbei von bereits Bekanntem ausgegangen, um dann auf das Neue oder Spezielle der vorliegenden Arbeit hinzuweisen. Dieses „Neue" der Arbeit wird ebenfalls in der Einleitung im sogenannten *thesis statement* vermittelt, das dem Leser als eine Art Plan oder Vorschau im Hinblick auf Inhalt, Methode und Aufbau der Arbeit dient.

thesis statement

Thema

Ein Teil des *thesis statement* in der Einleitung muss kurz den spezifischen Fokus der Arbeit umreißen, wobei auf eine sinnvolle und praktikable Eingrenzung des Themas geachtet werden soll. Gute wissenschaftliche Arbeiten zeichnen sich durch eine genaue und überzeugende Einschränkung des Themas bzw. einen klaren Fokus aus. So hat es z. B. wenig Sinn, für eine Seminar- oder Proseminararbeit ein so undifferenziertes Thema wie „Christine de Pizans *Buch von der Stadt der Frauen*" zu wählen. Angesichts der Tatsache, dass es schon unzählige Publikationen zu diesem Text gibt, sollte man sich auf einen interessanten Teilaspekt konzentrieren, unter dem man das Werk analysiert, wie z. B. „Christine de Pizans *Buch von der Stadt der Frauen* als Vorläufer der modernen Feministischen Literaturtheorie". Der Fokus der Arbeit sollte natürlich nicht willkürlich gewählt werden, sondern im Idealfall einen neuen und zugleich zentralen Aspekt des Textes behandeln.

Methode

Ein weiterer Teil des Einleitungsparagraphen bzw. des *thesis statement* geht darauf ein, wie das Thema angegangen wird; d. h. welche Methodik in der Analyse zur Anwendung kommt. Dieser Teil der Einleitung ermöglicht es dem Leser, die Arbeit wissenschaftstheoretisch einzuordnen bzw. mit einer Schule oder einem der eingangs behandelten methodischen Ansätze in Verbindung zu bringen. Im konkreten Fall des genannten Beispiels wäre dies eine Analyse von Pizans literarischem Text als mittelalterlicher Vorläufer moderner feministischer literaturtheoretischer Anliegen.

„Fahrplan"

Weiters sollte in der Einleitung auch kurz darauf hingewiesen werden, welche Aspekte des Themas in welcher Reihenfolge präsentiert werden. Dieser „Fahrplan" erleichtert dem Leser die Orientierung, indem die Konzeption der Arbeit von vornherein transparent und nachvollziehbar gemacht wird. Im konkreten Fall der oben genannten Arbeit über Pizan könnte man z. B. argumentieren, dass eingangs biographische Daten über Pizan genannt werden, die Pizans Auseinandersetzung mit protofeministischem Gedankengut dokumentieren, und weiters die Hauptthesen moderner Feministischer Theoriebildungen zusammengefasst werden, die dann als Grundlage für eine Analyse des Werkes *Buch von der Stadt der Frauen* dienen.

Natürlich müssen die Teilaspekte des *thesis statement* nicht immer isoliert angeführt werden bzw. können in den meisten Fällen gar nicht getrennt voneinander behandelt werden. Oft wird im Thema bereits die Methode anklingen, oder Fahrplan und Methode bedingen sich gegenseitig. In vielen Fällen kann es daher sinnvoll sein, Thema und Methode oder auch Methode und „Fahrplan" zu kombinieren. Wie diese drei Aspekte des *thesis statement* in der Einleitung vermittelt werden hängt also stark von der jeweiligen Arbeit ab. Wichtig ist jedoch, dass alle drei Aspekte für den Leser eindeutig nachvollziehbar sind.

Kombination der Teilaspekte des Einleitungsparagraphen

Beispiel für einen Einleitungsparagraphen

Beispiel für einen Einleitungsparagraphen

> Christine de Pizans *Buch von der Stadt der Frauen* als Vorläufer der modernen Feministischen Literaturtheorie
>
> Christine de Pizans spätmittelalterliches *Buch von der Stadt der Frauen* ist nach eigenen Aussagen der Autorin als Reaktion auf die frauenfeindliche Literatur ihrer Zeit zu verstehen. Im Folgenden wird daher Pizans Text auf seine feministisch-literaturtheoretischen Grundaussagen hin untersucht. Hierzu werden vorerst zentrale Aspekte der Feminismusdiskussion in der 2. Hälfte des 20. Jahrhunderts diskutiert und in einem zweiten Schritt mit biographischen Daten und ausgewählten Passagen aus Pizans *Buch von der Stadt der Frauen* in Verbindung gebracht. Dadurch soll gezeigt werden, dass Pizans Text starke Parallelen zur Frauenstereotypen-Diskussion der 1960er Jahre aufweist.

Titel der Arbeit

Hinführen zum Thema

Eingrenzung des Themas („Was?")

Methode („Wie?") und „Fahrplan" („Wann?")

Im Einleitungsparagraphen werden also Thema und methodische Vorgangsweise, aber auch Aufbau der Arbeit kurz umrissen. Um zu überprüfen, ob man einen informativen Einleitungsparagraphen geschrieben hat, sollte man sich folgende Fragen stellen: „Was" ist das Thema der Arbeit bzw. wovon handelt sie? „Wie", d.h. mit welcher Methode wird die Analyse durchgeführt? „Wann" oder in welcher Reihenfolge werden die Hauptargumente der Arbeit präsentiert? Sind diese drei grundlegenden Fragen nach „was", „wie" und „wann" beantwortet, dann kann man davon ausgehen, dass der Leser durch ein gutes *thesis statement* über Thema, Methodik und Aufbau der Arbeit unterrichtet wird.

Einleitung Checkliste

Was?
Wie?
Wann?

Jeder nachfolgende Paragraph oder Abschnitt der Arbeit soll eine Sinneinheit bilden, die einen Teilaspekt des gestellten Themas behandelt. Hierzu ist es wichtig, für jeden Absatz einen *topic sentence* einzufügen, der einerseits den Sinnzusammenhang des Absatzes umreißt, andererseits aber auch eine

Absätze des Hauptteils
topic sentence

Verbindung zum Thema (d.h. *thesis statement*) der gesamten Arbeit herstellt. Auch sollte man überlegen, ob der Absatz an der richtigen Stelle innerhalb der Arbeit platziert ist; oder anders ausgedrückt, ob seine Stellung mit der in der Einleitung dargelegten Struktur übereinstimmt.

Überleitungen — Überleitungen (engl. *transitions*) von einem Absatz zum anderen verleihen der Arbeit die notwendige innere Kohärenz. Im Idealfall sollte ein Absatz nahtlos in den nächsten übergehen, was dadurch erreicht wird, dass einerseits Überleitungen am Ende des Absatzes zum nachfolgenden verweisen, andererseits am Beginn des neuen Absatzes auf das Vorhergehende Bezug genommen wird. Am einfachsten lassen sich diese Verbindungen innerhalb des jeweiligen *topic sentence* am Beginn eines neuen Absatzes einflechten. Diese Struktur erleichtert dem Leser die Orientierung und zählt zu den Hauptmerkmalen eines verständlichen Schreibstils.

Beispiel für Absatz im Hauptteil

Beispiel für einen Absatz innerhalb einer Arbeit

topic sentence mit Bezug zum vorhergehenden Absatz

Ausführungen zu einem Teilaspekt des topic sentence

```
    Moderne Feministische Literaturtheorie für die Ana-
lyse dieses mittelalterlichen Werkes heranzuziehen,
stellt keineswegs eine willkürliche methodische Vor-
gangsweise dar. Neben einer Vielzahl von literarischen
Belegen zeigt auch Pizans Biographie, dass die Autorin
Ende des 14. Jahrhunderts in einem regen Gelehrten-
streit über literarische Frauendarstellungen eng-
agiert war. Pizans Kritik am patriarchalen Frauenbild
in literarischen Werken männlicher Autoren weist wie-
derum sehr starke Parallelen zum sogenannten "Images
of Women Criticism" der 1960er Jahre auf ...
```

Absatz Checkliste — Ein untrügliches Zeichen für schlecht strukturierte Arbeiten sind Absätze bestehend aus einzelnen, unzusammenhängenden Sätzen. Bildet man für jeden Satz einen eigenen Absatz, so kann man davon ausgehen, dass Aufbau und logische Struktur des Textes noch zu wünschen übrig lassen. Man muss dann daran gehen, die einzelnen Sätze so zu Absätzen zusammenzufassen, dass sie in sich geschlossene Sinneinheiten ergeben.

Unterkapitel Checkliste — Auch mögliche Unterkapitel sollte man einer kritischen Betrachtung unterziehen. Häufig werden in Aufsätzen so viele Überschriften eingefügt, dass fast jeder Absatz ein eigenes Kapitel darstellt. Bei einer Proseminararbeit von weniger als zehn Seiten mutet das übertrieben an. Ein damit verbundenes Problem ist, dass durch den Einsatz von Unterüberschriften oft logische Überleitungen zwischen den Sinneinheiten der Arbeit vernachlässigt werden. Der Trugschluss dabei ist, dass man meint, durch eine neue Überschrift auf einen neuen Aspekt überleiten zu können, ohne die einzelnen Abschnitte wirklich inhaltlich aufeinander abstimmen zu müssen. Um dem vorzubeugen, sollte man zumindest probeweise alle Kapitelüberschriften aus dem Text entfernen und überprüfen, ob der Text auch so noch kohärent und für den Leser nachvollziehbar strukturiert ist, und ob alle Teilbereiche logisch aufeinander folgen.

Am Ende einer Arbeit werden in einem Schlussparagraphen (engl. *concluding paragraph*) die wichtigsten Punkte der Arbeit kurz zusammengefasst, um so die Ergebnisse dem Leser noch einmal in Erinnerung zu rufen. Man sollte sich dabei nicht scheuen, dem Leser das *thesis statement*, vor allem aber die wichtigsten Punkte der Argumentationskette mit ihren Ergebnissen nochmals kurz und prägnant vor Augen zu führen. Gute Schlusssequenzen beinhalten weiters eine Art Ausblick (engl. *outlook*), der über die eigentlichen Ergebnisse hinausgeht bzw. diese in einen größeren Kontext stellt. Hierbei kann unter Umständen auf den Beispielcharakter der Arbeit hingewiesen und gezeigt werden, dass mit dieser Herangehensweise auch bei anderen Werken gute Ergebnisse möglich sind. Prinzipiell sollte in diesem kurzen Ausblick die Arbeit aus einer größeren Distanz betrachtet werden, um so über die eigentliche Untersuchung hinaus auf mögliche weitreichendere Zusammenhänge zu verweisen.

Randnotiz: Schlussparagraph / Wiederholung des *thesis statements* / Resultate / Ausblick

Beispiel für einen Schlussparagraphen

Randnotiz: Beispiel für einen Schlussparagraphen

> Natürlich ist es nicht möglich, mit einem modernen feministischen Zugang allen Facetten dieses vielschichtigen Werkes gerecht zu werden. Dennoch scheint sowohl die Biographie Pizans als auch Struktur und Inhalt ihres bekanntesten Werkes einen solchen Ansatz zu fordern. Der Überblick über die wichtigsten Formen des modernen Feminismus sowie die Besprechung exemplarischer Beispiele aus Pizans Text haben eindeutig gezeigt, dass Pizans Anliegen in vieler Hinsicht den sogenannten "Images of Women Criticism" der 1960er Jahre vorwegnehmen. Aufgrund dieser Ergebnisse liegt es nahe, den Schluss zu ziehen, dass am Beginn jeglicher feministischer literaturtheoretischer Überlegungen – im Spätmittelalter ebenso wie in der zweiten Hälfte des 20. Jahrhunderts – eine Kritik an herrschenden patriarchalen Frauenbildern stehen muss.

Randnotiz: Wiederholen des *thesis statements* / Zusammenfassung der Ergebnisse / Ausblick

Als einfache Kontrolle, ob Einleitungs- und Schlussparagraph effizient gestaltet sind, kann man probeweise nur diese beiden Absätze lesen. Werden in diesen zwei zentralen Paragraphen alle wichtigen Fragestellungen und methodischen Schritte der Arbeit angeführt und zusammenfassende Antworten auf die Problemstellungen gegeben, so erfüllen Einleitung und Schluss ihre Funktion. Anders ausgedrückt sollten bei Lektüre von Einleitung und Schluss alle wichtigen Informationen über Inhalt, Methodik und Ergebnisse der Arbeit sozusagen auf einen Blick ersichtlich sein.

Man kann nun zu Recht anmerken, dass nicht alle publizierten wissenschaftlichen Aufsätze diese rigide Struktur beachten. Dennoch ist gerade diese Kompositionstechnik im anglo-amerikanischen Raum sehr verbreitet und wird in den meisten Kursen an Colleges und Universitäten gefordert.

Randnotiz: Checkliste für Qualität von Einleitung und Schluss

Besonders für Anfänger ist es von Vorteil, sich an solche Regeln zu halten, die eine nachvollziehbare Anleitung für die Abfassung wissenschaftlicher Arbeiten bieten. Diese Kompositionstechnik versucht, die innere Geschlossenheit zu verstärken und die Verständlichkeit von wissenschaftlichen Arbeiten zu fördern. So einfach diese Anleitungen auch erscheinen, sie erfordern sehr viel Praxis und Geduld, weshalb man sich auch nicht entmutigen lassen soll, falls es einem nicht auf Anhieb gelingt, seine Arbeit gemäß dieser Vorgaben zu strukturieren.

MLA Style Sheet

In jeder akademischen Disziplin haben sich weitere Konventionen bezüglich der Gestaltung des kritischen Apparates von wissenschaftlichen Arbeiten eingebürgert. Im Bereich der Literaturwissenschaft gibt es hier besonders strikte Regeln, die von der bereits genannten *Modern Language Association* als weltweit größte Vereinigung von Literaturwissenschaftlern in Form eines Handbuches veröffentlicht sind. An dieses *style sheet* halten sich alle großen englischsprachigen Verlage und Zeitschriften, weshalb es sich auch an fast allen Universitäten durchgesetzt hat, da es Anleitungen zur konsistenten Erstellung des kritischen Apparates (Fußnoten und Literaturverzeichnis) bietet. Die folgenden Richtlinien sind eine einfache Version der wichtigsten Regeln, die im *MLA Handbook for Writers of Research Papers* ausführlich erläutert werden.

Außerhalb des englischen Sprachraums haben sich die strikten *MLA*-Regeln im universitären Umfeld nur bedingt etabliert, so dass es z. B. in der deutschen Germanistik kein allgemein verbindliches Format gibt. Auch wenn man in den eigenen Seminararbeiten nicht alle Details des *MLA style sheets* sklavisch umsetzen will, zeigt es dennoch alle wichtigen Grundprinzipien auf, die in der Dokumentation von Quellen berücksichtigt werden sollten.

Direktzitat
Paraphrase

Verwendete Literatur fließt in eine Arbeit entweder als Zitat (engl. *quotation*) oder Paraphrase (engl. *paraphrase*) ein: kurze Passagen von Primärtexten werden meist als direkte Zitate eingefügt, größere Sinneinheiten in Form von Paraphrasen wiedergegeben. Sekundärliteratur wird in der Regel paraphrasiert, außer es handelt sich um grundlegende Thesen, die wörtlich übernommen werden.

längere Textzitate als eigener Absatz

Ebenfalls zu beachten ist, dass kurze Direktzitate, die weniger als vier getippte Zeilen umfassen, in den Fließtext integriert und am Beginn und Ende durch Anführungszeichen markiert werden. Längere Textzitate erscheinen als eigener, links eingerückter Absatz im Text ohne Anführungszeichen. Wird eine Textpassage nicht zur Gänze zitiert, kennzeichnet man die ausgelassenen Teile durch drei Punkte in eckigen Klammern [...].

parenthetische Dokumentation

Wird in einer schriftlichen Arbeit auf ein bestimmtes Primär- oder Sekundärwerk Bezug genommen, wird es als *parenthetical citation* zitiert. Direkt im Text wird nach dem Zitat der Name des Verfassers (Auerbach 22) oder der Titel des Werks (*Mimesis* 22) sowie die Seitenzahl in Klammern angegeben. Werden von einem Autor mehrere Werke benutzt, wird zusätzlich zum Namen das Erscheinungsjahr des jeweiligen Werks vor der Seitenzahl angeführt; z. B. (Auerbach 1948, 22).

Fußnoten

Quellenverweise oder Quellendokumenationen können nicht nur im Fließtext, sondern auch in Fußnoten stehen. Werden Verweise auf Quellen in Fußnoten gemacht, wird ebenfalls der Name des Autors sowie die Seitenzahl angegeben.

Bibliographische Fußnote (engl. *bibliographic note*)

¹ Für die dominierende Stellung des Lateinischen in der mittelalterlichen Literatur vgl. Curtius 156–168.

Fußnoten erfüllen in einer wissenschaftlichen Arbeit einen doppelten Zweck: einerseits als Möglichkeit, um auf weiterführende Literatur zu verweisen, andererseits kann ein Gedanke weiter ausgeführt werden, der nicht in unmittelbarem Zusammenhang mit der Argumentation im Text steht.

Da die parenthetische Kurzzitierweise im Text keine vollständige Dokumentation der jeweiligen Quellen bietet, müssen am Ende der Arbeit in der Bibliographie alle verwendeten Primär- und Sekundärwerke in detaillierter Form alphabetisch aufgelistet werden. Damit der Leser die Quellen der Zitate oder Paraphrasen jederzeit ausfindig machen kann, müssen alle wichtigen Daten eines Textes erfasst werden. Hierzu zählen Name des Verfassers oder des Herausgebers, Titel des Sekundärwerkes, der Zeitschrift oder des Sammelbandes, worin der Aufsatz erschienen ist, sowie die Jahres-, Band- und Seitenangabe der Zeitschrift. Bei Buchpublikationen sind zusätzlich Erscheinungsort und Verlag anzugeben. Diese Information kann den ersten Seiten eines Buches bzw. dem Impressum einer Zeitschrift entnommen werden. Zur Unterscheidung des Formats der Quelle empfiehlt das *MLA Style Sheet* am Ende jedes Eintrags in der Bibliographie das Format anzugeben; z. B. „Print" für gedruckte Werke.

Bei der Angabe der Textquellen im Literaturverzeichnis ist generell darauf zu achten, dass die Reihenfolge „wer, was, wo, wann, wie" (Autor, Titel, Publikationsort mit Verlag, Publikationsjahr, Format) eingehalten wird.

Eintrag aus einem Literaturverzeichnis (engl. *bibliography*)
Nachname, Vorname. *Titel des Werkes*. Erscheinungsort: Verlag, Erscheinungsjahr. Format.

Curtius, Ernst Robert. *Europäische Literatur und lateinisches Mittelalter*. Bern: Francke, 1948. Print.

Aufgrund der alphabetischen Ordnung der Einträge im Literaturverzeichnis wird der Nachname des Autors vorangestellt. Um eine Buchpublikation optisch von einem Aufsatz zu unterscheiden, wird der Titel des Buches kursiv geschrieben.

Weitere Beispiele für Einträge in einem Literaturverzeichnis
Buchpublikation zweier Autoren:

Gilbert, Sandra M., and Susan Gubar. *The Madwoman in the Attic: The Woman Writer and the Nineteenth-Century Imagination*. New Haven: Yale University Press, 1979. Print.

Bei mehreren Verfassern wird der erste Verfasser mit Nachname, Vorname zitiert, die folgenden Verfasser mit Vorname Nachname, ohne Beistrich dazwischen, angegeben. Viele Titel von wissenschaftlichen Arbeiten bestehen aus zwei Teilen. Wie das obige Beispiel zeigt, wird der Untertitel vom Titel durch einen Doppelpunkt getrennt.

Sammelband

Sammelband von einem Herausgeber:

Greenblatt, Stephen, ed. *New World Encounters*. Berkeley: University of California Press, 1993. Print.

Sammelband von mehreren Herausgebern:

Jones, LeRoi and Larry Neal, eds. *Black Fire: An Anthology of Afro-American Writing*. New York: Morrow, 1968. Print.

Die Abkürzung „eds." nach den Namen steht für „editors" (Herausgeber), die die Aufsätze oder Texte dieses Sammelbandes (engl. *anthology*) zusammengestellt und herausgegeben haben.

Aufsatz in Zeitschrift

Aufsatz in einer Zeitschrift:

Brackert, Helmut. "Helmbrechts Haube." *Zeitschrift für deutsches Altertum und deutsche Literatur* 103 (1974): 166–184. Print.

Der Titel von Aufsätzen wird unter Anführungszeichen gesetzt, um so hervorzuheben, dass es sich nicht um eine Buchpublikation handelt. „103" ist der Jahrgang, „1974" das Publikationsjahr und „166–184" die Anzahl der Seiten des gesamten Artikels.

Bei Zeitschriftenartikeln ist generell darauf zu achten, dass Verlag und Publikationsort *nicht* angegeben werden, während das bei Buchpublikationen oder Sammelbänden notwendig ist. Wichtig bei Bibliographieeinträgen ist die genaue Seitenangabe (von Beginn und Ende) des zitierten Aufsatzes.

Für das Zitieren neuerer Medien wie DVDs oder CD-ROMs gelten ähnliche Regeln der Dokumentation wie bei gedruckten Quellen, wobei Titel des Werks, Autor bzw. Regisseur, Schauspieler, Herausgeber etc. anzugeben sind. Im speziellen Fall von DVDs oder CD-ROMs wird die Formatangabe „DVD" oder „CD-ROM" nach dem Jahr der Veröffentlichung am Ende der Quellenangabe angeführt.

Film-DVD

Film-DVD im Literaturverzeichnis:

It's a Wonderful Life. Dir. Frank Capra. Perf. James Steward, Donna Reed, Lionel Barrymore, and Thomas Mitchell. 1946. Republic, 2001. DVD.

Online-Aufsätze oder -Bücher werden prinzipiell wie gedruckte Texte zitiert, wobei jedoch wichtig ist, das Datum des Zugriffs auf die Website anzugeben. Da Online-Publikationen leicht verändert werden können, soll das genaue Datum des Zugriffs auf die Website dokumentieren, welche Version des Dokuments benutzt wurde. Vor diesem Datum wird noch „Web" hinzugefügt, um das Format der Quelle anzugeben. Der *Uniform Resource Locator (URL)*, d. h. die Webadresse, sollte nur dann angegeben werden, wenn die Webseite schwierig zu finden ist.

Online-Artikel im Literaturverzeichnis: Online-Artikel

```
Tolson, Nancy. "Making Books Available: The Role of Early
    Libraries, Librarians, and Booksellers in the Promotion
    of African American Children's Literature." African Ame-
    rican Review 32 (1998): 9-16. JSTOR. Web. 1 Oct. 2002.
```

Die angeführten Beispiele decken die am häufigsten vorkommenden Literaturverzeichniseinträge ab. Detaillierte Angaben für das Anführen von Buchrezensionen, Übersetzungen oder Neuauflagen gibt das *MLA Handbook*.

Da Seminar- oder Proseminararbeiten zur Korrektur bestimmt sind, wird ein doppelter Zeilenabstand gewählt und durch einen großzügigen Rand auf beiden Seiten des Textes Platz für Notizen und Kommentare bereitgestellt. Wichtig ist daher auch, dass Name des Verfassers, Titel der Arbeit, Name des Lehrveranstaltungsleiters und Bezeichnung der Lehrveranstaltung auf der ersten Seite oder einem eigenen Deckblatt der Arbeit angegeben sind.

Zur Veranschaulichung wird auf den beiden folgenden Seiten je ein Beispiel für die Gestaltung von Titelseite und Literaturverzeichnis einer Seminararbeit gezeigt. Die folgende Musterseite illustriert ausschließlich häufige Formatierungs- und Dokumentationskonventionen. Sie soll keinesfalls als Modell eines Einleitungsparagraphen dienen, da hier aus Platzgründen im Drucklayout auf ein vollständiges *thesis statement* verzichtet wurde.

Beispiel für die Titelseite einer literaturwissenschaftlichen Arbeit

Durchnummerieren der Arbeit	Mair 1 Hans Mair Professor Mario Klarer Seminar: Zeitgenössische Utopien (Sommersemester 2010) 14 Oct. 2010
Buchtitel kursiv	Geschlecht in Ursula Le Guins *The Dispossessed*
erste Absatzzeile einrücken	Lange Zeit hat sich die Le Guin-Forschung vornehmlich mit der Unzulänglichkeit der geschlechtsspezifischen Charakterpräsentation in ihren Romanen beschäftigt, wobei der Vorwurf der Vermännlichung ihrer androgynen Wesen im Zentrum der Diskussion stand. Le Guin hat diese Anschuldigungen sehr ernst genommen und sich in ihrem Aufsatz "Is Gender
Anführungszeichen bei Aufsätzen oder Kurzgeschichten	Necessary? Redux" dafür entschuldigt, dass sie
Anführungszeichen bei kurzen Zitaten	"androgyny [not] from a woman's point of view as well as a man's"[1] beleuchtet hat. Sie verweist dennoch auf die differenzierten Geschlechterkonstruktionen in ihrem Roman, wenn sie argumentiert, dass ihre androgynen Wesen
längere Zitate als eigener Absatz	have no myth of progress at all. Their calendar calls the current year always the Year One, and they count backward and forward from that. In this, it seems that what I was after again
drei Punkte als Auslassungszeichen	was a balance: the [...] linearity of the ‚male', the pushing forward to the limit, [...] and the
paranthetische Dokumentation	circularity of the ‚female'. (Le Guin 1989, 12)
bibliographische Fußnote	─────────── [1] Die Tatsache, dass LeGuin sich für eine männliche Perspektive rechtfertigen muss, zeigt deutlich, wie gering das Interesse im Feminismus der 1970er und 1980er Jahren an Maskulinitätskonzepten war (vgl. Moi, 177-179).

Beispiel für eine Seite aus dem Literaturverzeichnis

Bibliographie

Aristotle. *The Complete Works of Aristotle: The Revised Oxford Translation.* Ed. Jonathan Barnes. 2 vols. Princeton University Press, 1984. Clayton: IteLex, 1994. CD-ROM. — Buchpublikation CD-ROM

Derrida, Jacques. *Of Grammatology.* Trans. Gayatari Chakaravorty Spivak. Baltimore: Johns Hopkins University Press, 1974. Print. — Buchpublikation Übersetzung

Child, L. Maria, ed. *The Freedmen's Book.* Boston, 1866. *Google Book Search.* Web. 15 May 2008. — Buchpublikation Online-Ausgabe

It's a Wonderful Life. Dir. Frank Capra. Perf. James Steward, Donna Reed, Lionel Barrymore, and Thomas Mitchell. 1946. Republic, 2001. DVD. — Film DVD

Le Guin, Ursula K. *The Dispossessed.* 1974. London: Grafton, 1986. Print. — Buchpublikation Nachdruck

—. *The Left Hand of Darkness.* London: Macdonald, 1969. Print.

—. "Is Gender Necessary? Redux." *Dancing at the Edge of the World: Thoughts on Words, Women, Places.* New York: Grove, 1989. 7-16. Print. — Aufsatz in Buchpublikation

Moi, Toril. *Sexual/Textual Politics.* 2nd ed. London, New York: Routledge, 2002. Print. — Buchpublikation Neuauflage

Showalter, Elaine. "Feminist Criticism in the Wilderness." *The New Feminist Criticism.* Ed. Elaine Showalter. London: Virago, 1985. 243-270. Print. — Aufsatz in Anthologie

Tolson, Nancy. "Making Books Available: The Role of Early Libraries, Librarians, and Booksellers in the Promotion of African American Children's Literature." *African American Review* 32 (1998): 9-16. *JSTOR.* Web. 1 Oct. 2002. — Aufsatz Online-Version

Verwendete Literatur

Aristoteles. *Vom Himmel – Von der Seele – Von der Dichtkunst.* Trans. Olof Gigon (Zürich: Artemis, 1950). Print.

Atwood, Margaret. *Die eßbare Frau.* Trans. Werner Waldhoff. Frankfurt: S. Fischer Verlag, 1987. Print.

cummings, e. e. *Complete Poems 1904–1962.* Ed. George J. Firmage. New York: Liveright, 1991. Print.

Curtius, Ernst Robert. *Europäische Literatur und lateinisches Mittelalter.* Bern: Francke, 1948. Print.

Deutsche Dichtung des Mittelalters. Vol. 1. Ed. Michael Curschmann und Ingeborg Glier. München: Carl Hanser Verlag, 1980. Print.

Droste-Hülshoff, Anette von. *Historisch-kritische Ausgabe.* Ed. Winfried Woesler. Vol. 1.1. Tübingen: Max Niemeyer Verlag, 1985. Print.

Erlich, Victor. *Russischer Formalismus.* München: Carl Hanser Verlag, 1964. Print.

Gibaldi, Joseph. *MLA Handbook for Writers of Research Papers.* 7th ed. New York: The Modern Language Association, 2009. Print.

Gilgamesch. Trans. Raoul Schrott. Frankfurt: S. Fischer Verlag, 2004. Print.

Goethe, Johann Wolfgang. *Sämtliche Werke.* Ed. Karl Richter, vol. 2.1. München: Carl Hanser Verlag, 1987. Print.

Hebbel, Friedrich. *Sämtliche Werke.* Ed. Richard M. Werner. Vol. 6. Berlin: Behr's Verlag, 1902. Print.

Hoffmann, E. T. A. „Das Steinerne Herz." *Nachtstücke.* München: Deutscher Taschenbuchverlag, 1984. Print.

Kafka, Franz. *Der Prozeß.* Frankfurt: S. Fischer Verlag, 1988. Print.

Keller, Gottfried. *Sämtliche Werke*, Ed. Jonas Fränkel. Vol. 1. Bern: Benteli, 1931. Print.

Mann, Thomas. *Der Zauberberg.* Frankfurt: S. Fischer Verlag, 1960. Print.

Pound, Ezra. „A Few Don'ts." *Poetry*, 1 (1913) 6. Repr. in *Literary Essays of Ezra Pound.* Ed. T. S. Eliot. Norfolk, Conn.: New Directions, n. d. Print.

Proust, Marcel. *Auf der Suche nach der verlorenen Zeit: In Swanns Welt.* Trans. Eva Rechel-Mertens. Frankfurt: Suhrkamp, 1967. Print.

Puig, Manuel. *Der Kuß der Spinnenfrau.* Trans. Anneliese Botond. Frankfurt: Suhrkamp, 1983. Print.

Shakespeare, William. *Sonette/Epen und die kleineren Dichtungen.* Trans. Therese Robinson et al. München: Winkler-Verlag, 1968. Print.

Weiterführende Literatur

Bei den hier angeführten Werken handelt es sich um allgemein einführende sowie das Studium begleitende Fachliteratur zur Literaturwissenschaft bzw. um Standardnachschlagewerke, die zu den Beständen der meisten Universitäts- oder Institutsbibliotheken gehören. Aus der Vielzahl erhältlicher Literatur wurden ausschließlich benutzerfreundliche und anfängergerechte Darstellungen zu den hier behandelten textwissenschaftlichen Themenbereichen ausgewählt, wobei in keiner Weise Anspruch auf Vollständigkeit erhoben wird.

Werke, die mit einem Sternchen gekennzeichnet wurden, sind aufgrund ihres geringen Umfangs und ihrer Verständlichkeit besonders als erster Einstieg in Teilgebiete des Fachs für den Studienanfänger zu empfehlen. Die folgende Aufstellung versucht nach Möglichkeit, innerhalb der jeweiligen Themenbereiche Werke allgemeiner Natur jenen Arbeiten mit fokussierterer Information voranzustellen, um so Überblickswerke zu Teilgebieten auf den ersten Blick kenntlich zu machen.

Bibliographische Referenzwerke

* Carsten Zelle, *Kurze Bücherkunde für Literaturwissenschaftler* (Tübingen, Basel: Francke, 1998); 258 S. – Praxisorientierter und knapper Wegweiser durch das Angebot an allgemeinen und philologiespezifischen literaturwissenschaftlichen Standardwerken, das als erster Einstieg jedem Philologen zu empfehlen ist.

James L. Harner, *Literary Research Guide: An Annotated Listing of Reference Sources in English Literary Studies*, 5th ed. (New York: MLA, 2008); 826 S. – Sehr detaillierte Aufstellung möglicher Quellen für bibliographische Recherchen. Das Buch nennt unter anderem allgemeine bibliographische Nachschlagewerke ähnlich der *MLA International Bibliography*, erwähnt aber auch eine Vielzahl von Standardreferenzwerken aus unterschiedlichen Teildisziplinen innerhalb der Literaturwissenschaften.

Allgemeine literaturwissenschaftliche Terminologie

* M. H. Abrams, *A Glossary of Literary Terms*, 9th ed. (Fort Worth, San Diego: Harcourt Brace Jovanovich, 2008); 393 S. – Sehr verständliches, klassisches, englischsprachiges Nachschlagewerk, das grundlegende literaturwissenschaftliche Terminologie erklärt, die wichtigsten literaturtheoretischen Schulen vorstellt und weiterführende Literatur empfiehlt. In seiner knappen Form eignet es sich auch hervorragend als Lernhilfe und terminologisches Referenzwerk während des gesamten Studiums.

Metzler Literatur Lexikon: Begriffe und Definitionen, 3rd ed., eds. Günther und Irmgard Schweikle (Stuttgart: Metzler, 2007); 845 S. – Eine große Zahl von Stichwörtern mit Definitionen und Erklärungen der wichtigsten Begriffe in der traditionellen Literaturwissenschaft.

Encyclopedia of Literature and Criticism, ed. Martin Coyle et al. (London: Routledge, 1991); 1299 S. – Sammlung von Sachartikeln zu wichtigen Gebieten der Literaturwissenschaft mit Hinweisen auf weiterführende Literatur. Neben traditionellen Bereichen wie Epochen, Gattungen und Theorien sind etwa 100 Seiten englischsprachigen Literaturen außerhalb Englands und Amerikas gewidmet.

Autoren und Werke

* *Harenberg Literaturlexikon: Autoren, Werke und Epochen, Gattungen und Begriffe von A bis Z* (Dortmund: Harenberg 2000); 1152 S. – Reich illustriertes, einbändiges Nachschlagewerk zu Autoren und Werken mit vielen nützlichen Übersichtstabellen.

Metzler Autorenlexikon, 3rd ed., ed. Bernd Lutz (Stuttgart, Weimar: Metzler, 2004); 830 S. – Reich illustriertes Nachschlagewerk zu wichtigen Autoren.

Kindlers Neues Literaturlexikon, ed. Walter Jens 20 vols. (München: Kindler Verlag, 2001); jeder Band ca. 1000 S. – In diesen Lexikonbänden, die auch als Taschenbuchausgabe erhältlich sind, werden die wichtigsten Werke nach Autoren geordnet vorgestellt. Da jede Werkcharakterisierung eine Inhaltsangabe, wichtige Interpretationsansätze und Hinweise auf Sekundärliteratur beinhaltet, eignen sich diese Nachschlagewerke vor allem zur ersten Orientierung in der Auseinandersetzung mit spezifischen literarischen Texten. Hilfreich und erschwinglich sind auch die gesondert erhältlichen Bände zu den Hauptwerken bestimmter Philologien.

The Oxford Companion to English Literature, ed. Margaret Drabble, 6th ed. (Oxford, New York: Oxford University Press, 2007); 1184 S. – Umfangreiches, alphabetisch geordnetes Nachschlagewerk zur Kurzinformation über die wichtigsten Autoren und Werke der englischen Literatur. Neben dem *Companion to English Literature* gibt es auch *Oxford Companions* zu den wichtigsten anderen Nationalliteraturen.

Elisabeth Frenzel, *Motive der Weltliteratur: Ein Lexikon dichtungsgeschichtlicher Längsschnitte,* 6th rev. ed. (Stuttgart: Kröner, 2008); 928 S. und:

Elisabeth Frenzel, *Stoffe der Weltliteratur: Ein Lexikon dichtungsgeschichtlicher Längsschnitte,* 10th rev. ed. (Stuttgart: Kröner, 2005); 1144 S. sowie:

Horst S. und Ingrid Daemmrich, *Themen und Motive in der Literatur: Ein Handbuch,* 2nd rev. ed. (Tübingen: Francke, 1995); 410 S. – Hilfreiche Nachschlagewerke zu Motiv- oder Stofftraditionen in unterschiedlichen Nationalliteraturen; Standardwerke der Vergleichenden Literaturwissenschaft.

Einführungen

Allgemeine und Vergleichende Literaturwissenschaft

Wolfgang Kayser, *Das sprachliche Kunstwerk. Eine Einführung in die Literaturwissenschaft,* 20th ed. (Tübingen, Basel: Francke, 1992), 460 S. – Klassische Einführung in die Literaturwissenschaft aus den 1940er Jahren, die trotz ihres Alters immer noch empfehlenswert ist.

* Susan Bassnett, *Comparative Literature: A Critical Introduction* (Oxford: Blackwell, 1995); 183 S. – Moderne, verständliche Einführung in Geschichte, Methoden und Aufgabengebiete der Komparatistik.

Jost Schneider, *Einführung in die moderne Literaturwissenschaft,* 5th ed. (Bielefeld: Aisthesis-Verlag, 2002); 255 S. – Aktuelle Einführung in die wichtigsten Bereiche der neueren Literaturwissenschaft unter Berücksichtigung moderner Theoriebildungen.

Altphilologie

Gerhard Jäger: *Einführung in die Klassische Philologie,* 3rd (München: Beck, 1990).

Anglistik

Mario Klarer, *Einführung in die anglistisch-amerikanistische Literaturwissenschaft,* 7th rev. ed. (Darmstadt: Wissenschaftliche Buchgesellschaft, 2010); 144 S. – Leichtverständliche Einführung in Arbeitstechniken, Methoden, Gattungen und Geschichte der englischsprachigen Literatur. Der Band folgt der Grundkonzeption der vorliegenden Einführung.

Ein anglistischer Grundkurs: Einführung in die Literaturwissenschaft, ed. Bernhard Fabian, 9th rev. ed. (Berlin: Schmidt, 2004); 294 S. – Traditionelle Einführung in das Fach mit Beiträgen verschiedener Anglisten.

Germanistik

* Stefan Neuhaus, *Grundriss der Literaturwissenschaft,* 3rd ed. (Tübingen und Basel: A. Francke UTB, 2009); 305 S. – Zeitgemäße und gutverständliche Einführung in die Bereiche und Aufgabengebiete der Germanistik.

Dieter Gutzen et al., *Einführung in die neuere deutsche Literaturwissenschaft: Ein Arbeitsbuch,* 7th rev. ed. (Berlin: Schmidt. 2006); 291 S. – Traditionelle Einführung in die Germanistik, mit vielen konkreten Analyse- und Interpretationsbeispielen.

Romanistik

Rupprecht Rohr, *Einführung in das Studium der Romanistik,* 3rd rev. ed. (Berlin: Schmidt, 1980); 221 S.

Jürgen Grimm et al., *Einführung in die französische Literaturwissenschaft,* 4th rev. ed. (Stuttgart: Metzler, 1997); 193 S.

Heinz W. Wittschier, *Die italienische Literatur: Einführung und Studienführer – Von den Anfängen bis zur Gegenwart,* 3rd rev. ed. (Tübingen: Niemeyer, 1985); 350 S.

Christoph Strosetzki, *Einführung in die spanische und lateinamerikanische Literaturwissenschaft.* 2nd ed. (Berlin: Schmidt, 2010); 238 S.

Literaturtheorie

Primärtexte:

Critical Theory Since Plato, ed. Hazard Adams, 3rd rev. ed. (Boston: Thomson, Wadsworth, 2005); 1545 S. – Englischsprachige Sammlung repräsentativer literaturtheoretischer Primärtexte von der Antike bis zur Gegenwart.

Texte zur Literaturtheorie der Gegenwart, eds. Dorothee Kimmich et al. (Stuttgart: Reclam, 2008); 575 S. – Deutschsprachige Sammlung wichtiger moderner literaturtheoretischer Primärtexte.

Nachschlagewerke:

* *Metzler Lexikon Literatur- und Kulturtheorie,* 4th ed., ed. Ansgar Nünning (Stuttgart, Weimar: Metz-

ler, 2008); 742 S. – Bestes alphabetisch geordnetes Nachschlagewerk in deutscher Sprache mit Sachartikeln zu den wichtigsten literaturtheoretischen Positionen, Begriffen und Theoretikern.

Jeremy Hawthorn, *Grundbegriffe moderner Literaturtheorie* (Tübingen, Basel: Francke, 1994) 384 S. [*A Glossary of Contemporary Literary Theory*, 4th ed. (London, New York: Edward Arnold, 2000); 274 S.] – Kurzer, alphabetischer Überblick über die wichtigsten Begriffe der postmodernen Theoriediskussion.

* *Lexikon literaturtheoretischer Werke,* ed. Rolf Günter Renner und Engelbert Habekost (Stuttgart: Alfred Kröner, 1995); 520 S. – Hilfreiche, alphabetisch geordnete Kurzzusammenfassungen wichtiger kultur- und literaturtheoretischer Werke verschiedener Epochen.

The Johns Hopkins Guide to Literary Theory & Criticism, eds. Michael Groden, Martin Kreiswirth and Imre Szeman, 2nd ed. (Baltimore, London: The Johns Hopkins University Press, 2005); 985 S. – Umfangreiches, alphabetisch geordnetes Nachschlagewerk mit Sachartikeln zu den wichtigsten literaturtheoretischen Strömungen, Vertretern und Begriffen sowie detaillierten Literaturhinweisen.

* Raman Selden, Peter Widdowson and Peter Brooker, *A Readers Guide to Contemporary Literary Theory,* 5th ed. (Harlow, New York: Pearson Longman, 2005); 302 S. – Eine der verständlichsten Einführungen in die neuere Literaturtheorie. Sie ist vor allem sehr gut kombinierbar mit:

Raman Selden, *Practicing Theory and Reading Literature: An Introduction* (Lexington: University Press of Kentucky, 1989); 206 S. – Hier wird anhand von je einem englischsprachigen literarischen Text eine literaturtheoretische Analysemethode exemplarisch vorgeführt.

Terry Eagleton, *Einführung in die Literaturtheorie,* 4th ed., trans. Elfie Bettinger, Elke Hentschel (Stuttgart, Weimar: Metzler, 1997); 270 S. [*Literary Theory: An Introduction*, 3rd ed. (Minneapolis: University of Minnesota Press, 2008); 240 S.] – Klassische, auch auf Deutsch erhältliche Einführung in die Literaturtheorie, die einen guten Überblick über die wichtigsten Bereiche des Fachs bietet.

Einzeldarstellungen literaturtheoretischer Strömungen:

Die folgenden Werke sind Einführungstexte in spezifische Bereiche der Literaturtheorie, die etwas höhere Anforderungen stellen als die oben genannten, allgemeinen Überblicksdarstellungen:

Strukturalistische Theoriebildungen:

Victor Erlich, *Russischer Formalismus*, trans. Marlene Lohner (Frankfurt a. M.: Fischer, 1987); 407 S. [*Russian Formalism. History – Doctrine* (The Hague: Mouton, 1955); 311 S.].

Lothar Fietz: *Strukturalismus. Eine Einführung*, 3rd rev. ed. (Tübingen: Gunter Narr, 1998); 227 S.

Terence Hawkes, *Structuralism and Semiotics*, 2nd ed. (London, New York: Routledge, 2003); 176 S.

Psychoanalytische Literaturtheorie:

Walter Schönau, *Einführung in die psychoanalytische Literaturwissenschaft*, 2nd ed. (Stuttgart: Metzler, 2003); 224 S.

Elisabeth Wright, *Psychoanalytic Criticism: Theory in Practice* (London, New York: Routledge, 2002); 224 S.

Marxistische Literaturtheorie:

Terry Eagleton, *Marxism and Literary Criticism* (London, New York: Routledge, 2002); 84 S.

Dekonstruktion:

Christopher Norris, *Deconstruction: Theory and Practice*, 3rd ed. (London, New York: Routledge, 2002); 234 S.

Jonathan Culler, *Dekonstruktion. Derrida und die poststrukturalistische Literaturtheorie,* trans. Manfred Momberger (Reinbek: rororo 1999); 352 S. [*On Deconstruction. Theory and Criticism after Structuralism* (Ithaca, Cornell University Press, 2007); 317 S.].

Feministische Literaturtheorie:

Toril Moi, Sexus – Text – Herrschaft: Feministische Literaturtheorie, trans. Elfi Hartenstein et al. (Bremen: Zeichen und Spuren, 1997); 218 S. [*Sexual/Textual Politics*, 2nd ed. (London, New York: Routledge, 2002); 221 S.].

Jutta Osinski, *Einführung in die „feministische" Literaturwissenschaft* (Berlin: Schmidt 1998); 216 S.

Rezeptionstheorie:

Robert C. Holub, *Reception Theory: A Critical Introduction* (London, New York: Routledge, 2003); 189 S.

Wolfgang Iser, *Der Akt des Lesens. Theorie ästhetischer Wirkung,* 4th ed. (München: Fink, 1994); 358 S.

New Historicism:

Brook Thomas, *The New Historicism and Other Old-Fashioned Topics* (Princeton: Princeton University Press, 1993); 278 S.

Catherine Gallagher and Stephen Greenblatt, *Practicing New Historicism* (Chicago: University of Chicago Press, 2001); 249 S. – Die „Introduction" (1–19) bietet einen ausgezeichneten Überblick über Methoden und Tätigkeitsbereiche des New Historicism.

Kulturwissenschaft:

Markus Fauser, *Einführung in die Kulturwissenschaft*, 2nd ed. (Darmstadt: Wissenschaftliche Buchgesellschaft, 2004); 172 S. – Gute Überblicksdarstellung der zentralen Bereiche der Kulturtheorie.

Fred Inglis, *Cultural Studies* (Oxford: Blackwell, 1994); 280 S.

Postkolonial Theorie:

Peter Childs and Patrick Williams, *An Introduction to Post-Colonial Theory* (London, New York: Prentice Hall, 1997); 240 S.

The Key Concepts, ed. Bill Ashcroft, Gareth Griffiths, and Helen Tiffin, 2nd ed. (London, New York: Routledge, 2001); 288 S.

Gattungen

Prosa:

* Jeremy Hawthorn, *Studying the Novel: An Introduction*, 5th ed. (London: Hodder, 2005); 224 S. – Einführung in die Geschichte und Elemente der Gattung Prosa mit weiterführender Literatur.

Hans-Werner Ludwig, ed. *Arbeitsbuch Romananalyse*, 6th ed. (Tübingen: Gunter Narr, 1998); 260 S. – Traditionelle, nicht mehr ganz neue Einführung in die Romananalyse anhand konkreter Textbeispiele.

* Manfred Jahn and Ansgar Nünning, „A Survey of Narratological Models," *Literatur in Wissenschaft und Unterricht* 27.4 (1994) 283–303 – einfache und hilfreiche Zusammenstellung theoretischer Positionen und Terminologien der Narratologie, die als erster Einstieg zu empfehlen ist.

* Monika Fludernik, *Einführung in die Erzähltheorie*, 3rd ed. (Darmstadt: Wissenschaftliche Buchgesellschaft, 2009); 191 S – Gut verständliche, anfängergerechte Einführung in die Grundlagen der Erzähltheorie.

Franz K. Stanzel, *Theorie des Erzählens*, 7th ed. (Göttingen: Vandenhoeck & Ruprecht, 2008); 339 S. – Auch in englischer Übersetzung erhältlicher Klassiker der Erzähltheorie, der den Anspruch vertritt, eine Systematik für die im Roman möglichen Erzählsituationen zu bieten und damit für den Anfänger oft hohe Anforderungen stellt.

Ian Watt, *The Rise of the Novel: Studies in Defoe, Richardson and Fielding* (Kessinger 2009); 322 S. – Klassische, gut lesbare Studie zu den Anfängen und soziokulturellen Hintergründen des englischen Romans im 18. Jahrhundert.

Lyrik:

The New Princeton Encyclopedia of Poetry and Poetics, ed. Alex Preminger et al., rev. ed. (Princeton: Princeton University Press, 1993); 1382 S. – Standardnachschlagewerk zu den Hauptgebieten der Lyrik sowie den traditionellen Gebieten der Literaturtheorie.

* Laurence Perrine and Thomas R. Arp, *Sound and Sense: An Introduction to Poetry*, 13th ed. (Fort Worth, Philadelphia: Wadsworth, 2010); 480 S., sowie

Cleanth Brooks and Robert Penn Warren, *Understanding Poetry*, 4th ed. (New York: Holt, Rinehart and Winston, 1976); 602 S. – Klassiker der werkimmanenten Lyrikanalyse, der trotz seines rigiden Ansatzes die terminologischen und formalen Aspekte der Lyrik anhand von konkreten Textinterpretationen in verständlicher Weise erläutert.

Hans-Werner Ludwig, *Arbeitsbuch Lyrikanalyse*, 5th ed. (Tübingen: A. Francke UTB, 2005); 305 S. – Detaillierte Einführung in die Lyrikanalyse, deren Systematik für den Anfänger höhere Anforderungen stellt als die genannten englischsprachigen Publikationen.

Dieter Burdorf, *Einführung in die Gedichtanalyse*, 2nd rev. ed. (Stuttgart, Weimar: Metzler, 1997); 276 S. – Kurze und verständliche Einführung in die wichtigsten Bereiche der Lyrikanalyse.

Drama:

The Cambridge Guide to Theatre, ed. Martin Banham, 2nd ed. (Cambridge: Cambridge University Press, 1995); 1247 S. – Illustriertes, alphabetisch geordnetes Nachschlagewerk zur allgemeinen Kurzinformation über die wichtigsten Dramatiker, Werke und dramatischen Termini.

Elke Platz-Waury, *Drama und Theater: Eine Einführung*, 5th rev. ed. (Tübingen: Gunter Narr 1999); 230 S. – Traditionell gehaltene, aber leicht verständliche Einführung in die wichtigsten Bereiche des Dramas.

Phyllis Hartnoll, *The Theatre: A Concise History*, 3rd ed. (London: Thames and Hudson, 1998); 304 S. – Reich illustrierter, allgemeiner Überblick über die historische Entwicklung des Theaters in seiner Gesamtheit von Text, Regie und Aufführung.

Bernhard Asmuth, *Einführung in die Dramenanalyse*, 7th ed. (Stuttgart, Weimar: Metzler, 2009); 235 S. – Kurze und verständliche Einführung in die wichtigsten Bereiche der Dramenanalyse.

Manfred Pfister, *Das Drama: Theorie und Analyse*, 11th ed. (München: Wilhelm Fink Verlag, 2001); 454 S. – Auch ins Englische übersetztes Standardwerk zum Drama, das wie Stanzel für den Roman eine umfassende Systematik der Dramenanalyse versucht, die jedoch für den Anfänger nicht immer leicht verständlich ist.

Film:

Nachschlagewerke

International Dictionary of Films and Filmmakers, eds. Tom and Sara Pendergast, 4th ed., 4 vols. (Detroit, New York: St. James Press, 2000); jeder Band ca. 1500 S. – Eines der umfangreichsten englischsprachigen Nachschlagewerke zu den verschiedenen Aspekten des internationalen Films, mit je einem eigenen Band über Filme, Regisseure, Schauspieler und Scriptwriter bzw. Produzenten.

IMDb – Internet Movie Database (www.imdb.com) – weltweit umfangreichste Filmdatenbank mit grundlegenden Fakten zu nahezu jedem je öffentlich gezeigten Film (Darsteller, Regie, Besprechungen, Inhaltsangaben, Links etc.).

Ephraim Katz, *The Film Encyclopedia: The Complete Guide to Film and the Film Industry*, 6th rev. ed. (New York: Collins, 2008); 1584 S. – Preisgünstiges, alphabetisch geordnetes Nachschlagewerk zu den wichtigsten Begriffen, Personen und Werken im Umfeld des Films.

Leonard Maltin, *Movie and Video Guide* (New York: Signet, 2010); 1664 S. – Sehr preiswertes Nachschlagewerk zur Kurzinformation zu den wichtigsten Kino- und Videofilmen, das jährlich neu aufgelegt wird und damit auch neueste Filme berücksichtigt.

Filmgeschichte

* David Parkinson, *History of Film* (New York: Thames and Hudson, 1995); 264 S. – prägnante und reichbebilderte Überblicksdarstellung über die Geschichte des internationalen Films.

Kristin Thompson and David Bordwell, *Film History: An Introduction*, 3rd ed. (Columbus, Ohio, McGraw-Hill Higher Education 2010); 780 S. – Äußerst umfassender und reich bebilderter Überblick über ästhetische, technische und industrielle Aspekte der weltweiten Geschichte des Films.

Wheeler Winston Dixon and Gwendolyn Audrey Foster, *A Short History of Film*. (New Brunswick, New Jersey: Rutgers Univ. Press 2008); 441 S. – Übersichtliches und gut lesbares Werk zu den wichtigsten Filmemachern, Filmen und Strömungen in der Geschichte des internationalen Kinos, unter Miteinbeziehung einiger – bisher wenig beachteter – Frauen und deren Werken.

Filmeinführungen

* James Monaco, *Film verstehen. Kunst, Technik, Sprache, Geschichte und Theorie des Films und der Neuen Medien*, trans. Hans-Michael Bock und Brigitte Westermeier. rev. ed. (Reinbek: rororo, 2009); 816 S. [*How to Read a Film: Movies, Media and Beyond*, 4th ed. (New York, Oxford: Oxford University Press, 2009); 736 S.]. – Klassisches Einführungswerk, das auch in deutscher Übersetzung erhältlich ist und sich daher gut als Einstieg in die deutschsprachige Filmterminologie eignet.

* Warren Buckland, *Film Studies*, 3rd rev. ed. (London: Hodder & Stoughton, 2008); 240 S. – Kurzer, informativer Einstieg in die Filmwissenschaft mit Abschnitten über die wichtigsten Bereiche der Disziplin.

Introduction to Film Studies, ed. Jill Nelmes, 4th ed. (London, New York: Routledge, 2007); 512 S. – Übersichtliche und umfassende Einführung mit den wichtigsten Theorien und Zugängen zum internationalen Film.

Film und Literatur

Thomas Leitch, *Film Adaptations and its Discontents. From* Gone With the Wind *to* The Passion of the Christ. (Baltimore, The John Hopkins University Press 2009); 354 S.

Robert Stam, *Literature and Film: A Guide to the Theory and Practice of Film Adaptation* (Malden, Mass.: Blackwell, 2005); 359 S.

Seymour Chatman, *Coming to Terms: The Rhetoric of Narrative in Fiction and Film* (Ithaca: Cornell University Press, 1990); 240 S. – Überblick über die Wechselwirkung von Film und Literatur aus erzähltheoretischer Sicht.

Adaptations: From Text to Screen, Screen to Text, ed. Deborah Cartmell and Imelda Whelehan (London:

Routledge, 1999); 247 S. – Exemplarische Analysen von Literaturverfilmungen.

The Encyclopedia of Novels into Film, ed. John C. Tibbetts and James M. Welsh, 2nd ed. (New York: Facts on File, 2005); 586 S. – Hilfreiches, alphabetisch geordnetes Nachschlagewerk zu den wichtigsten Romanen und ihren Verfilmungen.

Filmtheorie

Robert Stam, Film Theory: An Introduction (Oxford: Blackwell, 1999); 381 S. – Überblick über die wichtigsten Strömungen in der Filmtheorie des 20. Jahrhunderts. Gut kombinierbar mit:

Film and Theory: An Anthology, ed. Robert Stam and Toby Miller (Oxford: Blackwell, 2000); 862 S. – Thematisch geordnete Auswahl von filmtheoretischen Primärtexten aus den letzten vier Jahrzehnten.

Critical Dictionary of Film and Television Theory, ed. Roberta E. Pearson and Philip Simpson (London: Routledge, 2001); 498 S. – Alphabetisch geordnetes Nachschlagewerk über die wichtigsten filmtheoretischen Begriffe, Namen und Konzepte.

Film Theory and Criticism: Introductory Readings, eds. Leo Braudy et al., 7th ed. (New York, Oxford: Oxford University Press, 2009); 912 S. – Zusammenstellung repräsentativer (Primär)Texte der Filmtheorie und Filmkritik von ihren Anfängen bis in die Gegenwart.

* *Texte zur Theorie des Films*, 5th ed., ed. Franz-Josef Albersmeier (Stuttgart: Reclam, 1999); 408 S. – Deutschsprachige Sammlung wichtiger filmtheoretischer Texte aus verschiedenen filmgeschichtlichen Epochen.

Arbeitstechniken

Form der wissenschaftlichen Arbeit und Arbeitstechniken

* Joseph Gibaldi, *MLA Handbook for Writers of Research Papers*, 7th ed. (New York: The Modern Language Association, 2009); 292 S. – Detailliertes Standardnachschlagewerk zur formalen Erstellung des kritischen Apparats nach *MLA* Standard mit neuesten Informationen zur computerunterstützten Literatursuche. Da dieses Handbuch in regelmäßigen Abständen mit leichten Überarbeitungen neu aufgelegt wird, ist darauf zu achten, dass man die jeweils letzte Ausgabe verwendet.

* Umberto Eco, *Wie man eine wissenschaftliche Abschlussarbeit schreibt: Doktor-, Diplom- und Magisterarbeit in den Geistes- und Sozialwissenschaften*, trans. Walter Schick, 13th ed. (Stuttgart: Facultas wuv UTB, 2010); 288 S. – Äußerst empfehlenswerte und leicht verständliche, allgemeine Einführung in das wissenschaftliche Schreiben.

Matthias Karmasin und Rainer Ribing, *Die Gestaltung wissenschaftlicher Arbeiten: Ein Leitfaden für Seminararbeiten, Bachelor-, Master- und Magisterarbeiten, Diplomarbeiten und Dissertationen*, 4th ed. (Stuttgart: Facultas wuv UTB, 2009); 141 S. – Wegweiser für die Abfassung von Arbeiten, falls man sich nicht an das *MLA* Format halten will oder muss.

Jeannette A. Woodward, *Writing Research Papers: Investigating Resources in Cyberspace,* 2nd ed. (Lincolnwood, Ill.: NTC/Contemporary, 1999); 317 S. – Hilfreiches Handbuch zum Verfassen von Seminararbeiten unter Zuhilfenahme von Ressourcen im Internet. Neben Adressen wichtiger Websites bietet dieses Buch auch Kriterien an, die gute und zitierbare Websites auszeichnen.

Mario Klarer, *Präsentieren auf Englisch*, 4th ed. (Heidelberg: Redline Wirtschaft, 2008); 134 S. – Einführung in englischsprachige Präsentationen für Studium, Wissenschaft und Beruf mit Sprachmodulen und Übungen.

Alice Oshima and Ann Hogue, *Writing Academic English*, 4th ed. (White Plains: Pearson Longman, 2006); 337 S. – Sehr benutzerfreundliches Einführungswerk zum Verfassen akademischer Arbeiten mit vielen Übungsbeispielen. Der Schwerpunkt des Buches liegt auf Kompositionstechnik, d. h. es behandelt Aufbau und Gliederung eines Textes, wobei ausgehend von der Satzebene, über Absatzgestaltung bis hin zur inhaltlichen Grobkonzeption alle wichtigen Strukturaspekte erläutert werden.

Glossar textwissenschaftlicher Grundbegriffe

Dieser Überblick über die wichtigsten Begriffe im Umfeld der Literatur- und Filmwissenschaft dient zur Kurzinformation oder als persönliche Überprüfungshilfe. Die angegebenen Ziffern beziehen sich auf jene Passagen im Buch, die den jeweiligen Begriff ausführlich behandeln.

absurdes Theater (engl. theater of the absurd), 71: Strömung im → *Drama* der Mitte des 20. Jahrhunderts, die sich von einem traditionellen, auf einen Höhepunkt gerichteten Handlungsverlauf und konventioneller → *Charakterpräsentation* abwendet, um eine entsprechende Ausdrucksform zur Darstellung des modernen Menschen der Nachkriegsära zu finden.

affective fallacy, 24: (etwa „Irrglaube der Wirkung"); wichtiger Begriff des → *New Criticism,* der das Miteinbeziehen der emotionalen Reaktion des Lesers auf einen Text in der → *Interpretation* kritisiert; damit stellt sich der New Criticism besonders gegen unbegründetes, subjektives Ergriffensein durch Texte; vgl. auch → *intentional fallacy.*

Akt (engl. act), 71: grobe Unterteilung eines → *Dramas*, die wiederum aus mehreren Szenen bestehen kann. Das neuzeitliche Theater übernahm die in der Antike übliche Gliederung der Handlung in fünf Akte; im 19. Jahrhundert wurde die Zahl auf vier, im 20. Jahrhundert auf meist drei Akte reduziert oder die Akteinteilung zugunsten einer losen Szenenfolge aufgegeben.

akustische Dimension des Films, 83–84: jüngster Aspekt des → *Films*, der erst in den 1920er Jahren entwickelt wurde und eine radikale Veränderung des Mediums mit sich brachte. Information war nun nicht mehr ausschließlich an optische Effekte wie Mimik, Gestik oder eingeblendete Schrift gebunden, sondern konnte mittels Sprache bzw. Dialog, Musik oder Geräuschen vermittelt werden.

Alliteration bzw. **Stabreim** (engl. alliteration), 64–65: → *Reim*, der den anlautenden Konsonanten innerhalb eines Verses wiederholt; vgl. → *Assonanz*.

Amphitheater (engl. amphitheater), 73: → *griechisches Theater* unter freiem Himmel bestehend aus *Orchestra* und *Skene* bzw. Bühnenhaus. Die Sitzplätze für das Publikum waren in konzentrischen Sitzreihen um die Orchestra angeordnet.

Anapäst (engl. anapest), 64: → *Versfuß,* bei dem auf zwei unbetonte Silben eine betonte Silbe (˘ ˘ ´) folgt; z. B.: „Wĕnn dĭe Grás | blŭtĕ stäübt | vŏn dĕr win | zĭğĕn Spín | dĕl."

Antike (engl. Classical Antiquity), 85–86: früheste literaturgeschichtliche Epoche, die neben den Literaturen der alten Hochkulturen, griechische und römische Literatur umfasst.

archetypischer Ansatz (engl. archetypal criticism), 23: basierend auf der Tiefenpsychologie C. G. Jungs (1875–1961) werden in dieser → *strukturalistischen*, der Psychoanalyse verwandten Richtung Texte auf kollektive Archetypen (Grundmotive oder Urbilder) des menschlichen Unterbewusstseins hin untersucht, die unterschiedlichen Epochen oder Sprachen gemeinsam sind und in Mythos und Literatur verarbeitet werden (wie Mutterfigur, Schatten, etc.); vgl. → *mythologischer Ansatz*.

Assonanz (engl. assonance), 64: → *Reim*, der den anlautenden Vokal innerhalb eines Verses wiederholt; vgl. → *Alliteration*.

Aufführung (engl. performance), 75–77: letzte Phase in der Umsetzung eines dramatischen → *Textes* auf der Bühne; vgl. → *Drama* und → *Schauspieler*.

Aufklärung (engl. enlightenment), 88–89: überregionale, kulturgeschichtliche Strömung im 18. Jahrhundert, die sich durch eine kritische Haltung gegenüber traditionellen Normen und Konzepten auszeichnet. Zentraler Begriff ist die Vernunft, womit dem Menschen große Eigenverantwortlichkeit zugesprochen wird.

Auflösung (franz. und engl. denouement), 46: Phase des → *Plots* nach dem → *Höhepunkt* meist am Ende des Textes, in der die Auflösung der → *Komplikation* erfolgt.

Aufsatz (engl. essay oder article), 12–13: → *Sekundärliteratur* zu einem spezifischen Thema, → *Text* oder Autor in Zeitschriften oder → *Sammelbänden*.

auktoriale Erzählsituation (engl. omniscient point of view), 50: → *Erzählperspektive*, die auf die handelnden Personen im Text ausschließlich in der dritten Person verweist und die Handlung aus einer allwissenden, gottähnlichen oder entpersonifizierten Perspektive wiedergibt.

Ausgangssituation (engl. exposition), 46: erster Teil eines → *linearen Plots*; wird auch als Exposition bezeichnet.

autororientierte Ansätze (engl. author-centered approach), 27–29: literaturwissenschaftliche Richtungen, die eine direkte Verbindung zwischen literarischem Text und Biographie des Autors herzustellen versuchen; vgl. → *Biographische Literaturwissenschaft*.

Ballade (engl. ballad), 57: Untergattung der erzählenden → *Lyrik*, die eine Art Zwitterstellung zwischen epischen Lang- und lyrischen Kurzformen einnimmt, da sie trotz gut entwickelten → *Plots* und differenzierter → *Erzählperspektive* an Umfang und Komplexität nicht an → *Epos* oder → *Romanze* heranreicht. Formal zeichnet sich die Ballade durch vierzeilige → *Strophen* aus.

Barock (engl. Baroque), 88: Kultur- und literaturgeschichtliche Strömung des 17. Jahrhunderts, die in Italien ihren Ausgang nimmt. Der Begriff wird für eine nicht mehr der eigentlichen → *Renaissance* zugehörigen Richtung angewendet, die sich durch ornamentalen Überschwang und Manierismus in Kunst, Architektur und Literatur auszeichnet.

Beiseitesprechen (engl. aside), 70: Sonderform des → *Monologs*, in dem eine Figur auf der Bühne Information an das Publikum weitergibt, die nicht für die anderen Bühnenfiguren zugänglich ist.

Beleuchtung (engl. lighting), 80: visuelles Mittel, das in → *Film* und → *Drama* als bedeutungstragendes Element eingesetzt wird, um die Handlung durch optische Effekte zu unterstützen.

Bibliographie oder **Literaturverzeichnis** (engl. bibliography oder list of works cited), 12, 101–103: alphabetisch geordnete Liste der verwendeten → *Primär-* und → *Sekundärliteratur* in einer wissenschaftlichen Arbeit.

Bild (engl. frame), 80–81: Begriffe wie *close-up, medium* und *long shot* bezeichnen den auf der Leinwand gezeigten Ausschnitt oder die Entfernung der Kamera vom gefilmten Objekt. Durch Einsatz von Weitwinkel- oder Teleobjektiven können ähnliche Effekte erzielt werden; vgl. auch → *mise-en-scène*.

Bildlichkeit (engl. imagery), 56: Begriff, der auf das lateinische Wort „imago"- „Bild" zurückgeht und vorwiegend auf den Einsatz konkreter Sprache verweist, die abstrakte Themen eines Gedichtes bildhaft erscheinen lässt.

Bildungsroman (engl. bildungsroman), 42: Untergattung des → *Romans*, die generell die Entwicklung eines → *Protagonisten* von seiner Kindheit bis ins Alter zeigt.

Biographische Literaturwissenschaft (engl. biographical criticism), 27–28: → *autororientierter Ansatz* in der → *Literaturwissenschaft*, der eine Wechselwirkung zwischen Biographie des Autors und seinem Werk herzustellen versucht.

Briefroman (engl. epistolary novel), 42: Untergattung des → *Romans*, die Briefe als Ausdrucksmedium einer → *Ich-Erzählsituation* verwendet.

Buchbesprechung oder **Rezension** (engl. book review), 38–39: kritisch bewertende Besprechung eines → *Primär-* oder → *Sekundärwerkes* in einer Zeitschrift oder Zeitung.

Charakter bzw. **Figur** (engl. character oder figure), 47–49: handelnde Person in einem literarischen Text. Man spricht von Hauptperson bzw. → *Protagonist* (engl. main character oder protagonist) und *Nebenfigur* (engl. minor character). Wiederkehrende Charaktertypen im → *Drama* werden als *stock characters* bezeichnet.

Charakterpräsentation (engl. character presentation), 47–49: man unterscheidet generell zwischen → *Typisierung* und → *Individualisierung*; der typenhaft skizzierte Charakter, der durch *eine dominante Eigenschaft* bestimmt ist, wird auch als → *flacher Charakter* bezeichnet. Werden komplexe Eigenschaften oder differenzierte Wesenszüge dargestellt, spricht man von einem → *runden Charakter*. Sowohl typifizierte als auch individualisierte Charaktere müssen in einem Text durch bestimmte „Präsentationsmethoden" vermittelt werden. Man kann zwischen dem → *Zeigen* (engl. showing) und dem → *Erklären* (engl. telling) als zwei grundlegenden Arten der Charakterisierung in Texten unterscheiden.

Chiasmus oder **Kreuzstellung** (engl. chiasmus), 62: kreuzartige Anordnung von Buchstaben, Worten oder Phrasen in einem Gedicht (vom griech. Buchstaben „X"= Chi).

Chor (engl. chorus), 76: Ursprünglicher Kern des antiken → *Dramas*, dem in der klassischen Zeit weitere Figuren hinzugefügt wurden. Aufgabe des Chors war eigentlich, lyrische Gedichte vorzutragen, die zum Teil die Handlung des Dramas kommentierten, aber auch teilweise an die Schauspieler gerichtet waren, um diesen Ratschläge zu erteilen; vgl. → *griechisches Theater*.

close reading, 24: zentraler Begriff des → *New Criticism*, der oft gleichbedeutend mit → *werkimmanenter* Textinterpretation verwendet wird; vgl. auch → *affective* und → *intentional fallacy*.

Daktylus (engl. dactyl), 64: → *Versfuß*, bei dem auf eine betonte Silbe zwei unbetonte Silben (' ˘ ˘) folgen; z.B.: „Reích mir díe | vóllĕ, dĭe | fúnkĕlndĕ | Scháĕ …"

Darstellende Künste (engl. performing arts), 77: trotz ihrer unterschiedlichen Erscheinungsformen werden → *Drama* und → *Film* aufgrund ihres Einsatzes von → *Schauspielern* als Ausdrucksmedium gerne unter dem Begriff *Darstellende Künste* zusammengefasst.

Dekonstruktion (engl. deconstruction), 25–27: eine

der jüngsten und komplexesten Richtungen der → *textorientierten Ansätze* in der Literaturtheorie, die auf den Arbeiten des französischen Philosophen Jacques Derrida (1930–2004) basiert und auch als → *Poststrukturalismus* bezeichnet wird; betont wie die → *Semiotik* den Zeichencharakter von → *Texten*, richtet aber das Hauptaugenmerk auf das Zusammenspiel der → *Signifikanten* und unterscheidet sich so von älteren Schulen des → *Strukturalismus*.

Dialog (engl. dialogue), 70, 83: Rede auf der Bühne, die im Gegensatz zum → *Monolog* an einen direkten Partner gerichtet ist.

Diskurs (engl. discourse), 11: Bezeichnung für inhaltlich oder thematisch klassifizierbare (mündliche und schriftliche) Sprachpraxis; z.B. historischer, ökonomischer, politischer, weiblicher Diskurs; vgl. auch → *Gattung* und → *Textsorte*.

Drama (engl. drama), 66–77: eine der drei klassischen literarischen → *Gattungen*, zu dessen Ebenen → *Text*, → *Transformation* und → *Aufführung* zählen; d.h. neben geschriebenem oder gesprochenem Wort bedienen sich die Darstellenden Künste einer Reihe nonverbaler, vorwiegend optisch-visueller Kommunikationsebenen wie Bühnenbild, Szenenfolge, Mimik, Gestik, Schminke, Requisiten und → *Beleuchtung*.

dramatische Charakterisierung oder **zeigende Charakterisierung** (engl. showing), 48–49: diese Präsentationsmethode suggeriert dem Leser, dass die agierenden Personen durch ihre Handlungen und Aussagen im Text ohne zwischengeschalteten Kommentator ähnlich wie im Drama wahrnehmbar sind; vgl. → *Charakterpräsentation*.

drei Einheiten (engl. three unities), 70: Regeln bezüglich der Einheit von Ort, Zeit und Handlung im → *Drama*, die auf die Aristoteles-Interpretation der → *Renaissance* zurückgehen; demnach soll sich im „guten" Drama der Ort der Handlung während eines Stückes nicht verändern, die Zeit im Stück mit der realen Aufführungsdauer übereinstimmen sowie die Handlung in sich geschlossen einem linearen → *Plot* folgen.

Einleitungsparagraph (engl. introductory paragraph), 96–97: der erste Absatz in einer wissenschaftlichen Arbeit dient dem Leser als eine Art Plan oder Vorschau über Inhalt, Methode und Aufbau der Arbeit.

Elegie (engl. elegy), 56: klassische Gedichtform, die meist die Klage um einen Verstorbenen thematisiert.

Endreim (engl. end rhyme), 65: häufiges Reimschema in modernen → *Gedichten*, das sich durch identische Silben am Ende bestimmter Verszeilen auszeichnet; vgl. → *Reim*.

Englisches oder **Shakespeare-Sonett** (engl. English or Shakespearean sonnet), 65–66: Sonettform bestehend aus drei Quartetten und einem Reimpaar. Das → *Metrum* (jambische Pentameter) der insgesamt 14 Verszeilen folgt dem Reimschema *abab cdcd efef gg*; vgl. → *Sonett*.

Epos (engl. epic), 40–41: umfangreiches, erzählendes „Gedicht", das sich trotz Abfassung in Versen aufgrund seines Umfangs, der Erzählstruktur, Charakterschilderung und des Handlungsverlaufs von der Gattung → *Lyrik* abhebt. Seine komplexe Handlung kreist meist um einen nationalen Helden, der Abenteuer oder Prüfungen von kosmischen Dimensionen zu vollbringen hat. In der Neuzeit wird das Epos weitgehend vom → *Roman* abgelöst; vgl. auch → *Lyrik* und → *Romanze*.

Erklären (engl. telling); 48–49: Präsentationsmethode, die eine Figur im Gegensatz zum → *Zeigen* durch einen Erzähler beschrieben wird; vgl. → *Charakterpräsentation*.

Erlebnislyrik (engl. lyric poetry), 55: im Gegensatz zur → *erzählenden Lyrik* zeichnen sich diese relativ kurzen Gedichte dadurch aus, dass das Hauptaugenmerk auf *einem* Erlebnis, Eindruck oder einer Idee liegt (z.B → *Sonett* und → *Ode*).

erzählende Lyrik (engl. narrative poetry), 55: hierzu rechnet man Gattungen wie → *Epos*, → *Romanze* und → *Ballade*, die eine Geschichte mit klar ersichtlicher Handlung erzählen.

Erzählperspektive oder **-situation** (engl. point of view oder narrative perspective), 49–53: Art und Weise, wie Personen, Ereignisse oder Schauplätze in einem Text präsentiert werden, wobei zwischen drei grundlegenden Positionen unterschieden werden kann: die Handlung wird dem Leser durch eine außenstehende Erzählinstanz → *auktorial*, durch eine beteiligte Person → *Ich-Erzählsituation* oder völlig kommentarlos → *personal* vermittelt; vgl. auch → *stream of consciousness technique*.

Essay (engl. essay), 13: literarisches → *Genre*, das einen spezifischen Aspekt einer bestimmten Fragestellung auf wenigen Seiten behandelt und aus heutiger Perspektive sowohl der → *Primär-* als auch der → *Sekundärliteratur* zuzurechnen ist; in England hat das Essay vor allem im Umfeld der Zeitschriften des Achtzehnten Jahrhunderts eine Blüte erfahren.

Expressionismus (engl. expressionism), 74–75: kunst- und literaturgeschichtliche Strömung des frühen 20. Jahrhunderts, die sich durch bewusste Überbetonung bestimmter Aspekte eines dargestellten „Objektes" (z.B. kräftige Linien in der Malerei; typifizierte → *Charakterpräsentation* in der Literatur) vom älteren → *Realismus* abhebt.

externe Methode (engl. external method), 75: Ansatz

in der Schauspielausbildung, der davon ausgeht, dass der → *Schauspieler* durch verschiedene Techniken in der Lage ist, beliebige Bewusstseinszustände ohne emotionales Hineinversetzen in seine Rolle zu imitieren; vgl. → *interne Methode.*

Feministische Filmtheorie (engl. feminist film theory), 37: Richtung in der → *Filmtheorie*, die geschlechtsspezifische Aspekte wie den „male gaze" ins Zentrum der Analyse stellt.

Feministische Literaturwissenschaft (engl. feminist literary theory), 33–34: → *kontextorientierter Ansatz*, der das Phänomen „Geschlechterdifferenz" (deshalb oft auch → *gender theory*) als methodischen Ansatzpunkt zur Analyse literarischer Texte wählt.

Figur bzw. **Charakter** (engl. character oder figure), 47–49: handelnde Person in einem literarischen Text. Man spricht von Hauptperson bzw. → *Protagonist* (engl. main character oder protagonist) und → *Nebenfigur* (engl. minor character). Wiederkehrende Charaktertypen im → *Drama* werden als *stock characters* bezeichnet.

Film (engl. film), 77–84: trotz ihrer unterschiedlichen Erscheinungsformen werden → *Drama* und Film aufgrund ihres Einsatzes von → *Schauspielern* als Ausdrucksmedium gerne unter dem Begriff → *Darstellende Künste* (engl. *performing arts*) zusammengefasst. Betrachtet man das Medium jedoch aus einer formal-strukturalistischen Perspektive, erscheint der Film in vielen Aspekten dem → *Roman* verwandter als dem Drama. Der größte Unterschied zum Drama liegt sicher in der „Fixiertheit" des Films, während die Aufführung des Theaterstücks Einmaligkeitscharakter aufweist; vgl. → *räumliche*, → *zeitliche* und → *akustische Dimension* des Films.

Filmmaterial (engl. film stock), 80: durch gezielten Einsatz von schwarz-weißem, farbigem, kontrastreichem oder kontrastarmem, hoch- oder wenigempfindlichem Filmmaterial werden Effekte erzielt, die auf inhaltliche Aspekte indirekt Einfluss nehmen können; vgl. → *räumliche Dimension des Films.*

Filmpsychologie (engl. film psychology), 36: frühe Richtung in der → *Filmtheorie*, die Film in Analogie zur menschlichen Vorstellungskraft sieht und den Bildaufbau als Basis der illusorischen Filmrealität erachtet.

Filmsemiotik (engl. film semiotics), 37: Richtung in der → *Filmtheorie*, die Film als semiotisches System von medienspezifischen „codes" betrachtet.

Filmtheorie (engl. film theory), 36–38: wissenschaftstheoretische Grundlage der Filmwissenschaft; vgl. → *Literaturtheorie.*

flacher Charakter (engl. flat character), 47: typenhaft skizzierte Figur, die durch *eine* dominante Eigenschaft bestimmt ist; diese → *Charakterpräsentation* wird auch als → *Typisierung* bezeichnet; vgl. → *runder Charakter.*

Formalismus (engl. formalism), 20–23: → *textorientierter Ansatz*, der oft mit → *Strukturalismus* gleichgesetzt wird, da beide in der → *Interpretation* formal-strukturelle Aspekte (werkimmanente Methode) eines Textes hervorheben und bewusst historische, soziologische, biographische oder psychologische Dimensionen des literarischen → *Diskurses* vernachlässigen. Es werden z. B. phonetische Strukturen, Rhythmus, → *Reim*, → *Metrum* und Ton als eigenständige bedeutungstragende Elemente analysiert. Wichtige Schulen sind der → *Russische Formalismus* und → *Prager Strukturalismus* in der ersten Hälfte des 20. Jahrhunderts. Im anglo-amerikanischen Raum hat sich der → *New Criticism* als verwandte Richtung entwickelt; vgl. auch → *Semiotik* und → *Dekonstruktion.*

Forschungsbericht (engl. review article), 38: aufsatzähnliche Zusammenstellung, Sichtung und Besprechung von → *Sekundärliteratur* zu einem spezifischen Thema, Autor oder Werk in einer wissenschaftlichen Zeitschrift.

Frauenliteratur (engl. women's literature), 91: Oberbegriff für literarische Primärtexte von weiblichen Autoren, die sich als anerkannte Strömung erst in der zweiten Hälfte des 20. Jahrhunderts etabliert hat; vgl. auch → *„Randgruppen"-Literaturen.*

Fußnote (engl. note bzw. foot note), 12, 100–101: zusätzliche, inhaltliche Anmerkungen zu einem Text bzw. Hinweise auf → *Primär-* oder → *Sekundärliteratur.*

Gattung oder **Genre** (engl. genre), 11: Oberbegriff für literarische Formen, die traditionellerweise in → *Epos*, → *Drama* und → *Lyrik* unterteilt werden. Diese Gattungs- oder Genreunterscheidung wird heute zwar noch häufig verwendet, jedoch haben besonders die Prosaformen → *Roman* (engl. novel) und → *Kurzgeschichte* (engl. short story) das traditionelle → *Epos* (engl. epic) weitgehend abgelöst. Es wird daher besonders im englischen Sprachraum vermehrt von *prose* (bzw. *fiction*), *drama* und *poetry* gesprochen; vgl. auch → *Diskurs* und → *Textsorte.*

Gedicht oder **Lyrik** (engl. poetry), 54–66: literarische → *Gattung*, die sich formal von der → *Prosa* durch Vers, → *Reim* und → *Metrum* unterscheidet; in modernen Prosagedichten oder experimenteller Lyrik fehlen diese klassischen Merkmale oft; sie zeichnen sich aber durch bestimmte Wortwahl sowie bewussten Einsatz von syntaktischen Strukturen und → *rhetorischen Figuren* als lyrisches Phänomen aus; vgl. auch → *erzählende Lyrik* und → *Erlebnislyrik.*

gender theory, 33–34: → *kontextorientierter Ansatz*, der das Phänomen „Geschlechterdifferenz" als methodischen Ansatzpunkt zur Analyse literarischer Texte wählt. Im Gegensatz zur → *Feministischen Literaturwissenschaft* bemüht sich dieser Analyseansatz um die Miteinbeziehung beider Geschlechter.

Genre siehe → *Gattung*.

griechisches Theater (engl. Greek theater), 73: Amphitheater unter freiem Himmel bestehend aus *Orchestra* und *Skene* bzw. Bühnenhaus. Die Sitzplätze für das Publikum waren in konzentrischen Sitzreihen um die Orchestra angeordnet. Während die → *Schauspieler* sich zwischen Skene und Orchestra bewegten, nahm der → *Chor* in der Orchestra zwischen Publikum und Schauspielern Aufstellung. In den → *Komödien* und → *Tragödien* des klassischen griechischen Dramas trugen alle auftretenden Personen eine Maske.

Guckkastenbühnen (engl. proscenium stage), 74: diese seit dem → *Barock* allgemein gebräuchliche Bühnenart eignet sich durch ihre schachtelartige Form gut zur Erzeugung eines realistisch anmutenden → *Settings*.

Handlung (engl. plot), 46–47: logisches Ineinanderwirken von unterschiedlichen inhaltlichen Elementen eines Textes, die eine Veränderung der Ausgangssituation bewirken. Im allgemeinen wird die *Exposition* oder Erläuterung der → *Ausgangssituation* (engl. exposition) durch eine → *Komplikation* (engl. complication oder conflict) gestört, wodurch *Spannung* (engl. suspense) erzeugt wird, die zu einem → *Höhe-* oder *Wendepunkt* (engl. climax, crisis oder turning point) führt. Mit dem Höhepunkt erfolgt die → *Auflösung* der Komplikation (franz. denouement) und meist das Ende des Textes. Werden diese Elemente des Plots in chronologischer Reihenfolge im Text präsentiert, spricht man von einem → *linearen Handlungsverlauf* bzw. *linear plot*.

Hermeneutik (engl. hermeneutics), 16: traditionelle Bezeichnung für wissenschaftliche Textauslegung oder → *Interpretation*.

Historischer Roman (engl. historical novel), 42: Untergattung des → *Romans*, die Personen und Handlungen in einen realistisch-historischen Kontext stellt.

Historisches Drama (engl. history play), 68: in der → *Renaissance* entstandene Untergattung des → *Dramas*, die historische Begebenheiten oder Persönlichkeiten dramatisch bearbeitet.

Höfisches Epos (engl. courtly romance) bzw. **Romanze** (engl. romance), 40–41: Vorform des modernen → *Romans*, die in der Antike meist in *Prosa*, im Mittelalter hingegen in Versform abgefasst war. Durch den gezielten Einsatz von → *Erzählperspektive* und Gestaltung des → *Plots* gilt die Romanze trotz Versform als direkter Vorläufer des Romans. War das traditionelle → *Epos* in der Regel weitausholend (epische Breite), ging die Romanze neue Wege, indem die Handlung gestrafft und auf ein Ziel hin gerichtet wurde.

Höhe- oder **Wendepunkt** (engl. climax, crisis oder turning point), 46, 70–71: vorletzte Phase eines → linearen Plots, in der die → *Komplikation* in die → *Auflösung* übergeht.

Humanismus (engl. Humanism), 86–87; Phase der → *Renaissance*, die sich vor allem mit den sprachlichen Aspekten des Lateinischen und Griechischen sowie mit der Rezeption der antiken → *Rhetorik* beschäftigt.

Ich-Erzählsituation (engl. first person narration), 50–51: → *Erzählperspektive*, die das Geschehen aus der Sicht einer handelnden Figur schildert, die auf sich selbst in der ersten Person verweist. Der Erzähler kann entweder der → *Protagonist* oder eine Nebenfigur sein.

Imagismus (engl. imagism), 60–61: literarische Strömung im frühen 20. Jahrhundert, die → *Lyrik* auf essentielle „Bilder" bzw. *images* zurückführen will, wobei durch eine konkrete Sprache ohne schmückendes Beiwerk größtmögliche Aussagekraft erzielt werden soll.

Individualisierung, 48: Art der → *Charakterpräsentation*, die komplexe Eigenschaften oder differenzierte Wesenszüge einer Figur darstellt, wobei oft auch von einem → *round character* gesprochen wird; vgl. → *flat character*.

intentional fallacy (etwa „Irrglaube der Autorintention"), 24: wichtiger Begriff des → *New Criticism*, der sich gegen → *Interpretationen* richtet, die versuchen, die ursprüngliche Intention oder Motivation des Autors zu ermitteln und dabei → *werkimmanente* Bereiche eines Textes vernachlässigen; vgl. auch → *affective fallacy*.

interne Methode (engl. internal method), 75: Ansatz in der Schauspielausbildung, der von der individuellen Identifikation des → *Schauspielers* mit seiner Rolle ausgeht. Im Gegensatz zur → *externen Methode* ist die Grundvoraussetzung das persönliche Durchleben und die Verinnerlichung von Gefühlen und Situationen, die die Rolle erfordert.

Interpretation (engl. interpretation), 15–16: Auslegung (→ *Hermeneutik*) von literarischen Texten; oft im Gegensatz zur → *Literaturkritik* gesehen.

Jambus (engl. iambus oder iambic foot):, 64: → *Versfuß*, bei dem auf eine unbetonte Silbe eine betonte Silbe (˘ ´) folgt; z. B.: „Ĕs stéht | eĭn Baúm | ĭm Ó | dĕnwáld."

Kamerabewegung (engl. camera movement), 81:

Veränderung der Position der Kamera während einer Einstellung im → *Film;* vgl. auch → *mise-en-scène.*

Kamerawinkel (engl. camera angle), 81: Neigungswinkel der Kamera bei der Aufnahme einer bestimmten Filmeinstellung; vgl. → *mise-en-scène.*

Kanon (engl. canon), 33: Gesamtheit der als Standardwerke gehandelten Texte in der → *Literaturgeschichte.*

Katharsis (engl. catharsis), 68: griech. „Reinigung"; Begriff aus der aristotelischen Dramentheorie, der der → *Tragödie* einen reinigenden bzw. läuternden Effekt auf das Publikum zuschreibt.

Komödie (engl. comedy), 69: Untergattung des → *Dramas* mit heiterem, unterhaltsamem Inhalt, die bereits in der Antike reiche Ausformung erfuhr.

Komplikation (engl. complication oder conflict), 46: Phase des → *Plots,* in der die → *Ausgangssituation* gestört wird.

Konkrete Poesie (engl. concrete poetry), 61–63: Strömung in der → *Lyrik,* die besonders die optische Gestalt eines Gedichtes betont.

kontextorientierte Ansätze (engl. contextual approaches), 31–36: unterschiedliche Strömungen und Schulen, die sich dadurch auszeichnen, dass sie einen literarischen → *Text* nicht als → *werkimmanentes,* für sich alleinstehendes Kunstwerk betrachten, sondern es in einen größeren Zusammenhang stellen. Je nach Richtung kann dieser Kontext historisch (z. B. → *New Historicism*), national (z. B. → *Literaturgeschichte*), sozio-politisch (z. B. → *Marxistische Literaturwissenschaft*), generisch (z. B. *Gattungstheorie*) oder geschlechtsspezifisch (z. B. → *feministische Literaturwissenschaft*) sein.

Kreuzstellung oder **Chiasmus** (engl. chiasmus), 62: kreuzartige Anordnung von Buchstaben, Worten oder Phrasen in einem Gedicht (vom griech. Buchstaben „X").

Kriminalroman (engl. detective novel), 44: Untergattung des → *Romans,* die rund um die Aufklärung eines Verbrechens angelegt ist und wie die Detektivgeschichte im 19. Jahrhundert eine erste Blüte erfuhr.

kritischer Apparat, 12, 100–105: formales Element der → *Sekundärliteratur,* das → *Fußnoten* (engl. notes bzw. footnotes), → *Literaturverzeichnis* (engl. bibliography oder list of works cited) und eventuell einen *Schlagwort-* oder *Personenindex* (engl. index) umfassen kann.

Kulturwissenschaft (engl. Cultural Studies), 32: → *kontextorientierte Richtung,* die ihre kulturwissenschaftlichen Analysen bewusst auf unterschiedliche Bereiche menschlichen Ausdrucks ausdehnt. So werden unter anderem Werbung, bildende Kunst, Film, Fernsehen, Mode, Architektur, Trivialliteratur, Musik aber auch subkulturelle Erscheinungen zusammen mit „traditionellen" literarischen Texten als Manifestationen eines kulturellen Ganzen gelesen.

Kurzgeschichte (engl. short story), 44–46: Untergattung der → *Prosa,* deren historische Wurzeln auf Geschichten, Sagen und Märchen zurückgehen. Indirekte Vorbilder sind die großen mittelalterlichen und frühneuzeitlichen Sammlungen von Erzählungen. Formal unterscheidet sich die Kurzgeschichte vom → *Roman* durch knappen Umfang, selektive Gestaltung des → *Plots* und → *Settings,* weniger differenzierte → *Charakterpräsentation* und einfache → *Erzählperspektive.*

Lautmalerei (engl. onomatopoeia), 56, 64: Versuch in der → *Lyrik,* die Bedeutung eines Wortes auch mit Hilfe seiner akustisch-klanglichen Dimension zu unterstützen.

Lesedrama (engl. closet drama), 69: stilisierte, nicht zur → *Aufführung* bestimmte Art des → *Dramas.*

leserorientierte Ansätze (engl. reader-centered approaches), 29–30: literaturwissenschaftliche Richtung in der zweiten Hälfte des 20. Jahrhunderts, deren Hauptaugenmerk auf der Wechselwirkung zwischen → *Text* und Leserschaft liegt. Zu den wichtigsten Gruppen und Schulbildungen des auch als → *Rezeptionstheorie* (engl. reception theory) bezeichneten Ansatzes gehören *Reader-Response-Theorie* (engl. reader-response theory), *Rezeptionsästhetik* (engl. reception-aesthetic) und → *Rezeptionsgeschichte* (engl. reception history).

linearer Handlungsverlauf (engl. linear plot), 46–47, 82–83: → *Handlung,* in der die klassischen Phasen des → *Plots* (→ *Ausgangssituation,* → *Komplikation,* → *Höhepunkt,* → *Auflösung*) chronologisch aufeinanderfolgen.

Literatur (engl. literature), 9–14: Oberbegriff für die Gesamtheit schriftlichen Ausdrucks; vgl. → *Primär-* und → *Sekundärliteratur.*

Literaturgeschichte (engl. literary history), 31, 85–91: → *kontextorientierte Richtung,* die sich hauptsächlich mit der chronologischen und periodischen Einteilung literarischer Werke befasst. Es geht um die Datierung und Zuordnung von Texten, aber auch um den Nachweis gegenseitiger Einflüsse bestimmter literarischer Werke auf andere. Diese Richtung ist der Geschichtswissenschaft verpflichtet und orientiert sich an deren Methodik.

Literaturkritik (engl. literary criticism), 38–39: in älterer englischsprachiger Literatur wird der Begriff meist gleichbedeutend mit → *Literaturwissenschaft* als Praxis der → *Interpretation* von Texten verwendet; neuerdings wird unter Literaturkritik eigentlich die wertende Auseinandersetzung mit

Texten in Form von Buchbesprechungen oder → *Rezensionen* verstanden.

Literaturtheorie (engl. literary theory oder critical theory), 16–17: wissenschaftstheoretische und methodologische Grundlagen der → *Literaturwissenschaft*, die je nach Ansatz oder Schule oft sehr unterschiedliche Herangehensweisen an Texte besitzen; vgl. → *text-*, → *autor-*, → *leser-* und → *kontextorientierte Ansätze*.

Literaturverzeichnis (engl. bibliography oder list of works cited), 12, 101–103: alphabetisch geordnete Auflistung der verwendeten → *Primär-* und → *Sekundärliteratur* in einer wissenschaftlichen Arbeit.

Literaturwissenschaft (engl. literary criticism) 15: systematische, wissenschaftliche Auseinandersetzung mit literarischen Texten; vgl. auch → *Literaturtheorie* und → *Literaturkritik*.

Lyrik (engl. poetry), 54–66: literarische → *Gattung*, die sich formal von der → *Prosa* durch Vers, → *Reim* und → *Metrum* unterscheidet; in modernen Prosagedichten oder experimenteller Lyrik fehlen diese klassischen Merkmale oft; sie zeichnen sich aber durch bestimmte Wortwahl sowie bewussten Einsatz von syntaktischen Strukturen und → *rhetorischen Figuren* als lyrisches Phänomen aus; vgl. auch → *erzählende Lyrik* und *Erlebnislyrik*.

Marxistische Literaturwissenschaft (engl. Marxist literary theory), 31: → *kontextorientierte Richtung*, die auf der Grundlage der Schriften von Karl Marx (1818–1883) und anderer marxistischer Theoretiker basiert. Literarische Texte werden als Ausdruck ökonomischer, soziologischer und politischer Hintergründe analysiert, wobei Produktionsbedingungen in bestimmten Epochen auf ihren Einfluss auf die literarischen Arbeiten dieser Zeit hin untersucht werden.

Metafiktion (engl. metafiction), 22: „Schreiben über das Schreiben"; Betonung des eigenen Mediums in einem literarischen Text, um über erzähltechnische Elemente wie Sprache, Erzählstruktur und Handlungsverlauf zu reflektieren; Hauptmerkmal des → *Postmodernismus*.

Metapher (engl. metaphor), 59–60: → *rhetorische Figur*, die ein Ding mit einem anderen gleichsetzt und *nicht* vergleicht (z. B. „My love *is* a red, red rose"); vgl. → *Simile*.

Metrum oder **Versmaß** (engl. meter), 63–64: akustisch-rhythmische Dimension von → *Lyrik*, die auf Silben (engl. syllables) als kleinste Elemente zurückgeführt werden kann. Je nach Abfolge von betonten und unbetonten Silben spricht man von verschiedenen → *Versfüßen* (engl. foot bzw. feet), deren Anzahl Aufschluss über das Versmaß oder Metrum gibt. Will man das Metrum eines Verses beschreiben, wird der Name des → *Versfußes* und die Anzahl der Versfüße angegeben (z. B. jambischer Pentameter oder fünfhebiger Jambus).

mise-en-scène, 80: filmtechnischer Oberbegriff für die unterschiedlichen Elemente des Bildaufbaus, die unter anderem Kameraentfernung, -winkel und -objektive, Beleuchtung, Bildausschnitt und Bildebenen, sowie die Positionierung von Personen und Objekten innerhalb des Bildes umfassen können. Im Gegensatz dazu basiert die → *Montage* auf der Beziehung zwischen verschiedenen → *Bildern*.

Miszelle (engl. note), 93: aufsatzähnliche Notiz in einer wissenschaftlichen Zeitschrift, die eine sehr eingegrenzte Fragestellung in wenigen Absätzen behandelt; vgl. → *Sekundärliteratur*.

Mittelalter (engl. Middle Ages), 86: Epoche, die sich direkt aus der Kultur und Literatur des späten Weströmischen Reiches entwickelt. Neben den einzelnen Nationalsprachen bleibt das Lateinische für das gesamte Mittelalter ein überregionales Ausdrucksmedium für Literatur, Verwaltung und Wissenschaft.

Modernismus (engl. modernism), 90–91: literatur- und kulturgeschichtliche Epoche in den ersten Jahrzehnten des 20. Jahrhunderts, die als Reaktion auf die realistischen Strömungen des späten 19. Jahrhunderts zu verstehen ist. Waren → *Realismus* und → *Naturalismus* vor allem um eine naturgetreue Abbildung der Wirklichkeit in der Literatur bemüht, wendet sich der Modernismus verstärkt innovativen Erzählstrukturen und → *Erzählperspektiven* (z. B. *stream of consciousness*) sowie neuen literarischen Ausdrucksformen zu.

Monographie (engl. monograph oder book-length study), 12: wissenschaftliche Buchpublikation (→ *Sekundärliteratur*) zu einem spezifischen Thema, Werk oder Autor.

Monolog (engl. monologue oder soliloquy), 70: meist längere Rede auf der Bühne, die nicht wie der → *Dialog* (engl. *dialogue*) an einen direkten Partner gerichtet ist; eine Sonderform ist das *aside*, wodurch eine Figur auf der Bühne Information an das Publikum weitergibt, die nicht für die anderen Bühnenfiguren zugänglich ist.

Montage (engl. montage), 81: Schnitttechnik, wodurch im → *Film* ähnliche Effekte (z. B. übertragene Bedeutungen) erzielt werden können wie in der Literatur durch den Einsatz der → *rhetorischen Figuren* → Metapher und → Simile; vgl. auch → *mise-en-scène*.

Mysterienspiel (engl. mystery und miracle play), 67: mittelalterliche dramatische Form, die religiös-allegorische oder biblische Themen in Form von Theaterspielen zur Aufführung am Kirchplatz adaptierte; neben den römischen → *Dramen* der Antike übte diese Gattung Einfluss auf die Wiederbelebung des Dramas in der → *Renaissance* aus.

mythologischer Ansatz (engl. myth criticism), 22–23: literaturtheoretischer Ansatz, der mythologischen Tiefenstrukturen literarischer Texte nachgeht und diese als Grundlage der → *Interpretation* heranzieht; vgl. auch → *archetypischer Ansatz*.

Naturalismus (engl. Naturalism), 89–90: literarische Strömung des ausgehenden 19. Jahrhunderts, die die determinierende Auswirkung sozialer und umweltbedingter Einflüsse auf Figuren eines Textes möglichst getreu darzustellen versuchte; vgl. → *Realismus*.

Nebenfigur (engl. minor character), 51: Figur in einem literarischen Text, die im Gegensatz zum → *Protagonisten* nicht im Mittelpunkt der → *Handlung* steht; vgl.→ *Charakter*.

New Criticism (engl. New Criticism), 23–24: einer der bedeutendsten anglo-amerikanischen → *textorientierten Ansätze* in der Mitte des 20. Jahrhunderts; unterscheidet → *Interpretation* von Quellenarbeit, sozio-historischen Hintergrundstudien, Motivgeschichte, aber auch von → *autorzentrierten* biographischen oder psychologischen Ansätzen und → *Rezeptionsforschung*, um so die → *Literaturwissenschaft* von extrinsischen (außertextlichen) Faktoren zu befreien und das Hauptaugenmerk auf den literarischen Text zu verlagern; vgl. auch → *Strukturalismus;* → *affective fallacy,* → *intentional fallacy* und → *close reading*.

New Historicism (engl. New Historicism), 31–32: neuer → *kontextorientierter Ansatz*, der auf → *Poststrukturalismus* bzw. → *Dekonstruktion* aufbaut, jedoch versucht, historische Dimensionen in die Besprechung literarischer Werke miteinfließen zu lassen oder eine strukturelle Ähnlichkeit von literarischen und historischen → *Diskursen* voraussetzt.

Novelle (engl. novella oder novelette), 45: mittellange Prosagattung, die aufgrund ihres Umfangs und erzähltechnischer Elemente weder → *Roman* noch → *Kurzgeschichte* eindeutig zuordenbar ist.

Ode (engl. ode), 56: ein aus mehreren Strophen bestehendes Gedicht, das ein ernstes, meist klassisches Thema zum Inhalt hat; vgl. auch → *Lyrik*.

personale Erzählsituation (engl. figural narrative situation), 51–52: Erzählung in der dritten Person, in welcher der Erzähler gänzlich zurücktritt, so dass der Leser sich ohne wertende oder beeinflussende Kommentare aus dem Blickwinkel einer beteiligten Figur mit der Handlung konfrontiert glaubt; vgl. auch → *Erzählperspektive*.

Philologie (engl. philology), 18–19: unter diesem Begriff wird hier ein Phänomen in der traditionellen → *Literaturwissenschaft* zusammengefasst, das sich besonders mit „materiellen" Aspekten von Texten wie Problemen der Manuskriptedition, Textbewahrung und Textrekonstruktion beschäftigt.

Picaroroman bzw. Schelmenroman (engl. picaresque novel), 42: Untergattung des → *Romans*, die von den Erfahrungen eines umherziehenden Schelms (spanisch „pícaro") erzählt, der meist mit den sozialen Normen der Gesellschaft in Konflikt gerät. In einer episodischen Erzählstruktur versucht der Schelmenroman, soziale und gesellschaftliche Ungerechtigkeiten auf satirische Weise bloßzustellen.

Plot siehe → *Handlung*.

point of view siehe → *Erzählperspektive* oder *-situation*.

Postkoloniale Literaturen (engl. Postcolonial Literatures), 91: Texte aus ehemaligen Kolonialländern in Karibik, Afrika oder Asien.

Postmodernismus (engl. postmodernism), 90–91: literatur- und kulturgeschichtliche Strömung in der zweiten Hälfte des 20. Jahrhunderts, in der Anliegen des → *Modernismus* bezüglich innovativer Erzähltechniken und Gestaltung des → *Plots* wieder aufgenommen und auf akademische, oft formelhafte Art umgesetzt werden; vgl. auch → *Metafiktion*.

Poststrukturalismus (engl. poststructuralism), 27: neueste Richtungen der → *textorientierten Ansätze*, die auf den älteren Schulen des → *Strukturalismus* und → *Formalismus* aufbauen, deren Ansätze aber neu adaptieren; vgl. → *Semiotik* und → *Dekonstruktion*.

Prager Strukturalismus (engl. Prague School of Structuralism), 20: Schule des → *Strukturalismus* in der ersten Hälfte des 20. Jahrhunderts, die sich wie → *Russischer Formalismus,* → *New Criticism* und → *Poststrukturalismus* durch die weitgehende Ausklammerung inhaltlicher Fragen und einer Betonung der formal-strukturellen Dimension eines Textes auszeichnet.

Präsentationsmethoden siehe → *Charakterpräsentation*.

Primärliteratur (engl. primary source), 12–13: Oberbegriff für literarische Werke unterschiedlicher → *Gattungen* in Abgrenzung zu literaturwissenschaftlichen Auseinandersetzungen (→ *Sekundärliteratur*).

Prosa (engl. fiction oder prose), 40–54: genauer eigentlich *erzählende Prosa*. In der älteren Literatur wird dafür auch der Begriff Epik zur Abgrenzung der literarischen Formen → *Kurzgeschichte,* → *Roman* und → *Essay* gegenüber → *Drama* und vor allem → *Lyrik* verwendet.

Protagonist (engl. protagonist oder main charakter),

51: zentrale handlungstragende Figur eines literarischen Textes; vgl. → *Figur* und → *Nebenfigur*.

Psychoanalytische Literaturwissenschaft (engl. psychoanalytic literary criticism), 28: literaturwissenschaftliche Richtung, die Methoden aus der Psychoanalyse Sigmund Freuds (1856–1939) auf literarische Werke anwendet, wobei sowohl Texte auf die psychologischen Spuren des Autors hin untersucht als auch literarische → *Figuren* ähnlich wie reale Personen in der Psychoanalyse analysiert werden; vgl. → *archetypischer Ansatz*.

"Randgruppen"-Literaturen (engl. "minority" literatures) 85: literatur- und kulturgeschichtliche Strömung des ausgehenden 20. Jahrhunderts, die von geschlechtlichen (Frauen, Homosexuellen und Lesben) und ethnischen "Minderheiten" (d. h. marginalisierten Gruppen) getragen wird.

räumliche Dimension des Films, 80–82: darunter wird eine Vielzahl von Aspekten wie → *Filmmaterial*, → *Beleuchtung*, → *Kamerawinkel*, → *Kamerabewegung*, → *point of view*, → *Schnitt* und → *Montage* zusammengefasst; vgl. auch → *mise-en-scène*.

Realismus (engl. realism), 89–90: einerseits literaturhistorische Epochenbezeichnung für Werke des ausgehenden 19. Jahrhunderts, die "Realität" in Sprache so "wirklichkeitsgetreu" wie möglich umsetzen wollen; andererseits genereller Begriff für wirklichkeitsnahe Repräsentation in der Literatur. Der verwandte Begriff → *Naturalismus* bezeichnet Werke des ausgehenden 19. Jahrhunderts, die die determinierende Auswirkung sozialer und umweltbedingter Einflüsse auf Charaktere möglichst getreu darzustellen versuchen.

Realistische Schule (engl. realist school), 37: Richtung in der → *Filmtheorie*, die vor allem → *mise-en-scène* bzw. Bildaufbau als Basis der illusorischen Filmrealität ins Zentrum der Analyse stellt.

Regie (engl. directing), 70–72: vermittelnde Ebene des → *Dramas* (und → *Films*) zwischen → *Text* und → *Aufführung*, die jene konzeptionellen Schritte umfasst, die dem Publikum nicht direkt zugänglich sind, aber alle Elemente der Aufführung durchdringen. Neben vielen anderen Aspekten konzentriert sich die Regie auf Auswahl des Skripts, Besetzung, Akzentuierung des Stücks, Requisiten (engl. properties oder props), → *Beleuchtung* (engl. lighting) und Bühnendesign (engl. scenery) sowie Einübung der Rollen.

Reim (engl. rime oder rhyme), 64–65: klanglich-rhythmische Dimension eines Gedichtes, die generell → *Alliteration* und → *Endreim* umfasst.

Renaissance (engl. Renaissance), 86–87: Der Begriff bedeutet "Wiedergeburt" der Antike und bezeichnet eine literatur- und kulturgeschichtliche Periode vom 15. bis ins 16. Jahrhundert, die sich von Italien ausgehend über ganz Europa ausbreitete; vgl. → *Humanismus*.

Rezension (engl. book review), 38: kritische Besprechung eines → *Primär-* oder → *Sekundärwerkes* in einer Zeitschrift oder Zeitung.

Rezeptionsgeschichte (engl. reception history), 30: → *leserorientierter Ansatz*, der sich mit der Rezeption bzw. Aufnahme eines Werkes durch die Leserschaft auseinandersetzt. Verkaufszahlen von Werken, Rezensionen oder Besprechungen in Zeitschriften und wissenschaftlichen Journalen werden herangezogen, um sowohl *synchrone* (innerhalb einer Epoche) Aspekte der Leserreaktion zu betrachten als auch Veränderungen und Entwicklungen in der Rezeption von Texten in Form einer *diachronen* (historisch vergleichenden) Analyse zu berücksichtigen.

Rezeptionstheorie (engl. reception theory), 29–30: oft auch als *Rezeptionsästhetik* (engl. reception aesthetic) oder *Reader-Response-Theorie* (engl. reader-response theory) bezeichnete Ansätze, die in der Textinterpretation primär vom Leser ausgehen. Mit der Betonung des Effekts eines Werkes auf den Rezipienten (Leser) wendet sich diese Richtung gegen → *werkimmanente* oder → *strukturalistische* Richtungen; vgl. → *leserorientierter Ansatz*.

Rhetorik (engl. rhetoric), 19–20: auf die Antike zurückgehender, praxisorientierter Vorläufer der modernen → *textorientierten Ansätze*. Als Vermittler von Leitsätzen des guten Sprechens bot die Rhetorik für jede Phase der Texterstellung fixe Regeln an: die *inventio* (Finden von Themen), die *dispositio* (Ordnung des Materials), die *elocutio* (Ausformulierung unter Zuhilfenahme von rhetorischen Figuren), die *memoria* (Technik der Erinnerung des Vortrags) und die *actio* (Vortrag).

rhetorische Figuren (engl. rhetorical figures bzw. figures of speech), 59–60: Vielzahl von klassifizierten, stilistischen Formen, die Sprache in "nicht-wörtlicher" Bedeutung verwenden; vgl. → *Metapher*, → *Simile*, → *Symbol*.

Roman (engl. novel), 40–43: Untergattung der → *Prosa*, die (nach traditioneller Ansicht) in England im 18. Jahrhundert entstanden ist und deren Vorläufer auf antik-mittelalterliche Formen des → *Epos* und der → *Romanze* zurückgehen. Strukturell unterscheidet sich der Roman von den genannten epischen Formen durch eine differenziertere → *Charakterpräsentation*, komplexere → *Erzählperspektiven*, Betonung von → *Realismus* und durch eine ausgefeiltere Gestaltung des → *Plots*.

Romanze (engl. romance) bzw. **Höfisches Epos** (engl. courtly romance), 40–41: Vorform des modernen → *Romans*, die in der Antike meist in →

Prosa, im Mittelalter hingegen in Versform abgefasst war. Durch den gezielten Einsatz von → *Erzählperspektive* und Gestaltung des → *Plots* gilt die Romanze trotz Versform als direkter Vorläufer des Romans. War das traditionelle → *Epos* in der Regel weitausholend (epische Breite), ging die Romanze neue Wege, indem die Handlung gestrafft und auf ein Ziel hin gerichtet wurde.

Romantik (engl. Romanticism), 89: literaturgeschichtliche Strömung der ersten Hälfte des 19. Jahrhunderts, in der vor allem Naturlyrik und individuelle, emotionale Erfahrung eine große Rolle spielen. Die Romantik ist als Reaktion zur → *Aufklärung* und zu den politischen Umbrüchen in Europa und Amerika des ausgehenden 18. Jahrhunderts zu verstehen.

runder Character (engl. round character), 47: Figur mit komplexen Eigenschaften oder differenzierten Wesenszügen; diese → *Charakterpräsentation* wird oft auch als → *Individualisierung* bezeichnet; vgl. → flacher Charakter.

Rückblende (engl. flashback), 46: Mittel zur Gestaltung des → *Plots*, um Information aus der Vergangenheit in die laufende Handlung einzubringen; vgl. → *Vorwegnahme*.

Russischer Formalismus, 21: Schule des → *Formalismus* bzw. → *Strukturalismus* in der ersten Hälfte des 20. Jahrhunderts, die sich wie → *Prager Strukturalismus*, → *New Criticism* und → *Poststrukturalismus* durch die weitgehende Ausklammerung inhaltlicher Fragen und einer Betonung der formal-strukturellen Dimension eines Textes auszeichnet.

Sammelband (engl. collection of essays oder anthology), 12: meist von einem oder mehreren Herausgebern (engl. editors) zu einem bestimmten Thema zusammengestellte und publizierte Aufsätze. Wird ein solcher Sammelband zu Ehren eines bekannten Wissenschaftlers herausgegeben, spricht man von einer sogenannten Festschrift (engl. meist auch *festschrift*).

Skandierung (engl. scansion), 63: Fachterminus für die Unterteilung eines Verses in betonte und unbetonte Silben bzw. Einteilung in → *Versfüße*.

Schauerroman (engl. gothic novel), 43: Untergattung des → *Romans* mit unheimlich-übernatürlichem → *Setting*, die sich besonders im 18. und 19. Jahrhundert großer Beliebtheit erfreute.

Schauspieler (engl. actor), 75–76: in der → *Aufführung* als letzter Phase des → *Dramas* liegt der Schwerpunkt vorwiegend auf dem Schauspieler, der als Medium die kombinierten Anliegen des Autors und des Regisseurs vermittelt. In der Schauspielausbildung unterscheidet man zwischen der *internen*, d. h. auf den individuellen Eigenschaften des Schauspielers aufbauenden und der *externen*, technikbetonten Methode.

Schelmenroman (engl. picaresque novel), 42: oft auch *Picaroroman*; Untergattung des → *Romans*, die von den Erfahrungen eines umherziehenden Schelms (spanisch „picaro") erzählt, der meist mit den sozialen Normen der Gesellschaft in Konflikt gerät. In einer episodischen Erzählstruktur versucht der Schelmenroman, soziale und gesellschaftliche Ungerechtigkeiten auf satirische Weise bloßzustellen.

Schlussparagraph (engl. concluding paragraph), 99: letzter Absatz einer wissenschaftlichen Arbeit, der die wichtigsten Punkte der Arbeit kurz zusammenfasst, um so die Ergebnisse dem Leser noch einmal in Erinnerung zu rufen.

Schnitt (engl. editing), 81: nachträgliches Zusammenfügen gefilmten Materials; vgl. auch → *Montage*.

Sekundärliteratur (engl. secondary source), 12–14: wissenschaftliche Auseinandersetzung (z. B. → *Aufsätze*, → *Rezensionen*, → *Monographien*) mit literarischen Texten bzw. → *Primärliteratur*.

Semiotik (engl. semiotics), 25–27: „Zeichenlehre"; eine der jüngsten Richtungen der → *textorientierten Ansätze*, die → *Text* als Gewebe von sich gegenseitig bedingenden → *Zeichen* auffasst und den Textbegriff auch auf nichtsprachliche Zeichensysteme (Film, Malerei, Mode, Geographie etc.) ausdehnt. Die Grundlage für diese komplexe Theoriebildung ist das Sprachmodell des Genfer Linguisten Ferdinand de Saussure (1857–1913), das zwischen → *Signifikant* und → *Signifikat* unterscheidet; vgl. auch → *Dekonstruktion*.

Setting (engl. setting), 53–54: umfasst Schauplatz, d. h. Örtlichkeit, historische Zeit und soziale Umstände, in denen die Handlung eines Textes spielt. Das Setting wird normalerweise vom Autor bewusst gewählt, um Handlung bzw. → *Plot*, → *Figuren* und → *Erzählperspektive* indirekt zu unterstützen.

Signifikant (engl. signifier) siehe → *Signifikat*.

Signifikat (engl. signified), 25–27: der Linguist Ferdinand de Saussure (1857–1913) teilt Sprache in zwei grundlegende Bereiche ein, indem er das vorsprachliche oder übersprachliche Konzept (z. B. die Vorstellung von einem Baum) als *Signifikat* (engl. signified; franz. *signifié*)) und die sprachliche Manifestation dieses Konzeptes (Laut- oder Buchstabenfolge „B-A-U-M") als *Signifikant* (engl. signifier; franz. *signifiant*) bezeichnet; vgl. → *Semiotik* und → *Dekonstruktion*.

Simile (engl. simile), 59: → *rhetorische Figur*, die zwei verschiedene Dinge vergleicht, die durch „wie" verbunden sind (z. B. „Oh, my love is *like* a red, red rose"); vgl. auch → *Metapher*.

Sonett (engl. sonnet), 56–57, 65–66: Gedichtform mit vorgegebenem → *Reimschema*, die bevorzugt zur Behandlung des Themas „weltliche Liebe" verwendet wird; je nach Reimschema und Art der → *Strophe* wird zwischen *Englischem Sonett* und *italienischem Sonett* unterschieden. Das → *Englische* oder *Shakespeare-Sonett* besteht aus drei Quartetten und einem Reimpaar. Das → *Metrum* (jambische Pentameter) der insgesamt 14 Verszeilen folgt dem Reimschema *abab cdcd efef gg*.

Stilistik (engl. stylistics), 18–20: → *textorientierter Ansatz* zur Beschreibung stilistischer Eigenheiten von Autoren, Werken, Epochen oder Nationalliteraturen unter Berücksichtigung grammatikalischer Strukturen (Wortschatz, Satzbau), klanglicher Elemente (Sprachmelodie) und übergreifender Formen (→ *rhetorische Figuren*) von Texten.

stream of consciousness technique, 52: englischsprachiger Fachterminus für innenperspektivische Darstellung, in der eine Person einzig durch ihre Gedanken ohne Kommentare eines Erzählers charakterisiert wird. Diese Form der Präsentation, in der unterbewusste Gedankengänge einer Person dargestellt werden, hat sich vor allem zu Beginn des 20. Jahrhunderts unter dem Einfluss der Psychoanalyse entwickelt; verwandte Formen sind der *innere Monolog* (engl. interior monologue) und die *erlebte Rede* (engl. free indirect discourse).

Strophe (engl. stanza), 65: Teil eines Gedichtes, der sich aufgrund der Anzahl der Verse bzw. deren → *Metrum* und → *Reim* klassifizieren und auf einige Grundformen reduzieren lässt. Durch die Kombination von Reimpaar (2 Verse), Terzett (3 Verse) und Quartett (4 Verse) werden die meisten Gedichtformen gebildet. Das beste Beispiel für den bausteinartigen Aufbau ist das → *Sonett* (engl. sonnet).

Strukturalismus (engl. structuralism), 20: → *textorientierter Ansatz*, der sich ähnlich wie der *Formalismus* in der → *Interpretation* formal-struktureller Aspekte (→ *werkimmanente* Methode) eines Textes bedient und bewusst historische, soziologische, biographische oder psychologische Dimensionen des literarischen → *Diskurses* vernachlässigt. Es werden z.B. phonetische Strukturen, Rhythmus, → *Reim*, → *Metrum* und Ton als eigenständige bedeutungstragende Elemente analysiert. Wichtige Schulen sind der → *Russische Formalismus* und der → *Prager Strukturalismus* in der ersten Hälfte des 20. Jahrhunderts. Im anglo-amerikanischen Raum hat sich der → *New Criticism* als verwandte Richtung entwickelt; vgl. auch → *Semiotik* und → *Dekonstruktion*.

Symbol (engl. symbol), 59: Verweise auf „Objekte" in einem literarischen Werk, deren Bedeutung über das Materielle hinausgeht. Man unterscheidet zwischen einem allgemein anerkannten Symbol (engl. conventional symbol) oder einem vom Dichter selbst kreierten Symbol (engl. private symbol).

Szene (engl. scene), 71: Unterteilung eines → *Aktes* im → *Drama*.

Text (engl. text), 9–11: meist mit → *Literatur* gleichbedeutend verwendeter Begriff, der jedoch in der neueren Forschung oft auch auf nichtsprachliche → *Zeichensysteme* (Mode, Film, Geographie etc.) angewendet wird.

textorientierte Ansätze (engl. textual approaches), 17–27: → *literaturtheoretische* Positionen oder Schulen, die sich durch Betonung der „textlichen Ebenen" von Literatur auszeichnen (→ *werkimmanente Ansätze*). Außertextliche (extrinsische) Faktoren bezüglich Autor (Biographie, Gesamtwerk), Publikum (Klasse, Geschlecht, Alter, ethnische Zugehörigkeit, Bildung) oder Kontext (historische, soziale oder politische Umstände) werden bewusst ausgeklammert. → *Philologie*, → *Rhetorik* und → *Stilistik* sowie die formalistisch-strukturalistischen Schulen des → *Russischen Formalismus*, → *Prager Strukturalismus*, → *New Criticism*, der → *Semiotik* und → *Dekonstruktion* können zu den textorientierten Ansätzen gezählt werden.

Textsorte (engl. text type), 10–11: aus der Sprachwissenschaft kommender Begriff zur Klassifizierung spezifischer Formen von (meist schriftlicher) Sprachpraxis, die nicht unbedingt literarischer Natur im engen Wortsinn sein müssen; z.B. → *Primär-*, → *Sekundärliteratur*, Gebrauchs-, Werbetexte, Bedienungsanleitungen; vgl. auch → *Gattung* und → *Diskurs*.

thesis statement, 96–99: jener Teil des → *Einleitungsparagraphen* einer wissenschaftlichen Arbeit, der kurz das spezifische Thema der Arbeit umreißt und darüber informiert, wie das Thema angegangen wird, d.h. welche Methodik in der Analyse zur Anwendung kommt und welche Aspekte des Themas in welcher Reihenfolge präsentiert werden.

topic sentence, 97–98: jener Teil eines Absatzes innerhalb einer wissenschaftlichen Arbeit, der die Sinneinheit des jeweiligen Paragraphen kurz umreißt; vgl. → *thesis statement*.

Tragödie (engl. tragedy), 68: Untergattung des → *Dramas*, die ernste, tragische Themen behandelt und bereits in der Antike ihre erste Blüte erfuhr.

Transformation bzw. Regie (engl. transformation oder directing), 70–73: vermittelnde Ebene des → *Dramas* (und → *Films*) zwischen → *Text* und → *Aufführung*, die jene konzeptionellen Schritte umfasst, die dem Publikum nicht direkt zugänglich sind, aber alle Elemente der Aufführung durchdringen. Neben vielen anderen Aspekten konzentriert sich die Regie auf Auswahl des Skripts, Besetzung, Akzentuierung des Stücks, Requisiten (engl. properties oder props), → *Beleuchtung* (engl. lighting) und Bühnendesign (engl. scenery) sowie Einübung der Rollen.

Transzendentalismus (engl. Transcendentalism), 89: kultur- und literaturgeschichtliche Strömung der ersten Hälfte des 19. Jahrhunderts; etablierte sich in den USA unter dem Einfluss von → *romantischer* Naturbegeisterung und deutschem Idealismus.

Trochäus (engl. trochee oder trochaic foot:), 64: → *Versfuß,* bei dem auf eine betonte Silbe eine unbetonte Silbe (' ˘) folgt; z. B.: „Sáh eĭn | Knáb' eĭn | Rőslein | stéhn …"

Typisierung, 48: → *Charakterpräsentation* einer Figur durch *eine* dominante Eigenschaft; eine solche Figur wird auch als → *flat character* bezeichnet; vgl. → *round character.*

Utopischer Roman (engl. utopian novel bzw. science-fiction), 43: Untergattung des → *Romans,* die alternative Welten entwirft, um dadurch reale sozio-politische Zustände bewusst zu machen und zu kritisieren.

Verfremdung (engl. defamiliarization), 21: erzähltechnisches Stilmittel zur Bewusstmachung literarischer Konventionen; vgl. → *Metafiktion.*

Versfuß (engl. foot), 63–64: Je nach Abfolge von betonten und unbetonten Silben kann im Englischen zwischen vier wichtigen Versfüßen unterschieden werden: 1. *Jambus* (engl. iambus): auf eine unbetonte folgt eine betonte Silbe (˘ '); 2. *Anapest* (engl. anapest): auf zwei unbetonte folgt eine betonte Silbe (˘ ˘ '); 3. *Trochäus* (engl. trochee): auf eine betonte folgt eine unbetonte Silbe (' ˘); 4. *Daktylus* (engl. dactyl): auf eine betonte folgen zwei unbetonte Silben (' ˘ ˘).

Versmaß bzw. **Metrum** (engl. meter), 63–64: akustisch-rhythmische Dimension von → *Lyrik,* die auf Silben (engl. syllables) als kleinste Elemente zurückgeführt werden kann. Je nach Abfolge von betonten und unbetonten Silben spricht man von verschiedenen → *Versfüßen* (engl. foot bzw. feet), deren Anzahl Aufschluss über das Versmaß oder Metrum gibt. Will man das Metrum eines Verses beschreiben, wird der Name des Versfußes und die Anzahl der Versfüße angegeben (z. B. jambischer Pentameter oder fünfhebiger Jambus).

Vorwegnahme (engl. foreshadowing), 46: Mittel zur Gestaltung des → *Plots,* um Information aus der Zukunft in die laufende Handlung einzubringen; vgl. → *Rückblende.*

Wechsel der Erzählsituation, 52: Erzähltechnisches Mittel, um inhaltliche Aspekte der Handlung auf formaler Ebene zu betonen; vgl. auch → *Erzählperspektive.*

werkimmanente Ansätze (engl. intrinsic approach), 18: Interpretationsansätze, die bewusst außertextliche Faktoren wie biographische Information zum Autor oder historischen Hintergrund aus der Analyse ausklammern und sich ausschließlich auf Elemente des Textes konzentrieren; vgl. auch → *textorientierte Ansätze.*

Zeichen (engl. sign), 25–27: bedeutungstragendes Element eines Zeichensystems bzw. → *Textes;* vgl. → *Semiotik.*

Zeigen (engl. showing), 48–49: diese → *Präsentationsmethode* suggeriert dem Leser, dass die agierenden Personen durch ihre Handlungen und Aussagen im Text ohne zwischengeschalteten Kommentator ähnlich wie im → *Drama* wahrnehmbar sind; vgl. → *Charakterpräsentation.*

zeitliche Dimension des Films, 82–83: umfasst Aspekte wie Zeitlupe, Zeitraffer, erzählte Zeit, Filmlänge, → *Rückblende* und → *Vorwegnahme.*

Zitat (engl. quotation), 13, 100: direkt übernommene Textpassage aus einem anderen → *Primär-* oder → *Sekundärwerk.*

Personen- und Werkregister

„Abendlied" 59
Abish, Walter (*1931) 27
Äbtissin von Castro, Die (1832) 45
Achebe, Chinua (*1930) 91
Adding Machine, The (1923) 74
Adorno, Theodor (1903–1969) 31
Adventures of Sherlock Holmes (1905) 78
Aeneis (ca. 31–19 v. Chr.) 40, 41, 53, 64, 86
After Magritte (1971) 75
Alciatus, Andreas (1492–1550) 88
Alighieri, Dante (1265–1321) 28, 40, 53, 86
Alphabetical Africa (1974) 27
„Altar, The" (1633) 61
American Graffiti (1973) 83
Anakreon (ca. 580–495 v. Chr.) 85
Andreae, Johann Vallentin (1586–1654) 43
Angel at My Table, An (1984) 91
Ansichten eines Clowns (1963) 42
Apollinaire, Guillaume (1880–1918) 62
Apuleius (2. Jh. n. Chr) 40
Aquis Submersus (1876) 45
Arcadia (ca. 1580) 87
Ariosto, Lodovico (1474–1535) 40, 87
Aristophanes (ca. 448–380 v. Chr.) 38, 85
Aristoteles (384–322 v. Chr.) 21, 41, 68, 70
Arjouni, Jakob (*1964) 43
Arnheim, Rudolf (1904–2007) 37
Arnim, Achim von (1781–1801) 89
As You Like It (ca. 1599) 85
Atwood, Margaret (*1939) 43, 52, 53, 93, 94
Aue, Hartmann von (ca. 1165–ca. 1215) 41, 86
Auf der Suche nach der verlorenen Zeit (1913–1927) 51
Augustinus von Hippo (354–430 n. Chr.) 86

Bacon, Francis (1561–1626) 13, 87
Baron auf den Bäumen, Der (1957) 42, 53
Barth, John (*1930) 90
Barthes, Roland (1915–1980) 26
Bashos, Matsuo (1644–1694) 60
Becket, Thomas (ca. 1118–1170) 44
Beckett, Samuel (1906–1989) 71, 72, 75, 91
Berlin Alexanderplatz (1918) 52
Beowulf (8. Jh.; aufgez. 10. Jh.) 86
Bibel 15, 16, 19, 44
Big Sleep, The (1946) 79
Birth of a Nation, The (1915) 78
Blackton, J. Stuart (1874–1941) 78

Boccaccio, Giovanni (1313–1375) 13, 44, 87
Borchert, Wolfgang (1921–1947) 74
Borges, Jorge Luis (1899–1986) 91
Böll, Heinrich (1917–1985) 42, 45
Brando, Marlon (1924–2004) 75
Braut von Messina, Die (1803) 76
Brecht, Bertolt (1898–1956) 22
„Brief an den Vater" (1919; publ. 1952) 28
Britannicus (1669) 68
Broch, Hermann (1886–1951) 90
Brown, Dan (*1964) 43
Brüder Karamasow, Die (1879/80) 90
Burckhardt, Jacob (1818–1897) 32
Butler, Judith (*1956) 34, 37

Cabinett des Dr. Caligari, Das (1919) 79
Calderón de la Barca, Pedro (1600–1681) 68, 88
Calvino, Italo (1923–1985) 42, 53
Camões, Luís Vaz de (1524–1580) 87
Campanella, Tommaso (1568–1639) 43, 87
Canterbury Tales (ca. 1387) 44, 87
Canzoniere (1370) 56, 65, 87
Catastrophe (1982) 72
Catcher in the Rye, The (1951) 28
Catull (84–54 v. Chr.) 86
Cervantes, Miguel de (1547–1616) 22, 41, 88
chasarische Wörterbuch, Das (1984) 27, 46
Chaucer, Geoffrey (ca. 1343–1400) 44, 86
Choderlos de Laclos, Pierre (1741–1803) 42
Christianopolis (1619) 43
Christie, Agatha (1890–1976) 43
Cinderella (1899) 78
Citizen Kane (1941) 80
Cixous, Hélène (*1937) 33
Coleridge, Samuel Taylor (1772–1834) 58, 59, 89
Confessiones (ca. 400 n. Chr.) 86
Congreve, William (1669–1729) 69
Conrad, Joseph (1857–1924) 45
Cornwell, Patricia (*1956) 43
Cortázar, Julio (1914–1984) 47, 91
Crying of Lot 49, The (1966) 90
Culture and Society (1958) 32
cummings, e. e. (1894–1962) 62
Curtius, Ernst Robert (1886–1956) 34, 86

Dante (1265–1321) 28, 40, 53, 86
Dame mit dem Hündchen, Die (1899) 45
David Copperfield (1849–1850) 51, 90

Da Vinci Code, The (2003) 43
Dean, James (1931–1955) 75
Decamerone, Il (ca. 1349–1351) 44, 87
Defoe, Daniel (1660–1731) 41, 89
Derrida, Jacques (1930–2004) 26, 27
Descartes, René (1596–1650) 88
Dickens, Charles (1812–1870) 45, 51, 90
Diderot, Denis (1713–1784) 88
Divina Commedia 53, 86
Don Quixote (1605; 1615) 22, 41, 73, 88
Double Indemnity (1944) 79
Dostoevskij, Fëdor (1821–1881) 28, 91
Döblin, Alfred (1878–1957) 52
Dracula (1897) 43
Draußen vor der Tür (1947) 74
Droste-Hülshoff, Annette von (1797–1848) 63
Duineser Elegien (1923) 56
Dumas, Alexandre (1802–1870) 42
Dylan, Bob (*1941) 56

„Easter Wings" (1633) 61, 88
Eco, Umberto (*1932) 43
Edible Woman, The (1969) 53
Eisenstein, Sergej (1898–1948) 36, 79, 81
Élégies (1556) 56
„Elegy Written in a Country Churchyard" (1751) 56, 58
Elixier des Teufels (1816) 43
Eliot, T. S. (1888–1965) 90
Emblembuch (1531) 88
Emerson, Ralph Waldo (1803–1882) 89
Emilia Galotti (1772) 68, 89
Erec (nach 1180) 41, 86
„Erlkönig" (1782) 58
Ermittlung, Die (1965) 68
„Es ist alles eitel" 64
Europäische Literatur und Lateinisches Mittelalter (1948) 34

Faerie Queene, The (1590; 1596) 87
Farendt Schueler im Paradeiss, Der (1550) 67
Fassbinder, Rainer Werner (1945–1982) 79
Faulkner, William (1897–1962) 52
Fear of Flying (1973) 91
Fielding, Henry (1707–1754) 42, 89
Fitzgerald, F. Scott (1896–1940) 51
Flaubert, Gustave (1821–1880) 90
Fleming, Victor (1883–1949) 80
Forrest Gump (1994) 81
Forster, E. M. (1879–1970) 47
Forster, Marc (*1969) 82
Frame, Janet (1924–2004) 91
Frazer, J. G. (1854–1941) 23
Freud, Sigmund (1856–1939) 28, 29, 52
Frisch, Max (1911–1991) 91

Frösche, Die (405 v. Chr.) 38, 85
Frye, Northrop (1912–1991) 23
Fuentes, Carlos (*1928) 91

Gargantua und Pantagruel (1532–1564) 87
Gefährliche Liebschaften (1782) 42
Gerusalemme Liberata (1581) 40, 87
Geschichten aus tausend und einer Nacht (8.–16. Jh. n. Chr.) 44
Gilgamesch Epos (ca. 2100–600 v. Chr.) 18, 59, 85
Godard, Jean-Luc (*1930) 79
Goethe, Johann Wolfgang von (1749–1832) 34, 42, 56, 58, 68, 89
Golden Bough, The (1890–1915) 23
Goldene Esel, Der (2. Jh. n. Chr.) 40
Góngora, Luis de (1561–1627) 57
Göttliche Komödie, Die (ca. 1307–1321) 40, 53, 86
Götz von Berlichingen (1773) 68
Graf von Monte Christo, Der (1845–1846) 42
Gray, Thomas (1716–1771) 56, 58
Great Gatsby, The (1925) 51
Great Train Robbery, The (1903) 81
Greenblatt, Stephen (*1943) 31
Griffith, D. W. (1875–1948) 78–79
Grimmelshausen, Hans Jacob Christoph von (ca. 1621–1676) 41, 42, 88
Groundhog Day (1993) 70
Grüne Heinrich, Der (1854/55) 51, 90
Gryphius, Andreas (1616–1664) 64

Habermas, Jürgen (*1929) 31
Hamlet (ca. 1601) 24, 53
Handke, Peter (*1942) 91
Handmaid's Tale, The (1985) 43
Haneke, Michael (*1942) 84
Harriot, Thomas (ca. 1560–1621) 32
Harris, Julie (*1925) 75
Hauptmann, Gerhart (1862–1946) 74, 90
Hawks, Howard (1896–1977) 79
Hawthorne, Nathaniel (1804–1864) 44
Haynes, Todd (*1961) 83
Hebbel, Friedrich (1813–1868) 58
Henry IV (ca. 1597) 68
Henry V (ca. 1600) 76
Heptameron, Das (publ. 1558) 44
Herbert, George (1593–1633) 61, 88
„Herbstbild" 58
Herder, Johann Gottfried (1744–1803) 89
Herodot (ca. 480–425 v. Chr.) 10
Heart of Darkness (1902) 45
Herzog, Werner (*1942) 79
High Noon (1952) 82
Hildebrandslied (ca. 840) 65, 86
„Hiob" (ca. 4.–5. Jh. v. Chr) 44
Historien (5. Jh. v. Chr.) 15

Hoffmann, E. T. A. (1776–1822) 29, 45, 48, 89
Homer (7./8. Jh. v. Chr.) 46, 85
Horaz (65–8 v. Chr.) 86
Horla, Le (1887) 45

Ibsen, Henrik (1828–1906) 74, 90
Ilias (7./8. Jh. v. Chr.) 41, 59, 64
I'm Not There (2007) 83
„In a Station of the Metro" (1916) 60
„In der Strafkolonie" (1914; publ. 1919) 28
Iser, Wolfgang (1926–2007) 30
Iwein (ca. 1205) 41, 86

Jackson, Peter (*1961) 81
„Jagd, Die" 63
Jakobson, Roman (1896–1982) 21
Jauss (1921–1997) 29
Jaws (1975) 83
Jelinek, Elfriede (*1946) 76, 91
Jong, Erica (*1942) 91
Joyce, James (1882–1941) 19, 52, 53, 90
Jung, C. G. (1875–1961) 23
Juvenal (ca. 60–127 n. Chr.) 44

Kabale und Liebe (1784) 68
Kafka, Franz (1883–1924) 28, 51
Kant, Immanuel (1724–1804) 88
Keats, John (1795–1821) 56
Keller, Gottfried (1819–1890) 51, 59, 90
Kleiner, Gottfried (1691–1767) 61
Klavierspielerin, Die (1983) 91
Klopstock, Friedrich Gottlieb (1724–1803) 56
Knaben Wunderhorn, Des (1805) 89
Koran (ca. 7. Jh. n. Chr.) 15, 16
Koyaanisqatsi (1982) 82
König Ödipus (ca. 425 v. Chr.) 85
Kristeva, Julia (*1941) 33
Kubrick, Stanley (1928–1999) 82
Kultur der Renaissance in Italien, Die (1860) 32
Kuß der Spinnenfrau, Der (1976) 48–49

Lacan, Jacques (1901–1981) 29, 37
Lady in the Lake (1946) 81
Lazarillo de Tormes (1554) 42
Lee, Spike (*1957) 79, 80
Leibniz, Gottfried Wilhelm (1646–1716) 88
Leiden des jungen Werthers, Die (1774) 42, 89
Lessing, Gotthold Ephraim (1729–1781) 59, 63, 69, 89
Leukippe und Kleitophon (spätes 2. Jh. n. Chr.) 85
Lévi-Strauss, Claude (1908–2009) 23
Lieder Ossians (1776) 57
Locke, John (1632–1704) 88
Lorca, Frederico García (1898–1936) 90
Lord of the Rings (2001–2003) 81

Lucas, George (*1944) 83
Lusiaden, Die (1572) 87
Lyrical Ballads (1798) 89

Macpherson, James (1736–1796) 57
Madame Bovary (1857) 90
Magritte, René (1898–1967) 76
Malcolm X (1993) 79
Man, Paul de (1919–1983) 26
Mann ohne Eigenschaften, Der (1930–1952) 90
Mann, Thomas (1875–1955) 50
Marlowe, Christopher (1564–1593) 87
Márques, Gabriel María (*1928) 91
Marx, Karl (1818–1883) 31
Maupassant, Guy de (1850–1893) 45
Méliès, Georges (1861–1938) 78
Melville, Herman (1819–1891) 51
Memento (2000) 82
Menschenfeind, Der (1666) 69
Merchant of Venice, The (ca. 1596–1598) 72
Merseburger Zaubersprüche (aufgez. 10. Jh. n. Chr.) 55, 86
Metamorphosen (ca. 1 v. Chr.–10 n. Chr.) 86
Metropolis (1926) 79
Midsummer Night's Dream, A (1595) 74
Milton, John (1608–1674) 40
Minna von Barnhelm (1767) 69
MLA Handbook for Writers of Research Papers (2009) 100, 103
MLA International Bibliography (seit 1921) 93, 94
Moby Dick (1851) 51
Molière (1622–1673) 69, 88
Montaigne, Michel de (1533–1592) 13, 87
Montgomery, Robert (1904–1981) 81
More, Thomas (1477–1535) 43, 87
Morrison, Toni (*1931) 91
Mrs. Dalloway (1925) 52, 53–54
Much Ado About Nothing (ca. 1598) 69
Murder on the Orient Express (1934) 43
Musil, Robert (1880–1942) 90

Nabokov, Vladimir (1899–1977) 13, 14
Name der Rose, Der (1980) 43
Nathan der Weise (1779) 64, 89
Navarre, Marguerite de (1492–1549) 44
Nestroy, Johann (1801–1862) 69
New Yorker, The (seit 1925) 45
Newman, Paul (1925–2008) 75
Nolan, Christopher (*1970) 82
Nora oder Ein Puppenheim (1879) 90
Novalis (1772–1801) 89

„Ode on a Grecian Urn" (1820) 56
Oden-Buch (1771) 56
Odyssee (ca. 7. Jh. v. Chr.) 40, 46, 85

Omeros (1990) 91
Opitz, Martin (1597–1639) 68
Orlando Furioso (1532) 40, 87
Oswald von Wolkenstein (ca. 1377–1445) 86
Ovid (43 v. Chr. – 17/18 n. Chr.) 86

Pale Fire (1962) 13–14
Pamela (1740) 42, 89
Paradise Lost (1667) 41
Pavić, Milorad (1929–2009) 27, 46
Pessoa, Fernando (1185–1935) 90
Petrarca, Francesco (1304–1374) 56, 65, 87
Picasso, Pablo (1881–1973) 90
Pickwick Papers, Die (1836–1837) 45
Plautus (ca. 254–184 v. Chr.) 67, 85
Poe, Edgar Allan (1809–1849) 29, 44
Poetik (4. Jh. v. Chr.) 20, 40, 68, 70
Porter, Edwin S. (1870–1941) 78, 81
Pound, Ezra (1885–1972) 60
Propp, Vladimir (1896–1970) 22
Prozeß, Der (1914/15; publ. 1925) 28, 51
Proust, Marcel (1871–1922) 51
Puig, Manuel (1932–1990) 49
Pulp Fiction (1994) 82
Pynchon, Thomas (*1937) 28, 90

Rabb, Ellis (1930–1998) 72
Rabelais, François (ca. 1494–1553) 87
Racine, Jean (1639–1699) 68, 88
Ramis, Harold (*1944) 70
Ransom, J. C. (1888–1974) 24
Rayuela (1963) 47
Reggio, Godfrey (*1940) 82
Reinhardt, Max (1873–1943) 72
Rice, Elmer (1892–1967) 74
Richard II (1597) 68
Richardson, Samuel (1689–1761) 42, 89
Richter von Zalamea, Der (1640) 68
Rilke, Rainer Maria (1875–1926) 56, 90
„Rime of the Ancient Mariner, The" (1798) 58, 59
Robinson Crusoe (1719) 41, 89
Romeo and Juliet (1595) 73
Ronsard, Pierre de (1524–1585) 56
Rossellini, Roberto (1906–1977) 79
Rot und Schwarz (1830) 90
Rousseau, Jean-Jacques (1712–1778) 42, 89
Rushdie, Salman (*1947) 91

Sachs, Hans (1494–1576) 67
Salinger, J. D. (1919–2010) 28
„Sandmann, Der" (1817) 29
Sappho (ca. 600 v. Chr.) 85
Satanic Verses, The (1988) 91
Saussure, Ferdinand de (1857–1913) 20–21
Saving Private Ryan (1998) 80

Schiller, Friedrich (1759–1805) 43, 68, 76
Schlafwandler, Die (1931–1932) 90
Schloß, Das (1922; publ. 1926) 28
Castle of Otranto, The (1764) 43
Scott, Sir Walter (1771–1832) 42
Seneca (ca. 4 v. Chr.–65 n. Chr.) 62
Shakespeare, William (1564–1616) 18, 28, 30, 31, 32, 53, 57, 65–67, 69, 70, 72, 74, 76, 87
Shaw, George Bernhard (1856–1950) 74, 90
She's Gotta Have It (1986) 80
Shelley, Percy Bysshe (1792–1822) 69
Shklovski, Victor (1893–1984) 21
Shyamalan, M. Night (*1970) 30
Sidney, Philip (1554–1586) 87
Simplicissimus (1669) 41, 42, 88
Sir Gawain and the Green Knight (14. Jh.) 41, 86
Sixth Sense, The (1999) 30
Slaughterhouse-5 (1969) 47
Soderbergh, Steven (*1963) 82
Sonnenstaat, Der (1602) 43, 87
Sophokles (ca. 497–406 v. Chr.) 85
Sound and the Fury, The (1929) 47
Spielberg, Steven (*1946) 80
Spieler, Der (1867) 28
Spenser, Edmund (ca. 1552–1599) 87
Sportstück, Ein (1998) 76
Stanislawski, Konstantin (1863–1938) 72, 75
Stay (2005) 82
„steinerne Herz, Das" (1817) 48
Stendhal (1783–1842) 45, 90
Sterne, Laurence (1713–1768) 21
Stoker, Bram (1847–1912) 43
Storm, Theodor (1817–1888) 45
Stoppard, Tom (*1937) 75, 91
Strasberg, Lee (1901–1989) 72, 75
Strike (1924) 81
Sunset Boulevard (1950) 46, 83

Taming of the Shrew, The (ca. 1592) 80
Tarantino, Quentin (*1963) 82
Tasso, Torquato (1544–1595) 41
Tate, Allen (1899–1979) 24
Tatius, Achilles (2. Jh. n. Chr.) 85
Tempest, The (ca. 1611) 32
Terenz (ca. 185–159 v. Chr.) 85
Teseida (ca. 1339) 13
„That time of year thou may'st in me behold" (1609) 65–66
Thesaurus Linguae Graecae 19
Things Fall Apart (1958) 91
Tom Jones (1749) 42
Traffic (2000) 82
Tristram Shandy (1759–1767) 21
Troyes, Chrétien de (ca. 1140–ca. 1190) 41, 86
Truffaut, François (1932–1984) 37, 79

Tschechow, Anton P. (1860–1904) 45
2001: A Space Odyssey (1968) 82

Ulysses (1922) 19, 52, 53, 90
Unamuno, Miguel de (1864–1936) 90
Und täglich grüßt das Murmeltier (1993) 70
Uncle Tom's Cabin (1903) 78
„Unter der Linde" 55–56
Utopia (1516) 43, 87

Vega, Lope de (1562–1635) 88
Vergil (70–19 v. Chr.) 40, 42, 53, 86, 87
Verbrecher aus verlorener Ehre, Der (1792) 43
„Verlorene Sohn, Der" (Lk. 15, 11; 1. Jh. n. Chr.) 43
Vogelweide, Walther von der (ca. 1170–ca. 1200) 55–56, 65
Voltaire (1694–1778) 88
Vondel, Jost van den (1587–1679) 88
Vonnegut, Kurt (1922–2007) 47

Walcott, Derek (*1930) 91
Walker, Alice (*1944) 91
Walpole, Horace (1717–1797) 43
Warten auf Godot (1952) 71
Waste Land, The (1922) 90

Waverly (1814) 42
Way of the World, The (1700) 69
Weber, Die (1893) 90
Weiße Band, Das (2009) 84
Weiss, Peter (1916–1982) 68
Wellek, René (1903–1995) 34
Welles, Orson (1915–1985) 37, 80
Wenders, Wim (*1945) 79
Whitman, Walt (1819–1892) 89
Wiene, Robert (1881–1938) 79
Wilder, Billy (1906–2002) 46, 79, 83
Wilhelm Meisters Lehrjahre (1795–1796) 42, 89
Williams, John (*1932) 83
Williams, Raymond (1921–1988) 32
Wilson, Robert (*1941) 80
Wimsatt, William K. (1907–1975) 25
Wir (1924) 43
Wizard of Oz, The (1939) 80
Woolf, Virginia (1882–1941) 52, 53–54
Wordsworth, William (1770–1850) 89

Zamjatin, Evgenij (1881–1937) 43
Zauberberg, Der (1924) 50
Zemeckis, Robert (*1952) 81
Zinnemann, Fred (1907–1997) 82

Schlagwortregister

absurdes Theater 46, 71–72, 74, 91
Achtzehntes Jahrhundert 85, 88–89
act 71
actio 19
actor 75
aesthetics of reception 29
affective fallacy 24, 29
afro-amerikanisch; *African-American* 79, 91
Agent 22
Akt 71
akustische Dimension des Films 79–80, 83–84
Allegorie 16, 41, 48, 67
Allgemeine Literaturwissenschaft 35
Alliteration; *alliteration* 64–65
Alltagssprache 27
Alphabet 9, 19, 61, 65, 101
Altenglisch 55, 65, 86
Amphitheater; *amphitheater* 73
Anapäst; *anapest* 64
Anthologie; *anthology* 12, 93, 102, 105
Anthropologie 23, 25
archetypischer Ansatz; *archetypal criticism* 23
Architektur 25, 32, 73, 88
aristotelische Einheiten 70
article 93
aside 70
Assonanz; *assonance* 64
Audioliteratur 10
Aufführung 67, 69, 70, 71–78
Aufklärung 68, 85, 88–89
Aufsatz 12–13, 93–94, 102, 105
auktoriale Erzählsituation 50, 52, 58, 81
Ausgangssituation 46, 70, 71
Auslegung 15, 16
Autobiographie 21, 27, 86
autororientierte Ansätze 17, 27–29, 37

Ballade; *ballad* 55, 57, 58, 59
Barde 9, 57
Barock; *Baroque* 85, 88
Beiseitesprechen 70
Beleuchtung 67, 70, 73, 80, 81
Bewertung 38–39
Bibliographie; *bibliography* 12, 13, 93–94, 101–102, 105
Bild 9–10, 25–26, 56, 58–63, 66, 77–78, 80–81
Bilderschrift 61
Bildgedicht 61

Bildlichkeit 61
Bildungsroman 42, 89
Bildzeichen 9
Biographie 17, 18, 27
Biographische Literaturwissenschaft; *biographical criticism* 17, 20, 27–28, 35
blank 30
Blankvers; *blank verse* 64
book review 38, 93
Briefroman 42, 89
Buchbesprechung 38–39, 93
Buchdruck 10, 18
Buchstabe 9, 25–26, 62, 65, 88
Bühne 9, 67–70, 73–75, 78–80
Bühnenbild 67, 73–75, 78
Bühnenhaus 73

caesura 64
camera angle 81
carnival play 67
catharsis 68
CD-ROM 19, 102, 105
Charakter; *character* 11, 22, 40, 41, 45, 47–49, 52–54, 69, 76, 80, 82, 104
Charakterpräsentation; *character presentation* 11, 47, 49, 52
Charaktertypologie 22–23, 76
charm 55
Chiasmus; *chiasmus* 62
Chicano, Chicana 79
Chinesisch 60–61
Chor 73, 76
climax 46
close reading 24
close-up shot 81
closet drama 69
collection of essays 12, 93
comedy 69
Comedy of Manners 69
Comparative Literature 34–36
complication 46
Computer 19, 94
concrete poetry 61
conflict 46
contextual approach 31
conventional symbol 59
couplet 65
crisis 46

Schlagwortregister

Cultural Studies 32

Daktylus; *dactyl* 64
Darstellende Künste 67, 77
Datenbank 93, 94
defamiliarization 21
Dekonstruktion; *deconstruction* 17, 18, 25–27, 30, 31, 32, 34, 36, 37
denouement 46
detective novel 43
Dialog; *dialogue* 21, 36, 49, 69, 70, 71, 73, 75, 76, 79, 80, 83
Dimeter 64
Diplomarbeit 92
directing 71
director 71
Diskurs; *discourse* 10–11, 12–13, 16, 21, 31
dispositio 19–20
Dissertation 12, 92, 93, 94
Dokumentation 12, 100–104
Drama, *drama* 10, 11, 20, 21, 29, 32, 38, 40, 46, 47, 48, 54, 64, 66–77, 78, 79, 86–91
Dramatik 40, 84
dramatis personae 76
dramatische Charakterisierung 49
Dramenwettstreit 38
Drehbuch 76
drei Einheiten 68, 70, 74

écriture féminine 33, 34
editing 81
Edition 18–19
editor 12, 93, 102
Einleitungsparagraph 96–97, 103
Einzeldarstellung 12, 93
Elegie; *elegy* 56
Elisabethanisches Theater; *Elizabethan Theater* 73
Elisabethanisches Zeitalter; *Elizabethan Age* 76
elocutio 19–20
Endreim, *end rhyme* 64–65
Englisches Sonett 65–66
Enzyklopädie 9, 26, 27
Epik; epic poetry 40–41
episch-narrativer Film 78
epische Breite 41
Episode 28, 40, 82
epistolary novel 42
Epos; *epic* 11, 13, 40–41, 46, 50, 53, 55, 57, 59, 66, 77, 85, 86
erklärende Methode 48–49
Erlebnislyrik 55
erlebte Rede 42
Erscheinungsort 94, 101
erzählende Lyrik 55
Erzähler 37, 45, 48, 49–53, 57, 82

Erzählhaltung 49–50, 53
Erzählperspektive bzw. -situation 11, 19, 27, 37, 41, 45–53, 54, 57, 58, 78, 81
Erzählstruktur 17, 19, 22, 33, 40, 42, 46, 82–83, 90–91
Erzählung in der dritten Person 50, 52
Essay; *essay* 13, 93
Etymologie 54
Exegese; *exegesis* 15–16
experimentelle Lyrik 54, 62, 66
Exposition; *exposition* 46, 71
expressionistisches Theater; *expressionist theater* 72, 74
externe Methode 70, 75

Farbfilm 80
fast motion 82
Fastnachtspiel 67
Feministische Literaturtheorie; *feminist literary theory* 33–34, 36, 96
Fernleihe 95
Festschrift 12, 13, 93
fiction 11, 40
Figur 45, 46, 47–52, 54, 69, 70, 71, 74, 76, 80, 81, 83, 89
figural narrative situation 51
figures of speech 59
Film; *film* 7, 9, 10, 32, 35, 36–38, 40, 43, 46, 47, 69, 71, 74, 76, 77–84, 91, 102, 105
film stock 80
Filmempfindlichkeit 80
Filmmaterial 77, 80, 81
Filmmusik 83–84
Filmschnitt 78–79, 82
first person narration 50
flashback 45, 46, 80, 82
flat character 47
foot 63–64
footnotes 12
Formalismus; *formalism* 17, 18, 20–22, 23, 35
Forschungsbericht 13, 38
frame 80
frame narrative 58
Französischer Feminismus 33
Frauenliteraturgeschichte 33
free indirect discourse 52
Fußnote 12, 13, 100–101, 104

Gattung 7, 10–14, 15, 17, 20, 24, 31, 40–84, 85, 86, 87, 88, 91
gay literature 79
Gebrauchstext 9, 11
Gedicht 12, 13–14, 19, 24, 54–66, 76, 87, 88, 89, 90
Geisteswissenschaft 16, 32, 35

gender 91
gender theory 17, 31, 33–34, 36, 37
Genre 11, 23, 30, 40–47, 53, 54, 56, 62, 66, 67, 69, 76, 77–79, 83, 85–89
Geschichte (Erzählung) 29, 44, 48, 50, 55, 58
Geschichte (Historie) 10, 31, 40, 68
Geschlecht 17, 18, 30, 34, 37, 76, 91
Geschlechterdifferenz 33, 34
Geschlossenheit 24, 44, 45, 66, 100
Gesetzestext 16
Globe Theater 73
gothic novel 43
Grammatik 20
Guckkastenbühne 74, 78, 82

Haiku 60
Handlung 22, 41, 45–55, 58, 66–72, 74, 76, 79, 81–84
Handlungsebene 47
Handschrift 10
Hauptperson 21, 41
Herausgeber 12, 14, 93, 101, 102
Hermeneutik; *hermeneutics* 16
Historischer Roman; *historical novel* 42
Historisches Drama; *history play* 68
history of reception 30
Höfisches Epos 40–41, 86
Höhepunkt 41, 45, 46, 70–71
Hollywood 37, 49, 78–79, 83, 83
Humanismus; *Humanism* 85, 87

iambus 64
Ich-Erzähler 46, 51, 53
Ich-Erzählsituation 50, 58
Ich-Erzählung 42, 46, 50, 51, 53, 58
Ikonoklasmus 10
Illustration 10
imagery 56
Imagismus; *imagism* 60–61
Imago 60
in medias res 45
Index 13, 14, 92
individualisierter Charakter 49
Individualismus 41
innerer Monolog 52, 54
intentional fallacy 24
interior monologue 52
interliterarische Zusammenhänge 35
interne Methode 70, 75
Interpretation; *interpretation* 12, 14–17, 24, 26, 28, 29, 38, 49, 55, 72
intrinsic approach 18
introductory paragraph 96
inventio 19
Ironie 23, 24

Italian sonnet 65
Italienischer Neorealistischer Film 79

Jambus 64
Jesuitendrama 67, 88
journal 93–94

Kameraführung 78, 79, 81
Kamerawinkel 77, 80, 81
Kanon 11, 15, 28, 33, 34
Katharsis 68
Kino 79, 82
Klang 20, 63, 64, 83
Kleidung 26, 76
Kollage 90
Kommunikation 42, 70
Komödie 23, 38, 48, 67, 68, 69, 76, 78, 85
Komparatistik 7, 34–35
Komplikation 46, 70, 71
Kompositionstechnik 99–100
Konkordanz 19
Konkrete Poesie 57, 61–63
kontextorientierte Ansätze 17, 30, 31, 33–35, 38
Körpersprache 73
Kreuzstellung 62
Kriminalroman bzw. -geschichte 30, 43–44
kritischer Apparat 12, 13, 96–100
Kubismus 54, 90
Kulturwissenschaft 17, 31–32, 36
Kunstgeschichte 20, 25
Kurzgeschichte 11, 22, 44–46, 57, 58, 87, 104

Latein 61, 86, 87
Lautmalerei 56, 57, 63
Lautstärke 83
Leerstelle 30
Leinwand 78, 81
lesbian literature 79
Lesedrama 69
leserorientierte Ansätze 17, 29–30, 33, 38
Lexikon 26, 27, 47
Lexis 11
Lied 10, 56
lighting 73, 80
linearer Handlungsverlauf; *linear plot* 41, 46–47, 69, 82–83
Linguistik; *linguistics* 11, 25, 54
list of works cited 13
literary criticism 15, 28, 38
literary history 31, 85
literary theory 15–39
Literatur 9–14
Literaturgeschichte 10, 17, 28, 31, 33, 54, 85–91
Literaturhaftigkeit 21
Literaturkritik 17, 24, 38–39

Literaturpreis 38
Literatursuche 92
Literaturtheorie 15–39, 68
Literaturverzeichnis 12, 101–103
Literaturwissenschaft 9–39, 47, 77, 90, 92–93
long shot 81
Lyra 54
lyric poetry 55
Lyrik 11, 27, 40, 54–66, 69, 74, 85, 88
lyrisches Ich; *lyrical I* 57

magazine 44, 45
Magie 15
Magisterarbeit 92, 94
main character 41, 51
Malerei 9, 10, 35, 36, 47, 73
Manifest 60
Märchen 44
Marxistische Literaturtheorie; *Marxist literary theory* 31
Maske 37, 73, 74
Materie 20
Mehrdeutigkeit 24
memoria 19
Metafiktion; *metafiction* 22
Metapher; *metaphor* 59, 60, 81
meter 63
Methoden 15, 16, 25, 26, 35, 36, 40, 48, 72, 75, 77
Metrum 15, 19, 20, 21, 24, 54, 57, 63–65
Middle Ages 86
minor character 51
„minority" *literatures* 79
miracle play 67
mise-en-scène 37, 80
Miszelle 13, 93
Mittelalter 9, 10, 13, 16, 34, 35, 40, 41, 44, 48, 53–57, 61, 67, 85–87, 96–99, 101
Mittelenglisch 44
MLA Handbook 100, 103
Modern Language Association (MLA) 93
Modernismus; *Modernism* 13, 52, 56, 85, 90, 91
Monographie; *monograph* 12, 13, 92–94
Monolog; *monologue* 49, 52, 54, 70, 73
Monometer 64
Montage; *montage* 36, 77, 80–82
Morphologie 21, 27
Motivgeschichte 24, 35
Mündlichkeit 9–10
Musik 9, 32, 35, 36, 54–56, 66, 69, 79, 80, 83, 84
Mysterienspiel; *mystery play* 67
mythologischer Ansatz; *myth criticism* 22–23
Mythos 23, 40

Nacherzählung 24
narrative perspective 45, 49

narrative poetry 55
narrator 51
Nationalliteratur 35, 44, 86–88
Naturalismus; *Naturalism* 74, 85, 89, 90
Naturwissenschaft 12, 19, 35
Nebenfigur 50–51
Neuer Deutscher Film 79
Neuzeit 10, 35, 40–41, 43–44, 54, 67–69, 71, 76, 85–87
New Criticism 17, 18, 20, 23–25, 29–30, 35
New Historicism 17, 31–32, 36–38
note 12, 93, 101
novel 11, 40–43
Novelle; *novella; novelette* 45

Ode; *ode* 56
omniscient point of view 50
Orakel 15
oral poetry 9
Orchestra 73

Paradoxie 24
Paragraph 96–97, 99, 103
Paraphrase 24, 86, 100, 101
Parodie 21, 38, 70, 74
Pentameter; *pentameter* 64, 65
performance 75, 77, 78
performing arts 67, 77
Periodisierung 85
personale Erzählsituation 50–52
Petrarchan Sonnet 65
Phänomenologischer Ansatz; *phenomenological approach* 28
Philologie; *philology* 7, 17–19, 29, 34, 35, 38, 85, 91, 93
Philosophie 16, 20, 33
Picaroroman; *picaresque novel* 42
Plot 45–47, 54, 55, 57, 70, 71, 78, 82
Poetik 10, 20, 40, 68, 70
poetische Sprache 54
poetry 9, 11, 40, 54, 55, 61
point of view 37, 45, 49, 50, 80, 81
Postkoloniale Literaturen; *Postcolonial Literatures* 85, 91
Postmodernismus; *postmodernism* 13, 85, 90, 91
Poststrukturalismus; *poststructuralism* 20, 26, 27, 31, 32, 37
Prager Strukturalismus 18, 20
Präsentationsmethoden 48
Primärliteratur; *primary source* 12, 13, 38
private symbol 59
Produktion 9, 22, 31, 32, 34, 71–73, 76, 80, 85
Projektion 77, 78
properties; props 73

Prosa; *prose* 11, 15, 27, 40–54, 57, 69–71, 73, 74, 76, 78, 86–88
Prosagedicht 54, 66
proscenium stage 74
Protagonist; *protagonist* 21, 28, 34, 41, 42, 47, 50–54, 70, 80, 81
Psychoanalytische Literaturwissenschaft; *psychoanalytic literary criticism* 17, 28, 29, 35
Psychologie 36
Publikationsjahr 101, 102
Publikationsort 101, 102
Publikum 18, 46, 68–78

Quartett; *quatrain* 65–66
Quelle 12, 24, 92, 95, 100–103

Radio 10, 83
Rahmenhandlung 44, 58
„Randgruppen"-Literatur 85
Rätsel 86
Raumkunst 47
räumliche Dimension des Films 80–82
reader-response theory 29
Realismus; *Realism* 41, 72, 74, 85, 89, 90
reception theory 29
Rechtssprechung 16
Regie 70–72, 75
Reimpaar 65–66
Reinigung 68
Religion 15, 16, 23, 40, 43
Renaissance 18, 32, 56, 57, 68, 85–88
Repräsentation 25, 67, 77
Requisiten 67, 70, 72–75
resolution 46
Restaurationsdrama; *Restoration Comedy* 76
review article 38
Rezension 12, 13, 30, 38, 93, 103
Rezeption 17, 18, 24, 29, 30, 33, 34, 39, 77, 87
Rezeptionsästhetik 17, 29, 30
Rezeptionsgeschichte 17, 30
Rezeptionstheorie 29, 30, 36
Rezipient 29, 30, 77
Rhapsode 9
Rhetorik; *rhetoric* 17–20, 35, 59, 87
Rhetorische Figuren; *rhetorical figures* 20, 24, 27, 54, 57, 59, 60, 81
rhyme bzw. *rime* 63–65
rhythmisch-akustische Ebene der Lyrik 57, 63, 66
Rhythmus 20, 21, 64, 83
Roman 11–14, 21, 22, 27, 28, 31, 40–55, 57, 58, 71, 77, 78, 85, 86, 88–91, 104
Romanze; *romance* 23, 41, 44, 55, 57, 86
Romantik 48, 56, 69, 85, 89
round character 47
Rückblende 78, 80

Russischer Formalismus; *Russian Formalism* 18, 21, 35

Sage 44
Sammelband 12, 13, 93, 94, 101, 102
Sänger 54, 56, 83
Satzstellung 11, 19
scene 71
scenery 73
Schauerroman 43
Schauspielausbildung 75
Schauspieler 21, 37, 70, 72–78, 83, 102
Schelmenroman 42, 44
Schlagwortregister 13, 92
Schminke 67, 72, 74, 77
Schnitt 36, 77–81
Schrift 9–11, 15, 27, 61, 62, 83, 84, 89
Science Fiction; *science-fiction* 43, 47, 79, 93, 94
Sekundärliteratur; *secondary source* 12–14, 26, 38, 92–95, 100
Semiotik; *semiotics* 17, 18, 25–27, 30, 32, 36, 37, 43
Setting; *setting* 42, 45, 46, 48, 52–54, 70, 71, 73, 74, 78, 80, 82
Shakespearean Sonnet 65
short story 11, 44
showing 48
siglo de oro 68, 88
sign 25
Signifikant; *signifier* 25–27, 34
Signifikat; *signified* 25–27
Silbe 60, 63–65
Simile; *simile* 59–60, 81
Sinneinschnitt 64
Skene 73
slow motion 82
soliloquy 70
Sonett; *sonnet* 56–57, 65–66, 87
Spannung 45, 46, 48, 83
speaker 57
Spiel im Spiel 74
sprachlich-inhaltliche Ebene der Lyrik 57
Sprachwissenschaft 11, 20, 93
Sprecher 57, 66
stage 73, 74
Stanze; *stanza* 65–66
Stilistik 17–20, 35
stock character 48, 76
stream of consciousness technique 52, 90
Strophe 58, 65
Strukturale Anthropologie 23
Strukturalismus 17, 18, 20, 23
Stummfilm 37, 78, 81, 83
style sheet 100, 101
stylistics 20

subject index 92
suspense 46
syllable 63
Symbol; *symbol* 48, 59, 69
Symbolismus 41
Syntax 11
Szene 22, 30, 36, 43, 58, 59, 71, 81–83

Teleobjektiv 81
telling 48
tenor 60
Terzett; *tercet* 65
Tetrameter 64
Text 9–11
text type 11
Textedition 13, 19, 92
Textkritik 17
textorientierte Ansätze 17–27
Textsorte 10–11, 13–15, 44
theater of the absurd 71, 74
Theologie 16, 19
thesis statement 96–99, 103
Tiefenpsychologie 23
Tiefenstruktur 23
Ton 21, 36, 37, 57, 63, 77, 79, 83
Tonfilm 36, 37, 79, 83
topic sentence 97–98
Tragödie; *tragedy* 23, 67–69, 85
Transformation; *transformation* 69–73, 75–76, 87
transliterarische Zusammenhänge 35
Transzendentalismus; *Transcendentalism* 89
Traum 15, 47, 79, 82, 83
Trimeter 64
Trochäus; *trochee* 64
turning point 46
typifizierter Charakter 49
Typisierung 47–48

Typologie 22

unity 24, 66
Utopischer Roman 43

Verfremdungseffekt 21–22
Vergleichende Literaturwissenschaft 34–35
Verlag 94, 100–102
Vers 11, 15, 38, 40, 41, 54, 60, 62–66, 86
Versfuß 63–64
visuell-optische Ebene der Lyrik 57, 61, 66
voice 57

Wechsel der Erzählsituation 52
Weitwinkelobjektiv 81
Wendepunkt 46
Werbung 25, 32, 48
Werkimmanenz 18, 21, 27, 29
Western 78, 79, 81, 82
Wissenschaftstheorie 16–17
Wortkulisse 73–74
Wortschatz 11, 19, 20
Wortspiel 24
Wortwahl 19, 54, 53

Zauberspruch 55, 86
Zeichen 9, 25–27, 30, 66
Zeichenlehre 25–26
Zeichensystem 9, 26–27
zeigende Charakterisierung 48
Zeitkunst 47
zeitliche Dimension des Films 80, 82
Zeitlupe 80, 82
Zeitraffer 80, 82
Zeitschrift 12, 13, 30, 38, 44, 88, 92–95, 100–102
Zeitung 9, 30, 38, 44
Zensur 68
Zitat 13, 52, 100, 101, 104

Studieren mit Lust und Methode
Die preisgünstigen WBG-Studientitel

Das WBG-Programm umfasst rund 3500 Titel aus mehr als 20 Fachgebieten. Aus der Programmlinie Studium empfehlen wir besonders die Reihe:

EINFÜHRUNGEN GERMANISTIK
Herausgegeben von GUNTER E. GRIMM und KLAUS-MICHAEL BOGDAL

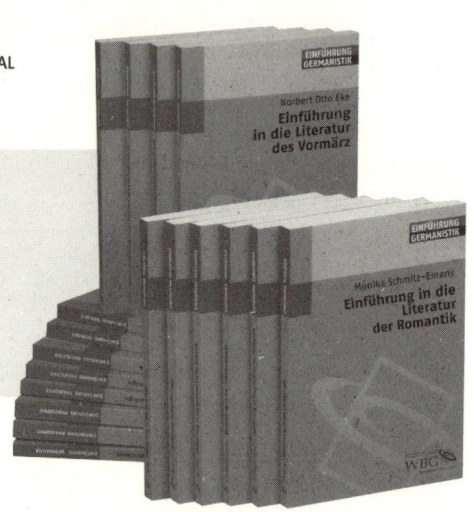

Epochen, Gattungen und Theorien:
- Aktueller Forschungsstand
- Überblick zu System und Geschichte des Themas
- Einführung in literaturwissenschaftliche Methoden
- Einzelanalysen literarischer Werke
- Kernbegriffe der Sozial-, Ästhetik- und Mentalitätsgeschichte
- Kommentierte Bibliographie, Anhänge und Register
- Ideal zur Seminar- und Prüfungsvorbereitung

Eine Auswahl der Bände der Reihe:

Titel	Autor	ISBN-Nr.
›Einführung in die Literaturtheorie‹	Achim Geisenhanslüke	978-3-534-15905-5
›Einführung in die Kulturwissenschaft‹	Markus Fauser	978-3-534-15913-0
›Einführung in die Roman-Analyse‹	Jost Schneider	978-3-534-16267-3
›Einführung in die Filmwissenschaft‹	Sigrid Lange	978-3-534-18488-0
›Einführung in das bürgerliche Trauerspiel und das soziale Drama‹	Franziska Schößler	978-3-534-16270-3
›Einführung in die deutsche Komödie‹	Georg-Michael Schulz	978-3-534-16268-0
›Einführung in die Literatur der Aufklärung‹	Rainer Baasner	978-3-534-16900-9
›Einführung in die Literatur der Romantik‹	Monika Schmitz-Emans	978-3-534-16519-3
›Einführung in die Literatur des Vormärz‹	Norbert Otto Eke	978-3-534-15892-8
›Einführung in die Literatur des Bürgerlichen Realismus‹	Bernd Balzer	978-3-534-16269-7
›Einführung in die Literatur der Jahrhundertwende‹	Dorothee Kimmich / Tobias Wilke	978-3-534-17583-3
›Einführung in die Literatur des Expressionismus‹	Ralf Georg Bogner	978-3-534-16901-6
›Einführung in die deutschsprachige Literatur seit 1945‹	Jürgen Egyptien	978-3-534-17446-1

Weitere Informationen zum WBG-Programm:

www.wbg-wissenverbindet.de
(0 61 51) 33 08 - 330 (Mo.-Fr. 8-18 Uhr)
(0 61 51) 33 08 - 277
service@wbg-wissenverbindet.de